目 次　Contents

本書の構成

本書は次の9ジャンルで構成されています。

国際　政治・経済　環境　科学・技術
情報・通信　教育　医療・健康　福祉　社会

●ジャンル解説ページ … 各ジャンルの冒頭ページでは、掲載しているキーワードを示し、ジャンルの概観を解説しています。

●キーワード解説ページ … 現代を理解するために手がかりとなる各キーワードの内容や背景、現状などを解説しています。

関連用語や重要な用語は**ゴシック体**で示しています。巻末のさくいんで掲載ページがわかります。

+α … 各ジャンルに関連する重要なテーマを掲載しています。ジャンルの学習内容を掘り下げた本質的・根源的な問題について理解を深めます。

資料から考える … 各ジャンルに関連する入試で出題された資料の読みとり方や、資料をもとに考えた意見の例を確認できるページです。

特　集

新型コロナウイルス

感染拡大から5類指定まで

緊急事態宣言で人通りが少ない渋谷スクランブル交差点（写真：ゲッティイメージズ）

| 解　説 | 2019年末に発生した新型コロナウイルス（COVID-19）による感染症は、2020年以降に世界的な大流行（パンデミック）となり、社会に大きな変化をもたらした。 |

2019年12月〜

"新型"コロナとは

　ヒトに感染するコロナウイルスは、一般の風邪の原因になる4種類のほか、2002年に出現した重症急性呼吸器症候群（SARS＝サーズ）や2012年以降アラビア半島などで報告された中東呼吸器症候群（MERS＝マーズ）などのウイルスがある。今回の新型コロナウイルス（COVID-19）は、2019年12月に中国・武漢市で特定され、7種類目となった。

●コロナウイルスの種類とその特徴

コロナウイルス感染症	風邪（かぜ）	SARS（重症急性呼吸器症候群）	MERS（中東呼吸器症候群）	新型コロナウイルス感染症（COVID-19）
原因ウイルス	ヒトコロナウイルス（4種類）	SARS-CoV	MERS-CoV	SARS-CoV-2
発生年	毎年	2002〜3年	2012年〜	2019年〜
流行地域	世界中	中国広東省	サウジアラビアなどアラビア半島	世界中
宿主動物	人	キクガシラコウモリ	ヒトコブラクダ	不明
累計感染者数	風邪の原因の10〜15%	8098人（終息）	2600人（2022年10月現在）	6億7000万人以上（2023年7月現在）
感染経路	咳などの飛沫、接触	咳などの飛沫、接触、便	咳などの飛沫、接触	咳などの飛沫、接触
感染力（基本再生産数（❶））	1人から多数	1人から2〜5人	1人から1人未満	1人から多数
潜伏期間	2〜4日	2〜10日	2〜14日	1〜14日（推定）
感染症法	なし	2類感染症	2類感染症	2類から5類へ移行

国立国際医療研究センターの資料（HP）などをもとに作成

新型コロナウイルスに感染すると、高熱や呼吸器疾患などが悪化し死に至ることもあり、高齢者や高血圧・心臓病などの基礎疾患を持つ人はとくに注意が必要である。

感染症（➡医療・健康❶）にはウイルス性のものと細菌性のものがあり、新型コロナウイルス感染症は「SARS-CoV-2」というウイルスに感染することにより引き起こされる病気である。感染症に対して検疫と感染者の隔離以外に対処法がなかった時代とは異なり、現代は細菌の増殖を防ぐ抗生物質や、ウイルスに対する免疫（抵抗力）をつくるワクチンの開発により、感染拡大が防止されている。

しかし、既存の抗生物質に耐性を持つ細菌や、人が免疫を持たない新しいウイルスの出現により、感染症は現代においても大きな脅威となることがある。

とりわけ、今回の新型コロナウイルスによる感染症はまたたく間に世界へ広がり、WHO（世界保健機関）は2020年1月30日に「国際的に懸念される公衆衛生上の緊急事態」を宣言し、同年3月11日にパンデミック（感染症の世界的大流行）と認定した。この時点での全世界の感染者数は114ヵ国で累計11万8000人、死者は4200人であった。

日本でも2020年1月16日に国内初となる感染者の発生が発表されて以降、感染が拡大し、2月初旬にクルーズ船の乗客から感染者が見つかり、2月中旬には国内初の死者が出た。同年3月10日までに、約500例の感染例（うち死亡24例）が発生した。

感染対策用のマスクや消毒液などは全国的に品薄となり、特にマスクは買い占めや転売などが社会問題となった。また、「3密（密閉、密集、密接）」という言葉が感染予防のキャッチフレーズとして使われ、後にこの年の流行語大賞に選ばれた。

2020年2月～

全国的な感染拡大への対策

日本の感染症対策は「感染症法」で医療機関の対処法などを定めており、新型コロナウイルスは2020年2月に感染症法に基づく「指定感染症」（2類相当）に指定された。これにより、感染者を診察した医師には保健所や

新型コロナウイルス関連年表	
2002	SARS（重症急性呼吸器症候群）が出現
2003	WHOからSARSの終息が発表
2012	MERS（中東呼吸器症候群）が出現
2019 12/8	中国・武漢市で新型コロナウイルスによる感染症の発生を初めて確認
2020 1/16	日本で初めての症例が発表
3/11	WHOがパンデミックと認定
3/13	新型インフルエンザ等対策特別措置法成立（3/14施行）
4/7	第1回 緊急事態宣言（当初は7都府県）～5/25解除
4/16	緊急事態宣言の対象を全国に拡大
7/22	Go Toキャンペーンの開始
2021 1/8	第2回 緊急事態宣言～3/21解除
1/27	世界感染者累計1億人超
2/3	改正特別措置法により「まん延防止等重点措置」が新設
2/17	医療従事者向けにワクチン選考接種開始
4/12	一般向けワクチン接種開始
4/25	第3回 緊急事態宣言～6/20解除
7/12	第4回 緊急事態宣言～9/30解除
10/26	ワクチンの2回目接種率が全国民の70%超
11/19	政府による新たな経済対策「4つの柱」（感染拡大防止、ウィズコロナ、新しい資本主義、安心・安全の確保）正式決定
11/24	南アフリカ共和国で「オミクロン株」の報告
11/30	外国人の新規入国停止
2022 4/13	世界感染者累計5億人超
7/14	国内感染者累計1000万人超
9/9	国内感染者累計2000万人超
10/11	海外からの個人旅行解禁
2023 1/6	国内感染者累計3000万人超
5/8	新型コロナウイルス感染症を5類へ引き下げ

巻頭特集

1 国際
2 政治・経済
3 環境
4 科学・技術
5 情報通信
6 教育
7 医療・健康
8 福祉
9 社会

3

行政機関への報告義務が発生し、緊急で患者の行動を制限することが必要な場合には、入院(無料)や隔離措置がとれるようになった。

新型コロナウイルスの感染拡大により、日本政府は同年2月27日に全国小中学校の一斉休校の要請を行い、同年3月から多くの学校が3か月以上臨時休校となった。この時期には学校の入学時期を欧米のように9月に変えるべきだという議論も起こっ

Column 新興感染症と再興感染症

1970年代以降、新たに確認された感染症を「新興感染症」、一時は減少したが再び発生数が増えた感染症を「再興感染症」という。新興感染症には、AIDS(後天性免疫不全症候群)や新型コロナウイルス感染症など、再興感染症には、結核、コレラ、デング熱、マラリアなどがある。いずれの感染症も開発途上国での被害だけでなく先進国でも警戒が必要で、各国でさまざまな対策が講じられている。

たが、移行に伴うデメリットも指摘され、結局移行は見送られた。現代の感染症の予防には、ワクチンの予防接種が有効な手段であり、世界各国で新型コロナウイルスのワクチン開発が急ピッチで進められたが、安全性の確保や多くの国民に接種できる体制の準備、ウイルスの変異への対応など、多くの課題が残った。

2020年4月〜

全国へ初の緊急事態宣言

国内での死者が100人を超えた直後の2020年4月7日には、店舗の休業や不要不急の外出自粛などを要請する緊急事態宣言がまず7都府県で発令され、同月16日には全国に拡大した。日本国内の感染状況はステージ1(感染ゼロ散発段階)からステージ4(感染爆発段階)まで4段階あり、医療のひっ迫具合、10万人あたりの療養者数、PCR陽性率、10万人あたりの新規報告数、感染経路不明割合の5つの指標で評価される。ステージ3(感染急増段階)が「まん延防止等重点措置」(感染が急速に広がっている場合はステージ2でも適用)、ステージ4が「緊急事態宣言」の目安となった。「緊急事態宣言」は、2020年3月に成立した新型インフルエンザ等対策特別措置法に基づく措置で、「まん延防止等重点措置」は、2021年2月に特別措置法が改正され、緊急事態宣言の罰則規定に過料(罰金)が追加された際に定められた措置である。緊急事態宣言は都道府県単位、まん延防止等重点措置は市町村単位で発出されるという点で異なる。

緊急事態宣言により、飲食店をはじめ多くの商業施設が営業の自粛・時短を求められ、多くの企業・店舗の経営状況が悪化した。自粛の要請を受け入れず営業を続けたパチンコ店の店名が行政によって「晒される」といったケースもあり、経済の自由など憲法で保障される基本的人権と、感染防止のための厳しい制約・強制力とのバランスを考えねばならない状況が生じた。休校・休業の措置が取られる中、2020年4月に政府は緊急経済対策として、全国民を対象にて一律10万円の「特別定額給付金」の支給を決定した。また、売り上げが落ちた中小事業者に対しては給付金や無担保・無利子の融資などで支援した。地方自治体も営業時間を短縮する店舗へ協力金などによる支援を展開したが、休業補償などが十分ではないといった批判も多かった。また、さまざまなイベントが中止や延期となり、2020年夏に予定されていた東京オリンピック・パラリンピックも翌2021年へ延期された。

繰り返す感染の波と医療崩壊

感染拡大にある程度のブレーキがかけられた2020年7月以降、政府は消費を活性化し観光業や飲食業などを支援するために「Go Toキャンペーン」を展開した。しかし、同年12月以降感染は改めて拡大し、5月に解除された緊急事態宣言が、2021年1月に改めて東京など複数の都府県で発令された。一部の地域では医療崩壊(➡医療・健康❷)といわれる危機的な状況に直面し、多くの医師や看護師ら医療従事者が過重労働で疲弊した。日本は人口当たりの病院や病床数が世界で突出して多いのにもかかわらず、治療が受けることができなかったり、入院できずに亡くなったりする人が出るなどの医療逼迫が生じた。コロナ患者用の病床が少ないことが原因の一つで、発熱外来を設置している病院も少なく、感染が疑われる人の診療治療が断わられるケースも多くあった。

また、コロナ禍で一般患者の治療や入院が減り、経営状態が悪化した病院も多く出た。医療崩壊を防ぐためには、感染防止の最前線で献身的に尽力する医療従事者を心身両面で支えていく具体的な取り組みが不可欠であり、同時に病院に対する支援も欠かせない。

感染が世界中に広まった後、さらなる拡大を防ぐため、多くの国で他国への出入国が禁止・制限され、感染が広がる地域を封鎖するロックダウンなどの措置がとられた。商業活動への悪影響は避けられず、各国の経済は大きな打撃を受け、2020年の日本の実質GDP(国内総生産)は、2021年2月の速報値で、前年比4.8%のマイナスとなった。

オミクロン株のまん延から5類へ引き下げ

2021年末から2022年にかけては、以前より感染力が強い変異株である「オミクロン株」が世界的にまん延し、日本国内でも流行は何度も繰り返された。2022年の夏から秋にかけての日本では、以前より感染状況が悪化した第7波に見舞われた。しかし、感染者の重症化率が下がったことや経済活動への配慮などから、同年10月11日には、従来からその消費行動に期待が大きかった外国からの訪日外国人旅行(インバウンド)が解禁された。しかし、その直後から新たに第8派が2023年2月まで続き、死亡者は過去最多を更新した。

このような中、2023年5月8日からは感染症法の指定も、これまでの2類相当から季節性インフルエンザ並みの5類へ引き下げられ、室内でのマスク着用も原則不要と変更された。その後も政府は第9派が始まっている可能性を指摘しながらも、行動制限を伴う新たな緊急事態宣言を出すまでは至らず、政府や地方自治体の連携は不足しがちでその政策にも一貫性が見られない。

世界全体での新型コロナウイルス感染者は、2023年3月10日時点で累計約6億7,000万人以上、死者は680万人以上に及んだ。国内の新型コロナウイルス感染者については2023年5月9日時点で、累計約3,300万人、死亡者は約74,700人に達した。5類への引き下げ以降、それまで「全数把握」として毎日行われていた感染者数の発表は、「定点把握」に変更され、詳細な発表がされているわけではないが、2023年7月現在で依然として感染者が確認されており、決して楽観視できるものではない。

コロナ5類移行
医療費 自己負担に
全数把握終了

読売新聞2023年5月8日朝刊

巻頭特集

1 国際

2 政治経済

3 環境

4 科学・技術

5 情報・通信

6 教育

7 医療・健康

8 福祉

9 社会

「ウィズコロナ」「ポストコロナ」の新たな社会像とは

新型コロナウイルスの感染拡大の中で、私たちの社会や生活は、さまざまな面で変化した。まず、密閉・密集・密接の「３密」を避け、人との一定の間隔(約２m)を保つ「ソーシャルディスタンス」が推奨された。手洗いやうがいとともに、多くの場面でマスクの着用が必須となった(後に変更)。電車やバスなど混雑する公共交通機関を利用する通勤を控え、**ICT**を利用して在宅勤務をする**テレワーク**(リモートワーク➡情報・通信❶)や、学校の授業などをインターネットでつないで行う**オンライン化**が進んだ。また、インターネットを通じてモノやサービスを売買するEC(electronic commerce＝電子商取引)が一層拡大し、**巣ごもり需要(❷)**が増加した。さらに、**AI**(人工知能➡科学・技術❶)や**IoT**(Internet of Things(❸)を活用した**DX**(digital transformation＝デジタルトランスフォーメーション(❹)が、強力に推進されるようになった。また、５類への移行後は、厚生労働省により新型コロナ感染対策「５つの基本」が発表された。(下図)

これまでになかったような新型コロナウイルスによる感染拡大は、ウイルスと共存する新たな社会(**ウィズコロナ**)のあり方を構想せざるを得ず、また人々の新しい常識(**ニューノーマル**)も考えさせることになった。さらに、感染収束後の社会(ポストコロナ、アフターコロナ)は、コロナ以前の状態にそのまま戻ることはないと見込まれる。今回は新型コロナウイルスに各国が不意打ちを食らわされた形となり、流行前の準備も不十分だった。こうした反省に立ち、公衆衛生の国際的な協調の枠組みを整え、新たな感染症の流行前に必要な情報交換が行われ、適切な準備や対応を各国が協調して進めることが必要だろう。

コロナ禍、そしてウィズコロナ・ポストコロナの世界でのニューノーマルは、私たちの働き方や家庭環境・学習環境の転換から、政治のあり方・資本主義の考え方の変革といった面まで、社会のさまざまな分野で生じると見込まれる。

私たちには、こうした状況に対して一喜一憂して悲観的にならず、この機会に生じつつある社会の多様な変化や変革を前向きに生み出し、または受け止めていこうとする積極的な姿勢こそが求められるのではないだろうか。

読んでみよう！

『コロナ後－ハーバード知日派10人が語る未来－』

佐藤智恵編著(新潮新書刊)

コロナ禍から抜け出し、これからの日本に求められる戦略の要点とは何か。ハーバード大学の知日派教授10人への緊急インタビューには、前向きで示唆に富むヒントが含まれている。

●新型コロナ感染対策「５つの基本」

| 体調不安や症状がある場合は、無理せず自宅で療養あるいは受診をする | その場に応じたマスクの着用や咳エチケットの実施 | 換気、密集・密接・密閉(三密)の回避は引き続き有効 | 手洗いは日常の生活習慣に | 適度な運動、食事などの生活習慣で健やかな暮らし |

(厚生労働省)

🔗 各キーワードとリンク
新型コロナウイルスが様々な分野に及ぼした影響に注目し、関連づけて覚えよう。

- 世界的な感染拡大により**インバウンド**（➡国際❼）が激減し、観光業界は大打撃を受けた。
- 非接触型の決済方法として**キャッシュレス決済**（➡政治・経済❻）が広まった。
- 混雑する公共交通機関での通勤を避けるため、**テレワーク**（➡情報・通信❶）が広まった。
- コロナウイルス関連の偽情報が複数の**SNS**（➡情報・通信❹）や**マスメディア**（➡情報・通信❺）を通じて急速に広まった。

- **PISA調査**（➡教育❷）の実施が1年延期になった。
- **GIGAスクール構想**（➡教育❸）の実施が前倒しになった。
- 渡航制限により**留学生**（➡教育❹）の数が激減した。
- 感染者の激増により病床がひっ迫し、救急患者の受け入れに支障が出る状態になった。（➡医療・健康❷）
- コロナ禍における業績の悪化や事業の中止により新卒採用を見送る企業も増加した。（➡社会❹）

入試出題例

コロナ禍において、感染防止の観点から飲食店等の営業の自由を制約する必要性について、あなたの見解を述べなさい。[600～800字]

（岩手大／人文社会科学／2022）

　コロナ禍においては、感染防止の観点から飲食店等の営業の自由が、実際にはある程度の制約を受けることになり、多くの飲食店が影響を受けた。だが、日本国憲法で保障されている基本的人権の一つである「営業の自由」が制約を受ける事態が、どのような場合になら許されるのかどうか、慎重に考えざるを得ない。

---

❶基本再生産数

　病原体の感染力の強さで、ある感染症の1人の感染者が、平均して何人に直接感染させるかを数値化した指標。すでに感染が広がっている状況では、実効再生産数が用いられ、これらの数値が1未満の場合に、感染は収束へ向かう。

❷巣ごもり需要

　ステイホーム（外出せず自宅での生活）を快適にするための家電製品やゲームなどが売れること。家で食事をする人が増えたことから、「ウーバーイーツ」などの料理配達サービスへの需要も伸びた。

❸IoT（Internet of Things）

　さまざまな「モノ」がインターネットで結びつき、家電や自動車、ホームセキュリティ機器などをデバイス（スマートフォン等）で活用・制御するしくみ。

❹DX（digital transformation＝デジタルトランスフォーメーション

　企業がデータや情報通信技術（ICT）を活用し、組織やビジネスモデルを変革して、業務内容や仕事のあり方を根本的に変えていくこと。

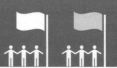

1 ▶ 国　際

Key Word

ウクライナ侵攻　　グローバリゼーション　　EU・難民
米中対立　　核兵器禁止条約　　食料問題
観光立国　　外国人の労働問題

グローバリゼーションの光と影

　21世紀に入り、あらゆる分野で**グローバリゼーション**(グローバル化)が進んだ。交通・通信網の発達によって、ヒト・モノ・カネ・情報の移動は国境を越えて活発に行われており、地球は以前よりずっと狭くなったと表現される。

　こうしたグローバリゼーションによる影響には、プラス面とマイナス面の両方がある。例えば、多国籍企業の進出によって新たな雇用が生み出されれば、地域経済にとってはプラスに見える反面、地元の中小企業が衰退するおそれもある。文化面では、外国の文化に接しやすくなったことがメリットだとしても、外国文化の流入によって国内の伝統文化を軽視する傾向が強まれば、それはやはりグローバリゼーションに伴うデメリットとして指摘されよう。また、感染症の世界的大流行は、交通網が発展し、国内外でのヒトの移動が飛躍的に増えてきたことと無関係ではない。

　好むと好まざるとにかかわらず、今や世界経済は国家の枠を超えた結びつきの上に成り立っている。**EU**はその象徴であったが、**難民**流入などの問題を理由にイギリスが2020年末に完全離脱するなど、新たな課題を抱えている。また、国際的な政治・経済関係に大きな影響を与えている**米中対立**は、両国間で制裁・報復関税の応酬が続くなど、国際社会の覇権争いにまで発展している。日本では世界各国と協調・連携し、経済成長を図ることが求められる一方、国内では、他の先進国に比べて自給率が低い**食料問題**、人手不足の職種を中心とした**外国人の労働問題**や**観光立**

国への道筋など、グローバリゼーションに伴う新たな課題が浮上している。

核なき世界を目指して

　アメリカのオバマ元大統領は、2009年4月にチェコのプラハでの演説で、「アメリカは核兵器を使用した唯一の核保有国としての道義的責任を重んじて、今後は核兵器のない世界の平和と安全を追求する」と明言した。この理念が評価されて、同年、ノーベル平和賞を受賞したが、「核なき世界」の実現は容易ではない。アメリカを含む核保有国は「核抑止論」を放棄してはいないからだ。「テロとの戦い（対テロ戦争）」が続く現在、「核兵器を持っているからこそ平和を維持できる」とするこの核抑止論を論破することは難しい。2022年2月に始まったロシアによる**ウクライナ侵攻**では、核兵器の使用が懸念された。アメリカ・トランプ前政権は新たな核戦略を発表するなど「核なき世界」の理想を事実上放棄していたが、バイデン政権で核軍縮の流れが復活する可能性もある。

　非核三原則を国是として掲げる日本は、唯一の被爆国として、この分野で果たすべき役割は大きい。日本はこれまで積極的に核兵器の廃絶を国際社会に訴えてきたが、2017年の**核兵器禁止条約**の採択に際しては、アメリカの「核の傘」に依存している事情もあり、他の核保有国と同様に、「条約の実効性がない」として反対した。

世界における日本の役割

　日本の対外援助は、**ODA（政府開発援助）**の実績でいえば1990年代は世界一であった。現在ではODA額はやや減少しているものの、日本からの援助に対する各国の期待はなお大きい。各種インフラの整備などのほか、かつて激しい公害問題を経験した国として各国の環境問題解決に向けたノウハウの伝授や技術協力はもちろん、地球温暖化問題など地球規模の環境問題に率先して取り組む姿勢も重要である。

　これらの国際貢献は、政府によるものだけでなく、NGOなど民間団体による草の根の援助活動や交流も活発に行われている。むしろ地域住民のニーズに応じた小回りの利く支援は、NGOの方が向いているという見方もある。

　近年、政府の財政悪化のために十分な予算措置がとれないとしても、日本が国際貢献できる分野は多岐にわたっており、その責任もまた大きい。

1 ウクライナ侵攻

2022年2月24日、ロシアが自国民とウクライナ領内のロシア系住民の生命や財産が脅かされているとする「正当防衛」の理由で隣国のウクライナに侵攻した。

解説 2014年にウクライナ南部のクリミア半島がロシアによる軍事介入により一方的に併合された**クリミア危機**以降、両国では緊張状態が続いていた。ウクライナの現ゼレンスキー政権は欧米寄りで、北大西洋条約機構（NATO）への加盟を目指しているのに対し、ロシアはウクライナを影響化に置けば、地理的にNATO加盟国とロシアの間とのクッションになるため、ゼレンスキー大統領を排除し、ロシアに従順な国に変えてしまいたい。かつては同じ「ソ連」を構成し、民族的にも近く「兄弟国家」と言われるウクライナへの侵攻の背景には、こうした政治的な理由もあったとされる。

ロシア軍は当初ウクライナの首都キーウ（キエフ）周辺へ攻撃を加えたが、その後は東・南部4州の掌握をめざして激しい攻撃を続けた。一方、ウクライナは欧米の軍事支援を受けて抵抗を続けた。戦況は2023年以後もさらに長期化するとの見方が強まっている。

開戦から1年近く経った2023年1月には、これまで7000人以上の子どもを含む一般市民が犠牲になっていると、国際連合が発表した。武力行使の一部には**「戦争犯罪」（❶）** に該当する悲惨なケースも見られる。また、戦火を逃れようとするウクライナからの避難民（➡国際❸）も大量に発生した。

さらに、両国が生産する小麦などの農産物やエネルギー資源の輸出が滞ったことでさまざまな商品の国際価格が大幅に上昇し、国際経済に大きな影響を及ぼした。欧米諸国や日本などはロシアに対する経済制裁として貿易停止などの措置を採ったが、自国の物価上昇も招いており、その実効性には限界がある。

ロシアは西側諸国との対立を深めたが、国際社会は戦争の防止には失敗し、安全保障理事会をはじめとする国際連合の限界が改めて浮き彫りになった。

ポイントは… 国際平和の構築に向けて

この侵攻を、ロシアとウクライナ二国間の対立の結果として、ただ対岸の火事のように捉えるのでは不十分だろう。戦争の被害者には多くの一般市民が含まれており、ウクライナからの避難民の多くは女性と子どもである。ロシアとウクライナの両国ともに、弱い立場の人々が苦しんでいる。

また、1986年4月に深刻な事故を起こしたチョルノービリ（チェルノブイリ）原子力発電所や欧州最大のザポリッジャ原

Column 抑止論をどう捉えるか

ウクライナ侵攻後、ロシアのプーチン大統領は記者会見で核使用について問われた際に「抑止力だ」と強調しつつも、予防的な攻撃として核兵器の使用もやむなしといった考え方を示している。核兵器など自国の武力強化を誇示することで敵国からの先制攻撃を思いとどまらせようとする考え方を「抑止論」というが、ウクライナ侵攻ではもはや「抑止論」の実効性に疑いをもつ見方もある。

子力発電所が爆撃の標的とされ、「原子力の平和的利用」といった考え方が戦時中には通用しがたいことが露（あら）わになった。同時に、エネルギー資源に加えて穀物など食料品の国際価格の高騰は、エネルギー分野や食糧の安全保障といった課題を各国に突きつけることになった。

　両国と関係が深いトルコなどが和平交渉の仲介に出たが、プーチン大統領もゼレンスキー大統領も強硬な姿勢を崩さず、和平交渉は進んでいない。地理的にロシアに近いスウェーデンとフィンランドは、これまで中立政策を採っていたが、今回のロシアの態度に不信感を強め、ロシアが警戒する**北大西洋条約機構（NATO）（❷）**に加盟申請し、フィンランドは2023年4月に正式加盟した。突然の侵攻という事態を受けて我が国でも防衛力強化の議論が浮上したが、武力をいかに強化したところで戦争が防げるわけではないだろう。かつて朝鮮戦争もベトナム戦争も、交渉の結果停戦・終戦に至った。時間がかかって回りくどくても、日頃からの対話を中心とした粘り強い交渉の積み重ねといった武力に頼らない道筋こそが、国際関係を改善していくべき人類の選択肢ではないだろうか。

読んでみよう!

『ウクライナ戦争』
小泉悠（ちくま新書）

2022年2月24日、ロシアがウクライナに侵攻し、戦争状態になった。国際世論の非難を浴びながらも、ロシアはなぜ開戦に踏み切り、ウクライナはなぜ徹底抗戦を続けるのか。そもそもこの戦争はなぜ始まり、戦場では何が起きているのか、核兵器使用や第3次世界大戦の可能性はあるのか、いつ、どうしたら終戦に向かうのか、といった点の示唆を与えている。

**入試
出題例**

　2022年2月下旬、ロシアは隣国ウクライナへ軍事侵攻しました。「大国復活」の野望を抱くロシアのプーチン大統領は、国際社会からの警告を無視し、ウクライナを自国勢力圏にとどめるべく武力行使に踏み切りました。
　今回のロシアのウクライナ侵攻は、日本を含め世界各国にどのような影響をもたらすと考えますか。具体例を挙げながら、あなたの意見を述べてください。[1200字]

[日本大学／国際関係／2023]

　指示文中に「具体例を挙げながら」とあるので、前ページに記載されたような基本的な状況についてはある程度整理しておきたい。その上で、自分がどの角度からウクライナ侵攻の問題に関心を寄せているのかが出題者に伝わるように、事例を選んで論じてみよう。

関連用語

❶戦争犯罪
　戦争における国際法に反する行為（禁止された兵器の使用や捕虜の虐待など）を行った者が敵国に捕らえられた場合に適用される。第二次世界大戦後は、平和に対する罪と一般国民に対する大量殺人・迫害など人道に反する行為の罪（非人道的行為）も加えられた。

❷北大西洋条約機構（NATO）
　北大西洋条約機構（NATO：North Atlantic Treaty Organization）は、加盟国の領土及び国民を防衛することを最大の責務とする全30か国で構成される欧米西側諸国の軍事同盟。以前はロシアと協調関係にあった。

巻頭特集

1 国際

2 政治経済

3 環境

4 科学技術

5 情報通信

6 教育

7 医療健康

8 福祉

9 社会

2 グローバリゼーション

人間の活動が国境を越えて地球規模に拡大すること。グローバル化ともいう。経済分野だけでなく、文化的・社会的な面でも国家の枠を超えた交流が活発化している。

解説 1929年に起こった世界恐慌を克服するために先進諸国が採った政策は、閉鎖的・排他的なブロック経済であったが、ブロックから弾き出された国の経済的困窮と植民地獲得をめぐる対立が、第二次世界大戦を招く一因となった。戦後はその教訓から**自由貿易**が促進され、国家間の経済的な結びつきがより強まった。特に東西冷戦の終結後は**市場経済**が世界全体に広まり、ヒト・モノ・カネ・情報が国境を越えて自由に行き交う経済のグローバル化が進んだ（グローバル経済の進展）。

また、**ICT（情報通信技術）**（➡情報・通信❷）の進歩や交通機関・流通機構の発達を背景に、文化のグローバル化がもたらされた。人々が海外の文化に触れる機会が拡大し、よしあしは別として、その国・地域の伝統的な文化や人々のライフスタイルにも変化を与えている。さらに社会的な面でも、戦争や人権侵害、環境問題など地球規模で生じている問題に関して、世界各地の人々やNGOが連携して、問題解決に向けた行動を活発に展開するようになってきた。インターネットなどメディアを通した情報交換や広範な連携だけでなく、世界各地で同時に行われる一斉デモや不買運動なども可能になっている。

その一方で、グローバル化は、格差拡大や移民増加など多くの不安定要因を世界にもたらしてきた。秩序の安定を求める動きは**ナショナリズム（国家主義・国民主義）**と結びつき、脱グローバル化の動きにつながっている。フランスの歴史人口学者エマニュエル・トッドは、イギリスのEU離脱やアメリカ大統領選挙におけるトランプ現象の背後に、人々に広がった「グローバル化疲れ」があると指摘している。

ポイントは… グローバリゼーションの光と影

グローバル経済は、生産の国際的分業と自由貿易の推進を意味する。例えば、複数の国に子会社などを設置し、多くの国で活動を展開する**多国籍企業**は、雇用の拡大や技術水準の向上をもたらす一方で、利益が上がらない場合にはあっさり撤退することもあるなど、進出先の国の経済に対する影響力は大きい。日本の製造業も1980年代後半以降、貿易摩擦の解消などを目的に現地生産を進め、またより安価な労働力を求めてアジア諸国などへの移転が増加した。（「**産業の空洞化**」）。

香港で行われた貿易自由化に反対するデモ

（写真：朝日新聞社）

農産物の貿易も、以前とは比較できないほど活発に行われており、零細経営が大半の日本の農家は、安価な輸入農産物との厳しい価格競争に直面している。

また、金融のグローバル化によって、外国為替取引が増え、投機目的の巨額な資金が世界的に移動するようになったが、そのために国際経済が思わぬ混乱に陥ることもある。1997年の**アジア通貨危機**や、アメリカのサブプライムローン問題に端を発する2008年の**世界金融危機・世界同時不況**はその一例であり、各国の景気を悪化させた。

グローバル経済によって、私たちはより安価な工業製品や農産物を手に入れることができるようになった。しかし、その結果として、国内産業の衰退、労働者の賃金低下や失業といった深刻な問題も生じている。賃金だけでなく国内でも国家間でも人々の間にさまざまな格差が拡大し、富の偏在（一部の「持てる者」と多数の「持たざる者」との経済格差）や**南北問題**（先進国と開発途上国との間の格差問題）も依然として解消していない。最近の**サミット（❶）やWTO（❷）**などの国際会議の開催地では、自由貿易やグローバリゼーションそのものに反対するデモや抗議活動が見られるようになっている。

文化のグローバル化においては、異文化や異なる考え方に触れる機会が多くなったことによって、私たちは自らの視野を広げるとともに、自国の文化のよさも再発見できるようになった。しかし、異文化との交流においては、日本社会に特有の「暗黙の了解」や「空気を読む」といった文化的同質性を前提としたコミュニケーションは通用しない。各自がコミュニケーション能力を高めていかない限り、異文化交流がかえってゼノフォビア（外国人嫌悪）を強め、**エスノセントリズム（自民族中心主義）**（➡社会 **+α**）へ回帰する危険性もある。

さらに、文化的なグローバリゼーションは、主流文化によるマイノリティ文化の駆逐という問題ももたらしている。例えば、アメリカのポピュラー音楽やハリウッド映画、ハンバーガーチェーン店などが世界中で人気を集めていることに象徴される**文化的均質化**は、結局はアメリカ的価値観への一元化（アメリカナイゼーション）にほかならず、各国の伝統や文化的多様性を損なっているという批判がある。文化的多様性を維持しながら異文化交流を実りあるものにする手立てはないか、なお模索が続けられている。

入試出題例

グローバル化と政治の変容について論じよ。［字数指定なし］

（中央大／法／2017）

「グローバル化」「グローバリゼーション」は、政治のあり方にも大きな影響を与える。情報化や経済など、さまざまな分野の変化を考え合わせて政治がどうあるべきかまとめよう。

関連用語

❶サミット（主要国首脳会議、G7・G8）
国際的な政治・経済問題を議論するために、1975年に、日本、アメリカ、イギリス、フランス、西ドイツ（当時）、イタリアの6か国の首脳が集まって始まった。その後、1976年からカナダ、1977年からEC（現EU）、1997年からロシアも参加したが、2014年以降、ウクライナ情勢を受けたロシアの参加停止によりG7となっている。近年、ほかの新興国を加えたG20サミットも開かれている。

❷WTO（世界貿易機関）
GATT（関税と貿易に関する一般協定）を引き継ぎ、よりいっそうの自由貿易の推進をはかるため1995年に発足した国際機関。自由・無差別・多角を基本原則とし、世界貿易の秩序形成を目指す。2001年に中国、2012年にはロシアが加盟した。

巻頭特集

1 国際

2 政治経済

3 環境

4 科学技術

5 情報・通信

6 教育

7 医療・健康

8 福祉

9 社会

3 EU・難民

2009年、ギリシャの財政赤字の深刻さが明らかになったことから、**EU(ヨーロッパ連合)**の共通通貨ユーロの信用不安が生じた。さらにシリアなどからの難民が大量に流入する中、国民投票でEUからの離脱を決めていたイギリスが2020年1月に離脱した。「国境なき欧州」を目指してきたEUの連帯が大きく揺らいでいる。

解説 　2009年に発効したリスボン条約に基づきEU大統領やEU外相のポストが新設されたEUは、2020年にイギリスが離脱して27か国体制となった。経済統合(市場統合)を先行させ、共通通貨「ユーロ」を導入したEUはより強い共通の外交・安全保障政策などの政治統合も目指している。「国境なき欧州」を目指してきたヨーロッパの統合はさらに加速するかに思われたが、その後、二つの大きな危機に見舞われている。

　まず、ギリシャ債務危機である。ギリシャが巨額の財政赤字を隠していたことが2009年に発覚し、ギリシャ国債が暴落しただけでなく、これを大量に購入していたEU各国の銀行の経営が悪化し、ユーロも下落するなどの影響が生じた。EUは加盟国ギリシャの財政再建に巨額の支援をせざるをえず、特にドイツやフランスなどの先進国に負担が集中した。その後、ポルトガル、イタリア、アイルランド、スペインの財政にも同様の不安が生じ、EU全体の財政危機に発展した。

　次にEU各国に流れ込む移民や**難民(❶)**の問題がある。近年では2011年以来の内戦が長引くシリアからの難民に対してEUは人道的な見地から、加盟国に難民の受け入れ人数を割り振って対応してきたが、近年、ポーランドやハンガリー、チェコなど、受け入れを拒否する国も出た。また、2022年以降は**ウクライナ侵攻(➡国際❶)**による難民が増加し、**UNHCR(国連難民高等弁務官事務所)**は2022年5月に難民と国内避難民の総数が初めて1億人を超えたと発表した。

ポイントは… 寛容な姿勢を貫けるかどうか

　EU域内では、ドイツやオランダ、フランスなど経済が順調な北部と、前述したギリシャやスペイン、ポルトガルなど南部との格差による対立があり、社会主義経済からの体制転換後も必ずしも順調には経済成長が進まない東欧諸国と豊かな西欧諸国との関係にもきしみが見られる。加盟費負担、主権の制限、流入する移民や難民への対応など、EUに加盟し続けることのデメリットが目立ち始めた2016年6月、イギリスは国民投票の結果、EU離脱を選択した(Brexit)。イギリスとEUとの離脱交渉は難航し、EU残留派が多いスコットランドではイギリスからの独立の動きが再燃した。イングランドやウェールズでもEU残留の声は強かったが、2020年1月末に離脱が決定し、同年末に完全離脱した。

　イギリスは不参加だったものの、共通通貨ユーロを最初に導入した12か国の間には、当初から経済の規模やその状態に格差があった。しかし、金融政策は**ECB(欧州中央銀行)(❷)**が一元的に行うために、各国が個別に景気対策を採りにくいという事情がある。深刻な債務危機に陥ったギリシャに対する金融支援にしても、ドイツやフランスなどEUをけ

ん引する先進国の国民の中には「なぜ財政でしくじった他国の尻拭いをしなければならないのか」といった不満もかいま見られた。2000年代以降に一気に加盟した旧社会主義国も含めて同一の経済政策を行うことは難しい。そうした加盟国間の格差を是正し、結束を強めていこうとする流れに、イギリスの離脱問題は大きな痛手となった。

　一方、流入する移民や難民に対する思いも複雑である。EU域内ではシェンゲン協定によって国境管理が廃止され、人々の移動は自由である。そのため、賃金の高い国へ多くの労働者が移入する傾向が強まっており、国内の労働者が移民によって仕事を奪われることを警戒して、移民排斥を求める声が高まっている。また、ヨーロッパに押し寄せる難民の中には、豊かな生活を求めて自国を離れる「経済移民」も混じっており、彼らはEU加盟国への庇護申請が通らなければ、自国へ送り返されるか、通過してきた他の安全な国へ引き渡されることになる。こうした人々への冷たい視線に加え、**IS(イスラム国)**やタリバンなどイスラム過激派によるテロが相次ぐ中、イスラム教徒(ムスリム)全体に対する警戒心が強まっていることも、移民や難民への対応を難しくしているといえよう。

　加盟国にはさまざまな負担がのしかかっている。まず、西アジアや北アフリカからEUを目指す大多数の難民が最初に到着するギリシャやイタリアには、食料・水・避難所の提供などが求められている。難民の多くが最終的に目指すのは、ドイツやスウェーデンなど到着国とは別の国であるため、それまでに通過する中欧の国々にも影響を及ぼしている。

　EUは短期間にこれほど大量に難民が流入することは想定していなかったため、新たな対策を講じる必要に迫られている。短期的には、域外国とも協力しつつ生命の危険にも直面する難民への現実的な支援が求められる。一方、中・長期的には、国際社会とともに紛争解決や開発支援の努力を続けることが必要である。自国優先の排他的な風潮が強まりつつある今日の国際情勢の中で人道と人権を重んじ、地域的経済統合の理想的なモデルであるEUが、今後も寛容な姿勢を貫くことができるかどうか、世界の注目が集まっている。

入試出題例

英国の欧州連合(EU)離脱決定に代表されるように、世界中で大衆迎合主義(ポピュリズム)が広まりつつある。ポピュリズムの世界全体に対するメリットとデメリットについて、あなたの考えを述べよ。[800字]

(富山大／薬／2017)

ポピュリズムを、「エリート支配に任せず、民衆の参加によって『よりよい政治』を目指す幅広い運動」と捉えるなら、民主政治の活性化につながると評価できるが、複雑な政治的争点を単純化して敵と味方の二項対立を作り出し、大衆が特定の価値を支持するようにその情緒に訴えて扇動する動きに対しては警戒が必要だろう。

関連用語

❶難民
人種・宗教・政治的信条などを理由に迫害を受けるおそれがあり、国外に逃れてきた人々。難民条約は迫害のおそれがある国・地域への難民の送還も禁止している。

❷ECB(欧州中央銀行)
EUの金融政策を一元的に行う中央銀行で、1998年に発足した。「ユーロの番人」とも呼ばれ、本部はドイツのフランクフルト。

4 米中対立

改革・開放政策の下、著しい経済成長を遂げた中国は、現在GDPでアメリカに次ぐ世界2位の経済大国となり、国際経済における存在感を増し続けている。

解説　中国では1978年以降の改革・開放政策で**経済特区(❶)**や経済開発区が設置され、個人経営の企業が増えるなど、資本主義的なシステムが導入されてきた。政治的にはあくまで社会主義国として共産党の一党独裁を維持しつつ、経済的には自由な活動を容認する「**社会主義市場経済**」への転換である。人民公社の解体と生産責任制の導入で労働意欲が喚起され、国有企業の民営化が進み、多くの私企業が急成長した。その結果、中国は1990年代以降、年平均10%近い経済成長と飛躍的な輸出拡大を実現した。

　中国のこうした急成長ぶりに対抗姿勢を強めてきたアメリカは、対中貿易赤字への不満や、中国のハイテク産業の台頭、**台湾問題(❷)**への警戒もあって、知的財産権侵害への制裁を理由に中国製品に追加関税を課すなど、強硬な態度を取り続けた。これに対して中国もアメリカへの報復関税を実施し、**米中貿易戦争**と呼ばれる対立が激化している。

ポイントは… 国際社会の覇権争い

　一連の改革の結果、中国では富裕層が誕生し、高額商品や不動産への需要が高まった。21世紀の中国は、「世界の工場」としての役割を担う一方で、人口14億の「世界の市場」としての期待も大きい。

　その一方で、貧富の差は拡大し、沿海部に比べ、農村の多い内陸部の開発・発展は遅れがちだ。また、環境政策の不備から各地で公害が激化し、工場や自動車を発生源とする**PM2.5(微小粒子物質)**などの汚染物質による大気汚染も深刻である。

　経済成長に伴う負の側面を抱えながら、世界経済の中で中国の存在感は日本を上回る。2001年に**WTO(世界貿易機関)**に加盟し、2015年には中国主導で**AIIB(アジアインフラ投資銀行)**を設立させ、2016年には人民元がドルや円と並んで**IMF(国際通貨基金)**の主要通貨に加えられた。また習近平国家主席は、「**一帯一路**(新シルクロード)構想」で、交通網の整備を通じて海路と陸路の両方でヨーロッパにつながる巨大な経済圏を提唱し、関係諸国との連携をいっそう深めようとしている。こうした点にも、国際社会で急激に政治的・経済的な影響力を強める中国に対するアメリカのいらだちがうかがえる。

関連用語

❶経済特区(経済特別区)
土地や労働力の提供や関税免除など有利な条件を用意し、外国資本や技術の導入と合弁企業化を進めた。深圳(シェンチェン)など沿海部の5か所が指定されている。

❷台湾問題
アメリカ政府は台湾の独立を支援する姿勢を示す一方、中国政府の「一つの中国」という従来の主張を認めている。

5 核兵器禁止条約

核兵器の使用や保有などを法的に禁ずる核兵器禁止条約が、2021年1月に発効。「ヒバクシャにもたらされた苦痛」に言及した一節が前文に盛り込まれ、人道的見地からも核兵器の存在を否定する国際条約がようやく誕生した。

解説　条約は核兵器の使用、開発、実験、製造だけでなく、獲得、保有、貯蔵、移譲、威嚇なども禁じている。条約制定に貢献したNGO連合体「**核兵器廃絶国際キャンペーン(ICAN)**」は2017年のノーベル平和賞に選ばれた。近年グローバルサウス(新興国や途上国)をまきこんで核兵器廃絶を実現しようとする国際的な機運も高まっている。

ただし、核保有国はすべて不参加で、アメリカの「**核の傘(❶)**」の下にある北大西洋条約機構(NATO)加盟国や、日本、オーストラリア、韓国などは不参加となった。批准国数は50か国に達し、2021年1月に正式に発効したが、批准しない国には効力がない。

ポイントは… 核抑止論を論破できるかどうか

核不拡散条約(NPT)は、核軍縮を目的に米・ソ(露)・英・仏・中以外の核保有を禁止する条約だが、5大国のみが核戦力を独占する不平等性から、インド、パキスタンは条約に参加せず核開発を進め、北朝鮮、イスラエル、イランなども、核保有の疑惑がある。

敵対する国がそれぞれ核兵器を保有することで、互いに核による報復攻撃を恐れて先制攻撃をためらい、その結果、平和が維持されるとする考え方を**核抑止論**という。こうした核抑止論を論破することは容易ではない。「核なき世界を目指す」ことを掲げて2009年にノーベル平和賞を受賞したオバマ大統領(当時)のアメリカや北大西洋条約機構(NATO)にしても、「敵対する核保有国が存在する間は、自ら率先して核兵器を放棄することはない」としている。日本政府は「核保有国と非保有国の橋渡しをして核軍縮に努めたい」と表明しているが、同条約については「実効性がない」として批准には否定的な立場をとっている。

入試出題例

唯一の被爆国として日本が果たすべき役割について、あなたの考えを述べよ。[1600字]　　　(千葉工業大／工／2010)

核廃絶に向けて、核兵器の使用は人々の生存権など基本的人権の侵害に他ならないということを世界の共通認識にすることの重要性、核兵器の使用が地球全体にもたらす惨禍、核兵器の開発・管理・廃棄にまで巨額の予算を要することへの疑問など、複数の視点から訴えたい。

関連用語

❶核の傘
核戦力を背景に自国の安全保障を図ることをいう。非核三原則(核兵器を、「持たず、作らず、持ち込ませず」)の方針をとる日本が、アメリカの核の傘に入っているという矛盾が指摘されている。

＊包括的核実験禁止条約(CTBT)
爆発を伴うあらゆる核実験を禁止するもので、1996年に国連総会で採択された。だが、アメリカや中国などが批准していないため、条約の発効には至っていない。

巻頭特集

1 国際

2 政治・経済

3 環境

4 科学・技術

5 情報通信

6 教育

7 医療・健康

8 福祉

9 社会

6 食料問題

世界の人口は2022年に80億人を超えた（国連発表）。世界全体では全人口を養える量の食料が生産されているにもかかわらず、2021年は8億人を超える人が慢性的な飢餓に苦しんでいる。その多くは開発途上国の人々である。

解説 1996年の世界食糧サミットや2000年の**ミレニアム開発目標（❶）**では、「2015年までに**飢餓人口**（栄養不足人口）を1990年比で半減させる」という目標が掲げられたが、現在でも目標達成には至っていない。FAO（国連食糧農業機関）と国連世界食糧計画（WFP）が毎年共同で作成している報告書に示される飢餓人口にも変化は見られない。途上国で食料不足が起こる原因としては、①人口増加、②農業生産性の低さ、③穀物など主要な食料の国際価格高騰、などがある。途上国ではもともと乳幼児死亡率が高かったことに加え、家系を支える労働力としての期待から子どもを多く産む傾向が強かった。医療の進歩や衛生状態の改善により、「多産多死」型から「多産少死」型に移行しつつあるが、出生率が高いために、人口爆発の状況を示す国もある。こうなると食料需要は増える一方で、必要な食料需要を満たすことは困難になる。

また、干ばつや洪水、虫害の発生などの自然災害や、地球温暖化や砂漠化の進行、地域紛争なども、食料増産を妨げている。農業技術の遅れや無理な食料増産が自然環境への負荷を大きくし、環境破壊が深刻化するといった悪循環も指摘されている。先進国向けの輸出用作物の栽培を優先する国では自国民の食料を輸入に頼るケースもある。さらに、近年アメリカやブラジルなどで、トウモロコシやサトウキビが食料としてではなく**バイオ燃料（❷）**の原料として生産されていることも、食料不足や食料の国際価格高騰の一因となっている。

2022年に始まった**ウクライナ侵攻**（➡国際❶）により、主要な小麦生産国であるロシアとウクライナからの穀物輸出量が大幅に減少したことも、食料価格の高騰を深刻化させている。

ポイントは… ▶ 人口抑制と食料の公平な分配

1994年にカイロで開かれた国際人口開発会議において「リプロダクティブ・ヘルス＆ライツ（性と生殖に関する健康と権利）」という考え方が示された。これは「子どもを生むか生まないか、生むとすればいつ、何人生むかを決定する権利はそのカップル、特に女性にある」という考え方である。そこでは避妊や人工妊娠中絶の権利も含まれると解釈される。

さらに1999年の国連人口開発特別総会では、「カイロ行動計画のさ

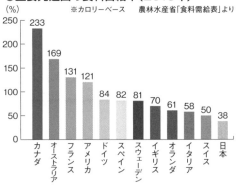

●主要先進国の食料自給率（2019年）
※カロリーベース　農林水産省「食料需給表」より

国	自給率(%)
カナダ	233
オーストラリア	169
フランス	131
アメリカ	121
ドイツ	84
スペイン	82
スウェーデン	81
イギリス	70
オランダ	61
イタリア	58
スイス	50
日本	38

らなる推進のための行動提案」が採択され、妊産婦死亡率の低下や就学率の向上、避妊を含めた家族計画や性感染症の予防などの啓発といった対策が確認された。

人口増加が続く途上国の農業生産性の向上には、農業技術の開発や農業機械の整備、長期的な食料増産計画などが不可欠である。そのためには、先進国による積極的な技術協力や資金援助とともに、人材育成も重要となる。

一方、先進国では多くの穀物が畜産用飼料とされている。牛肉1kgに対して穀物11kg、豚肉1kgに対して穀物6kgが必要とされ、今後、新興国などを中心に食肉の需要が急増すれば、穀物供給が追いつかなくなるおそれがある。

日本は世界中から大量に食料を輸入している。**食料安全保障（❸）**の観点から、政府は2000年に、10年間で自給率をカロリーベースで40％から45％に引き上げることを決めたが、結果的にはほぼ横ばいで推移した。その後、2010年に農林水産省は、**フードマイレージ（❹）**の減少も視野に入れて、2020年度の食料自給率を50％に引き上げる目標を発表したが、実現可能な目標として、2015年には2025年目標として45％に引き下げ、2020年においても2030年目標として45％とした。

また、近年、食料だけでなく、人間の生存に絶対必要なピュア・ウォーターを確保するために、国際的な水資源の争奪戦が現実のものとなりつつある。

このような中であっても、本来食べられるはずの食品が捨てられてしまう食品ロスが世界的に問題となっている。日本では2022年の推計で年間約522万トンが捨てられており、これを解消するため、2019年に食品ロス削減推進法が施行された。

入試出題例

現代の日本社会にとって、どの程度の食料自給率であれば安心と言えるのか。あなたが理想とする食料自給率の程度について、その実現の可能性もふまえつつ、自身の考えを述べよ。[800字]（鹿児島大／農／2015）

TPPなどによって貿易自由化が進めば、安価な農産物がさらに大量に輸入される可能性がある。自給率向上と日本の農業再生に向けて求められる生産規模の拡大や企業の農業への参入、新規就農者の確保といった対策をまとめておこう。

関連用語

❶ミレニアム開発目標（MDGs）
2000年の国連ミレニアムサミットで採択された宣言をまとめた目標。2015年までに達成すべき目標として、極度の貧困と飢餓の撲滅、初等教育の完全普及、男女平等の推進と女性の地位向上など8項目を定めた。2015年には後継として17項目の「持続可能な開発目標（SDGs）」が採択された。

❷バイオ燃料
サトウキビやトウモロコシなどを発酵させて抽出するバイオエタノールが代表。こうした植物は生長過程で二酸化炭素（CO_2）を吸収するので、燃焼時に発生するCO_2はその分と相殺される。結果として大気中のCO_2を増やさないため、温暖化防止の観点から利用が進んでいる。

❸食料安全保障
すべての人が必要とする十分で安全な食料を安定的に確保しようとする考え方。

❹フードマイレージ
食料の輸送量に輸送距離をかけた数値で、環境への負荷を表す。大量の食料を輸入する日本は、輸送距離が長いこともあり、外国と比べてきわめて高い。

巻頭特集

1 国際

2 政治・経済

3 環境

4 科学・技術

5 情報通信

6 教育

7 医療・健康

8 福祉

9 社会

7 観光立国

海外からの観光客の増加により、消費や新たな雇用の創出など幅広い経済効果を期待できるとして、政府は成長戦略の柱として観光振興に力を入れ、観光立国を目指している。

解　説 日本を訪れる外国人旅行者の大幅増を目指して、2006年に**観光立国推進基本法**が制定され、2008年には、魅力ある観光地の形成や国際観光の振興を目的に、国土交通省に**観光庁**が設置された。

　2017年に改定された観光立国推進基本計画では、政府が行うべき具体的な施策として、「国際競争力の高い魅力ある観光地域の形成」「観光産業の国際競争力の強化及び観光の振興に寄与する人材の育成」「国際観光の振興」「観光旅行の促進のための環境の整備」の4項目が示された。各関係省庁に対しても、国土交通省には**オープンスカイ（❶）**の推進、文部科学省にはスポーツを「観る」「する」ことを目的とした**スポーツツーリズム**の推進、厚生労働省には休暇を取得しやすい職場環境整備、政府観光局には国際会議やイベントなどの誘致などが求められている。

ポイントは… 観光資源の開発とPR、インバウンドの回復

　政府は近年、海外でも人気の日本のマンガやアニメを観光資源として積極的に活用しようとしている。ビザの発給要件の緩和や円安、航空路線の拡大などが追い風となって、2019年の訪日外国人旅行客数は3188万人を突破し過去最高となった。

　しかし、**新型コロナウイルス（➡巻頭特集）**の世界的な感染拡大により、2021年の年間訪日旅行客数は約25万人と大きく減少した。この**インバウンド（❷）**の激減により、観光業界は大打撃を受けたが、2022年より回復傾向にある。

　今後、対外的には、世界遺産に登録された観光地など日本各地の多様な魅力を発信し、国内的には、行政、観光関連産業だけでなく地域住民とも連携し、新たな地域振興につながる総合産業としての観光への変革を模索する必要がある。一方で、特定の観光地で訪問客の著しい増加が、住民の生活や自然環境、景観に対して悪影響を及ぼす**オーバーツーリズム**の問題が深刻化している。

> **Column　エコツーリズム**
>
> 　**エコツーリズム**とは「自然環境や歴史文化など、地域固有の魅力を観光客に伝えることで、その価値や大切さが理解され、保全につながっていくことを目指す仕組み」のことである。観光客だけでなく地域住民もその環境の価値を再認識でき、地域社会の再生・活性化につなげることが期待されている。2007年にはエコツーリズム推進法が制定された。

関連用語

❶オープンスカイ
航空会社が政府を通さずに空港と直接交渉し、新路線への参入や便数・運賃の設定を自由にできること。他国に後れをとったが、日本も導入を進めている。

❷インバウンド（inbound）
おもに「外国人の日本旅行（訪日旅行）」、「訪日外国人観光客」などの意味で用いられる。

8 外国人の労働問題

グローバル化が進む今日、労働者の移動もボーダーレス化しており、先進国では多くの外国人が働いている。日本にも外国人労働者が在住しており、2022年10月末現在、届け出のあった外国人雇用者数は約182万人に増加している。

解説

日本では1980年代のバブル期に外国人労働者が急増した。労働力が不足しがちな「3K」（労働環境が「きつい」「汚い」「危険」）と呼ばれる職種を中心に多くの外国人が働くようになったが、日本では専門技能を持たない外国人の労働を認めていないため、不法就労者も少なくなかった。1990年代には、外国人の労働規制が緩和され、日系人や技能研修の名目で働く外国人労働者が増加した。

近年では、少子高齢化による労働力不足や、国際競争力低下への危機感から、外国人労働者の受け入れ拡大を望む声がある。2019年には、在留資格として「**特定技能**」が新設され、人手不足が深刻な介護・農業・漁業・建設業などの職種で、外国人の就労が認められるようになった。

●国籍別外国人労働者の割合

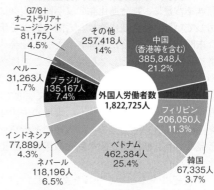

- G7/8＋オーストラリア＋ニュージーランド 81,175人 4.5%
- ペルー 31,263人 1.7%
- ブラジル 135,167人 7.4%
- インドネシア 77,889人 4.3%
- ネパール 118,196人 6.5%
- その他 257,418人 14%
- 中国（香港等を含む）385,848人 21.2%
- フィリピン 206,050人 11.3%
- ベトナム 462,384人 25.4%
- 韓国 67,335人 3.7%

外国人労働者数 1,822,725人

厚生労働省「外国人雇用状況の届出状況」（令和4年10月末現在）より

ポイントは… 「労働力」ではなく「人」として

日本は原則として外国人に単純労働のための就労を認めていないため、不法就労の問題だけでなく、実際には労働力として働かせていながら、「**外国人研修生・技能実習生**」（**❶**）に十分な賃金を払わないなどといった問題が起こっている。また、外国人労働者への賃金未払い・不当解雇・違法な時間外労働・労災隠し・社会保険へ加入させないといった雇用者による不当な扱いも後を絶たない。こうした状況を受け、政府は2023年4月に技能実習制度の見直しを検討する有識者会議を開いた。

雇用問題のほかにも、外国人労働者の多い地域では生活習慣の違いをめぐる地域社会との摩擦や、日本語の話せない外国人児童の急増による教育現場の混乱、学校や地域になじめず孤立する外国人児童の問題なども起こっている。外国人労働者を使い捨ての労働力としてではなく、ともに地域に暮らす仲間として、権利保障や基本的な生活をサポートする仕組みを確立していく必要がある。

関連用語

❶外国人研修生・技能実習生
日本の技術・技能を習得するため、1年目は研修生、2〜3年目は技能実習生として働く。研修は労働とは見なされず、労働基準法や最低賃金制度も適用さ

れないこともあり、人手不足に悩む中小企業を中心に広がった。農業の現場でも、外国人は欠かせない労働力になっている。

巻頭特集

1 国際

2 政治・経済

3 環境

4 科学・技術

5 情報・通信

6 教育

7 医療・健康

8 福祉

9 社会

文化相対主義

すべての文化に優劣はなく、等しく尊重されなければならないとする考え方。
この考え方は20世紀に広く普及し、文明観の転換をもたらした。

西洋中心主義への批判

19世紀、西洋社会では、科学と産業の急速な発展を背景に、社会進化論の文明観が人々に浸透していた。社会進化論は、人間の歴史を単純な未開社会から高度に洗練された文明社会への進歩・発展の歩みとして捉える。そこではあらゆる人間社会は「遅れた」未開社会と「進んだ」文明社会との間で序列化される。この文明観では、西洋諸国が未開社会を統治し、現地の生活様式を西洋風に改めさせることは人類の進歩を促すと見なされ、植民地支配や**同化政策（❶）**が正当化された。

●社会進化論の文明観

未来	高度に洗練された未来社会
現在	近代西洋社会＝文明社会

植民地支配・同化政策

アジア・アフリカ社会＝停滞した社会

伝統的部族社会＝未開社会（野蛮な社会）

過去	原始時代の単純な社会

20世紀に入ると、こうした文明観に対して、**文化人類学（❷）**の研究者たちから、すべての文化は優劣で比べられるものではなく、それぞれの価値において評価されるべきだという問題提起がなされた。この文化相対主義の考え方は20世紀後半に広く受け入れられるようになり、かつての差別的な見方は異文化理解を欠いた一面的な人間観と見なされるようになった。同時にその動きは非西洋の伝統文化の再評価へとつながり、**マイノリティ（❸）**の権利向上を促した。ただし、現代でも西洋を基準にした異文化へのまなざしがなくなったわけではない。パレスチナ出身のアメリカの批評家サイードは、西洋人が異文化に抱く異国情緒や東洋趣味を**オリエンタリズム**と呼び、異文化への偏見やステレオタイプなイメージを再生産していると批判した。

文化相対主義と人権の普遍性

文化相対主義の考え方は、人権尊重の普遍性と衝突することがある。もしもある社会に生け贄の儀式や奴隷制の伝統があった場合、文化相対主義の考え方では、外部の者が自らの尺度でそうした社会のあり方を批判すべきではないということになる。しかし、文化相対主義をそのように絶対化することには問題がある。国連では、それぞれの文化は尊重するが、人権侵害については、それがどれほど強く伝統文化と結びついていたとしても認められないとしている。例えばインドのヒンドゥー教や伝統慣習は尊重するが、それらと結びついてきたカースト差別には積極的に改善を働きかけるという姿勢をとっている。国際社会においては、文化を尊重することと対話を継続することを両立させなければならない。

多文化主義

それまでの同化政策は、マイノリティの文化を否定し、主流派の文化を押しつけることで、マイノリティの権利を抑圧してきた。その歴史的反省を踏まえて唱えられるようになった理念が**多文化主義**である。これは、マイノリティの要求を積極的に受け入れ、彼らの文化を公的に支援することで、少数派の権利を保障し、多文化の共生を実現しようというものである。

ただし、安定した社会を築いていくためには、一方で共通の文化も必要になる。社会の中にいくつものマイノリティ集団が形成され、それぞれが文化の独自性を強調した場合、社会内に分断を作り出してしまう危険性もはらんでいる。そのため、多文化主義については、各国で保守派を中心に根強い批判がある。

 読んでみよう！

『異文化理解』
青木保(岩波新書)

文化人類学者である著者が自らの体験を交えながら、異文化理解の手がかりを説いていく。文化相対主義の限界についても論じている。

『悲しき熱帯』
レヴィ＝ストロース(中公クラシックス)

文化人類学者による南米での調査活動を中心としたエッセイ集。そこには西洋社会への厳しいまなざしと南米のインディオを慈しむまなざしとが混在する。1・2巻。

入試出題例　次の英文は「ヨーロッパの外交政策における多文化主義の課題」という小論の中の一節である。(1)多文化主義の基礎をなす概念である「多様性の中の統一」について説明せよ。(2)筆者らは「多様性の中の統一」概念には必然的に対立が含まれていると述べているが、それは具体的にどのような状況によって明るみに出されているか、文中の例を用いて説明せよ。[(1)100字、(2)200字]　(岡山大／法／2011)

多文化主義は、マイノリティの文化を尊重することで文化の多様性を社会に内包しながら、ともに一つの社会を支えていこうとする立場である。その可能性と問題点を論じよう。

関連用語

❶同化政策
マイノリティを主流派の文化に同化させる政策。日本では明治期に、先住民のアイヌから土地を取り上げ、その伝統文化を禁止する同化政策が採られた。

❷文化人類学
主に伝統的社会を対象に民族の生活様式を調査し、その背後にある考え方や社会構造を研究する学問。

❸マイノリティ
少数民族だけでなく、社会的に弱い立場に置かれている移民、女性、障害者、LGBT(性的少数派)などを指す。

巻頭特集

1 国際

2 政治・経済

3 環境

4 科学・技術

5 情報・通信

6 教育

7 医療・健康

8 福祉

9 社会

資料から考える

── 入試に出た資料をチェック! ──

🔗6 食料問題
→ P18-19

●食品廃棄物等の発生状況と割合〈概念図〉(大阪教育大/2022)

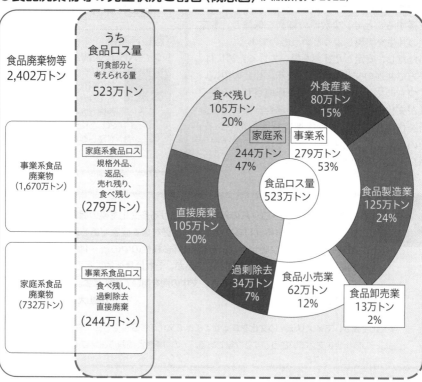

食品廃棄物等
2,402万トン

うち
食品ロス量
可食部分と
考えられる量
523万トン

事業系食品
廃棄物
(1,670万トン)

家庭系食品ロス
規格外品、
返品、
売れ残り、
食べ残し
(279万トン)

家庭系食品
廃棄物
(732万トン)

事業系食品ロス
食べ残し、
過剰除去
直接廃棄
(244万トン)

食べ残し
105万トン
20%

外食産業
80万トン
15%

家庭系
244万トン
47%

事業系
279万トン
53%

食品ロス量
523万トン

食品製造業
125万トン
24%

直接廃棄
105万トン
20%

過剰除去
34万トン
7%

食品小売業
62万トン
12%

食品卸売業
13万トン
2%

農林水産省及び環境省「令和3年度推計」より

用語解説　資料中の用語を確認しよう!

●**食品廃棄物**…食品の流通の過程で生じる売れ残りや食べ残しなどのこと。食品の製造・調理の過程で生じる加工残渣で食用に提供することができないものも含まれる。

●**食品ロス**(→**国際6**)…食品廃棄物のうち、可食部分であるが廃棄される食品のこと。

●**規格外品**…重量や色、形状が販売規格に合わず、

廃棄処分される食品のこと。

●**過剰除去**…野菜のへたや皮などの不可食部分を取り除く際に過剰に除去された可食部分のこと。

●**直接廃棄**…消費期限切れや賞味期限切れなどにより、未開封のまま廃棄される食品のこと。

資料から読みとる ▷ 資料から読みとれる内容を確認しよう！

〇全体から

・令和３年度の食品廃棄物等は、全体で**2,402万トン**発生している。
・令和３年度の食品ロス量は、全体で**523万トン**発生している。
・食品ロス量のうち最も割合が大きい項目は**食品製造業**である。

〇家庭系と事業系との比較から

・全体では、家庭系より事業系の方が**約２倍**の量の食品廃棄物を出している。
・食品ロス量における家庭系と事業系との差は、**35万トン**である。
・食品廃棄物等に対する食品ロスの割合は**家庭系の方**が大きい。

資料から考える ▷ 資料をもとにした意見の例を確認しよう！

食品ロスの改善について考えよう！

> 消費者は食品ロスに対する意識を改善し、
> 必要な量だけ購入するべきだ。

例1 Aさんの意見

食品ロスを減らすためには消費者一人ひとりの食品ロスに対する意識を改善するべきだと考えます。家庭から発生する「食べ残し」と「直接廃棄」だけで200万トン以上も食品ロスが発生しているため、消費者が本当に食べることができる量だけ購入した場合、食品ロス全体のうち36％も減らすことができます。

> 事業者と消費者ともに従来の意識・習慣を
> 変える努力が必要だ。

例2 Bさんの意見

事業者と消費者がともに意識を変えることで食品ロスが改善できると考えます。例えば、形が悪いものを売らない・買わないという従来の意識・習慣を改め、事業者が「規格外品」を廃棄せずに販売し、消費者が「規格外品」を購入すれば、「規格外品」の食品ロスは改善します。

巻頭特集

1 国際
2 政治経済
3 環境
4 科学技術
5 情報通信
6 教育
7 医療健康
8 福祉
9 社会

2 政治・経済

政権交代

　国内外のさまざまな政治的課題の解決に向けて、政治家の責任はきわめて大きい。選挙制度の変更などの政治改革の背景には、国民の政治不信を解消するとともに、二大政党制へと誘導して政権交代を容易にし、かつ安定した政権が一定期間継続して政策実現に専念できるように、というねらいもあった。

　2009年の衆議院議員選挙では民主党が勝利し、政権交代を実現させた。しかし、鳩山内閣は沖縄の普天間基地移設問題で迷走し、次の菅内閣は消費税増税や東日本大震災への対応のもたつきなどを理由に支持率を下げた。さらに野田内閣のもとで民主党は分裂し、2012年末の総選挙で敗北して政権の座から退いた。

　3年余りで政権を奪還した自民党は、公明党と連立して第2次安倍内閣を誕生させた。安倍首相は周辺諸国との領土問題や日本の戦争責任などの歴史観では強硬な態度を見せたものの、就任後に円安と株価上昇が進んだこともあり、国民から一定の支持を得た。また、2013年7月の参議院議員選挙では自民党は議席を増やし、衆参両院で多数派が異なる「ねじれ国会」は解消された。その後の国政選挙でも自民党と公明党は勝利し、その中で、**憲法改正をめぐる動き**もいっそう活発になってきた。こうした流れは安倍内閣の政策を継承した管内閣・岸田内閣にも引き継がれている。

国民の政治参加

　民主主義社会においては、国民一人一人が政治に関心を持ち、積極的に政治参加を進める姿勢が重要である。**裁判員制度**導入などの司法制度改革も、国民の政治参加を促すことがその目的の一つとされる。また、近年、**地方自治と地方分権**がいっそう重視されていることも、自分が生活する地域を住みやすくするためには、住民の政治参加が欠かせないという視点が反映されたものといえる。

　ところが、震災復興、国と地方公共団体に共通する**財政危機**など、重要な課題が山積しているにもかかわらず、選挙の際の投票率は低迷している。私立学校の認可・設立をめぐる疑惑や公文書改ざん、あいつぐ閣僚や議員の不祥事などに対する国民の政治不信に加え、政治的無関心の拡大も懸念される。

　その一方で、**政治参加の新たな流れ**も生じている。「脱原発」を訴える抗議集会や、安全保障関連法に反対する国会前デモには幅広い世代が参加した。また「18歳選挙権」の実現によって、若い世代の政治への関心が深まることも期待される。

経済・金融システムの大改革

　アベノミクスに足並みをそろえるように、日本銀行も市中の通貨量を増やし2％のインフレ目標を設定するなど、「異次元の金融緩和政策」を進めた。

　規制緩和と自由化を進めた安倍内閣は、FTAとEPA（自由貿易協定と経済連携協定）の締結にも積極的で、2018年に発効した**CPTPP**（環太平洋パートナーシップに関する包括的及び先進的な協定）交渉でも主導的立場を担った。新たな貿易環境と激しい国際競争など不透明な状況のもとで、**企業倫理**が一層重視されている。日本企業の新たな挑戦ぶりが、注目される。

　近年、多くの分野でオンライン化が進み、現金ではなくカードやスマートフォンなどで決済を行う**キャッシュレス社会**が推進されるなど、経済や金融のシステムが大きく変わりつつある。外貨の売買が行われる外国為替市場でも、貿易に伴う通貨の交換以上に、銀行などによる投機目的の取り引きが増えており、それが**円高と円安**の動きに大きな影響を及ぼしている。また、2021年以降はコロナ禍やロシアのウクライナ侵攻などの影響で消費者物価は上昇したものの、実質賃金は伸び悩んだため、多くの国民には景気回復の実感が持てなかった。

1 政治参加の新たな流れ

インターネットやスマートフォンを通して政治に関する意見を交わしたり、支持政党の違いなどにこだわらず多くの人が集会やデモに自主的に参加したりするなど、これまでには見られなかった新しい政治参加の形が芽生えつつある。

解説 2012年3月頃から、毎週金曜日の夜に首相官邸前や国会前に脱原発や原発再稼働反対を訴える多くの人が集まり、新たな政治参加の形として話題になった。政治や社会運動とは無縁だった人も含め、年齢、性別、職業を超えた多様な人々が、「脱原発」「再稼働反対」といった一つの問題に対して声を上げ、自発的に行動したところに大きな特徴がある。その後、安全保障関連法の制定に対しても、同様の集会・デモが活発に行われた。政党や労働組合などが主導する形ではなく、人々が自らの判断で気軽に政治に関して発言・行動する新たな流れが生まれつつある。

こうした動きを可能にした背景には、インターネットやスマートフォンの普及によって、デモや集会などの情報が短時間に広まるようになったことがある。必要な情報を即時に得られるだけでなく、掲示板や**SNS（ソーシャルネットワーキングサービス）**（➡情報・通信④）に自分の意見を書き込んだり、それを読んだ人がコメントを加えたりすることも、ごく普通になされるようになった。

また、2013年の**公職選挙法**（❶）改正によって、同年7月の参議院議員選挙からインターネットを利用した選挙運動が一部解禁された。選挙期間中も、立候補者の公式ホームページやブログの更新のほか、FacebookやTwitterなどの交流サイトを用いた投票依頼や支援呼び掛けも可能になり、選挙運動のあり方が大きく変わることになった。

国会前での安全保障関連法案反対デモ（写真：朝日新聞社）

ポイントは… 政治的な自己肯定感・達成感を得られるかどうか

1980年代から、住民投票条例を制定して地域の重要な政治的問題に関する住民の意思を直接問う**住民投票**が各地で実施されるようになった。しかし、その決定には必ずしも法的拘束力がない。自分たちの意思を表明しても、そうした行動の結果が現実の政治にまったく反映されないままで終われば、その人たちは徒労感に覆われ、次に行動することをた

めらい、新たな**政治的無関心層（❷）**を増やすことにもなりかねない。

　2015年の夏から秋にかけて、安倍政権が推し進めた「安全保障関連法案」に反対する多くの人々が国会前に連日押し寄せた。2017年にも共謀罪の主旨を含んだ「組織的犯罪処罰法改正案」で同様の抗議行動が起こったが、結果的に制度阻止には至らなかった。政治参加の新たな流れが政治的無関心層や**無党派層（❸）**を巻き込み、政治を変える一歩になるかどうかは、参加することによって得られる「達成感」も重要な要素といわれる。

　2017年10月の衆議院議員選挙では、自民党と公明党の連立政権が継続する結果となったが、投票率は戦後最低だった前回選挙をわずかに上回る53.68％にとどまり、国民の政治的関心が必ずしも投票行動に結びついているとはいえない。既成政党への不信感も根強く、過半数の議席を獲得した自民党の比例区での得票率は全体の得票数の約3分の1にすぎなかった。今後、日本の民主主義が成熟していくうえでも、有権者が主体的に政治に向き合う新たな流れが確立されることが求められる。

　近年、政治に対してだけでなく、「**第四の権力**」（❹）とも呼ばれる**マスメディア（➡情報・通信❺）**のあり方に対する国民の不信感も強まっている。今後は今まで以上に、既存のメディアに依存しない、SNSなどを用いた自由な情報の発信・受信が、国民の新たな政治参加を支えるだろう。

巻頭特集

1 国際

2 政治経済

3 環境

4 科学技術

5 情報通信

6 教育

7 医療健康

8 福祉

9 社会

入試出題例

18歳を含む若い世代が政治に関心を持ち、投票に行くには、政府や政党、学校、そして若い世代の人々自身がどのような取り組みをしたらよいかについて、あなた自身の考えを含めて述べよ。[600字]（大分大／経済／2016）

　選挙は国民が直接政治に参加できる機会である。政府や政党は、政治に無関心であると最終的にはそのつけが若者世代に回ることを伝える必要がある。学校の役割も大きく、早い段階で政治参加の意識を培うだけでなく、政治的な課題をYESとNOで単純化することの危険性や、大衆に迎合して人気を得ようとする「ポピュリズム」の問題点、目に入る限られた情報だけに頼ることの問題点などを幅広く伝える必要がある。選挙権年齢が引き下げられた若い世代の人々自身も、社会や政治について少しずつでも学ぼうとする意識が重要である。

｜関｜連｜用｜語｜

❶公職選挙法
日本の選挙制度の基本法。公明で適正な選挙の実施と、民主政治の健全な発達を目的として、1950年に制定された。2015年の改正では、選挙権の最低年齢が20歳から18歳に引き下げられた。

❷政治的無関心層
「政治のことはよくわからない」「政治には期待できない」「政治は政治家に任せておけばよい」といった理由で政治への興味・関心を失っている人々。アメリカの社会学者リースマンは、政治的無関心を政治的無知による「伝統型無関心」と、政治的知識を持ち合わせていても政治に冷淡な「現代型無関心」とに分類している。

❸無党派層
特定の支持政党を持たない人々で、「支持なし層」ともいう。近年の支持政党調査では、最も大きな割合を示すことが多く、時事通信社の2020年2月の世論調査では60.6％に達した。政治的無関心層とは必ずしも一致するわけではなく、選挙ごとに投票する候補者を柔軟に選ぶような政治的関心の高い人々も少なくない。最近の選挙は、こうした無党派層を取り込めるかどうかが当落を分けるとさえいわれる。

❹第四の権力
マスメディアは行政や政治権力を監視し、世論を形成する役割を持つ。立法、行政、司法に続く「第四の権力」と呼ばれ、その影響力はきわめて大きい。

2 憲法改正をめぐる動き

日本国憲法は1947年に施行されて以来一度も改正されていない。しかし近年、これを改正しようとする動きが起こっている。

解説 日本国憲法は、成立当初より第9条の**戦力不保持**の規定などをめぐり激しい論争にさらされてきた。1954年の自衛隊の発足以降は、東西冷戦も背景に防衛力の増強、日米共同防衛体制の強化を進めたが、その際に政府は、いわゆる**解釈改憲**によって、憲法の規定と現実との整合性を図ろうとしてきた。

しかし、東西冷戦が終結した1990年代に入ると、国際情勢の変化を背景に自衛隊の海外進出が進むなど、憲法と現実のズレがいっそう明確になり、従来からの**押し付け憲法論**（❶）に加え、**集団的自衛権**（❷）の見直しや「**一国平和主義**」からの脱却を求める声も出てきた。さらに、憲法制定当時は考慮されなかった地球環境問題や情報化・グローバル化により生じる新たな問題に対応できるように、人権保障規定の拡充を求める意見も強まってきた。

これらを受けて2000年に衆参両議院に憲法調査会が設けられ、2005年、最終報告が発表された。2007年には18歳以上の国民を有権者とする「**憲法改正国民投票法**」が制定され、2010年に施行された。さらに同法の制定に伴って国会両院に設けられた**憲法審査会**が、2011年10月に活動を開始した。2016年の参議院選挙の結果、史上初めて衆参ともに改憲勢力が3分の2（発議に必要な数）を超える状態となり、2023年現在も改憲勢力は3分の2を超えている。ひき続き両院の憲法審査会において、改正についての議論が進められている。

ポイントは… 憲法改正の主な論点

憲法改正の最大の焦点になっているのは、第9条第2項の戦力不保持を柱とする**非軍事的平和主義**の規定の扱いである。この理念を語る憲法前文には、ドイツの哲学者カントが主張した常備軍全廃や、インド独立運動の指導者ガンジーの非暴力主義に通じる人類の叡智に根ざした理想と、それに向かう決意とが込められている。しかし一方、戦後日本の現実的な歩みは、憲法の平和主義の現実化を図る営みよりも、むしろアメリカの強大な軍事力に依存する方向をとってきた。

2014年には、「積極的平和主義」を掲げる第二次安倍政権の下で、**個別的自衛権**（❷）だけでなく集団的自衛権の行使をも容認する閣議決定がなされた。さらに翌

●憲法改正をめぐる主なポイント

天皇の地位	天皇を元首と明記すべきかどうか
公共の福祉	「公共の福祉」を「公益および公の秩序」に変更すべきかどうか
戦力の保持	第9条第2項を改正し、自衛隊を国防軍とすべきかどうか
交戦権	個別的自衛権または集団的自衛権を明記すべきかどうか
非核三原則	非核三原則を明記すべきかどうか
新しい人権	環境権、プライバシーの権利などを明記すべきかどうか
国民の義務	憲法尊重義務などを追記すべきかどうか
国会	二院制を一院制に改めるべきかどうか
内閣総理大臣	首相公選制を導入すべきかどうか
憲法改正要件	憲法改正発議の要件(第96条)を緩めるべきかどうか

2015年には、「国際平和支援法」と既存の10の法律を一括改正する「平和安全法制整備法」からなる**安全保障関連法案**が国会に提出された。衆議院の憲法調査会では、参考人として呼ばれた３人の憲法学者全員が、「集団的自衛権の行使容認は憲法違反だ」と明言し、国会での審議中には多くの民衆が国会前に押し寄せ抗議したが、同法は強行採決により成立した。

　次に議論になるのは、**新しい人権(❸)**の扱いである。憲法制定時には想定されなかった社会の急激な変化に伴い、新しい人権が主張されるようになり、中でも環境権、プライバシー権、国民の知る権利などを、憲法に追加すべきであるという意見が出ている。ただし、これらの権利やその保障を憲法上で宣言しただけで、ただちにすべての保障が進むわけではない。また、憲法にその規定がなくても、憲法第13条の幸福追求権を根拠にこれらの権利保障は進められてきている点にも留意すべきである。重要なことは、こうした新しい権利の意義や内容(誰が何を請求できるのか)を明確にしていくことだろう。

　憲法改正の是非を議論する際に忘れてはならないのが、近代的**立憲主義**の考え方に基づく憲法の意義を再確認することの重要性である。近代的立憲主義とは、憲法は、あくまで権力者(それが選挙で多数者の支持を受けた者だとしても)の勝手な権力行使を制限し、国民の権利や自由を擁護するためにこそある、という政治の基本原則である。その意味では、基本的人権よりも公益や公の秩序を優先すべきだといった議論には注意が必要である。

　なお、憲法改正の第一段階として、国会による憲法改正の発議の要件を、衆参両院それぞれの総議員の３分の２以上の賛成から過半数の賛成に変えるという手続き上の改正も議論となった。これは改正に高いハードルを設けてきた日本国憲法の「**硬性憲法**」としての性格を緩め、主権者である国民の、その時々の意思を憲法に反映しやすくするものだが、「憲法が安易に改正を繰り返されかねない」といった批判もあり、民主的で慎重な議論が望まれる。

**入試
出題例**

　いわゆる「集団的自衛権の行使」について、次の順序であなたの考え方を述べよ。①集団的自衛権の行使とは何か。②解釈改憲と憲法改正それぞれの内容及び問題点。①、②に記述したことを踏まえて、集団的自衛権の行使の是非。[800字]

(東洋大／法／2016)

　「集団的自衛権の行使」は憲法改正の論点の一つである第9条に関わる問題である。条文の解釈を改めることで、憲法が改正された場合と同程度の変更が生じることを解釈改憲という。この最大の問題は、憲法が時の権力によって都合よく解釈され、骨抜きとなることである。

関連用語

❶押し付け憲法論
現行憲法は、主権が回復していない占領下でGHQによって押し付けられて作られた憲法であり、無効または正当性がないとする主張。

❷個別的自衛権と集団的自衛権
個別的自衛権は、外国から不正な武力攻撃を受けた際に自国を守るために武力を行使する権利。集団的自衛権は、同盟国に対する武力攻撃に際して、同盟国と共同して防衛行動をとる権利。日本では、2015年に成立した安全保障関連法により行使が認められることになった。

❸新しい人権
本文中の三つの権利のほか、自己決定権、平和的生存権などが挙げられる。ただし、本文中の三つの権利のうち裁判所が権利として承認したことがあるのは、国民の知る権利とプライバシー権だけである。

3 地方自治と地方分権

大日本帝国憲法下の日本では、中央集権的な地方制度が採用されていたが、日本国憲法によって自治権を保障した地方自治制度が確立した。地域の実態に応じた行政が効率的になされるためだけでなく、民主主義の基盤としても、地方自治の役割はきわめて大きい。

 解説　「民主主義の学校」(❶)と呼ばれる地方自治には、地方公共団体が国から自立して行政を行う「**団体自治**」と、住民の意思に基づき住民が参加して行う「**住民自治**」の二つの側面がある(地方自治の本旨)。

　1990年代以降、住民の多様な要望に応える施策が迅速かつ柔軟に実現できるように、地方公共団体に多くの権限を与える地方分権の動きが強まった。1999年に成立した地方分権一括法によって、従来の国と地方との上下・主従関係が見直され、対等・協力関係への転換が図られた。国からの**機関委任事務**(❷)は廃止され、**自治事務と法定受託事務**(❸)とに再編、地方公共団体の課税自主権も拡大された。また、2000年代前半には、「地方にできることは地方に」という理念と国の財政悪化を背景に「**三位一体の改革**」(❹)が進められ、財政基盤の強化と効率化のために、大規模な市町村合併(平成の大合併)も行われた。

ポイントは…　一人一人が当事者意識を持てるかどうか

　地方分権の動きにもかかわらず、実際には地方の財源は大幅に削減され、むしろ財政悪化に陥る自治体が増えた。政府は「地方創生」政策を推進しているが、人口は東京など大都市への集中が進み、多くの自治体では過疎化に歯止めがかかっていない。自治体の中には、従来の住民サービスが維持できなくなるところも見られ、自治体間の格差が拡大しつつある。

　人口減少や少子高齢化が進む各地域の多様な問題は、もはや市町村などの行政に頼るだけでは解決は難しい。さまざまな分野で、住民の参加や協力が不可欠である。

Column　図書館運営の民間委託問題

　2003年の地方自治法の改正により、図書館や体育館、プールなどの公共施設の管理を、民間事業者や特定非営利活動法人(NPO)などに委託することができるようになった(指定管理者制度)。

　民間等のノウハウを活用して市民サービスを効果的、効率的に提供することが目的とされるが、民間委託された佐賀県武雄市の図書館では購入図書の選定や仕入れ方法などに疑惑が生じるなど、市民から民間企業への運営委託に反対する声が上がった。

関連用語

❶民主主義の学校
イギリスの政治学者ブライスの言葉。住民が身近な問題に取り組むことによって、民主主義の意識を高めてきたことを意味する。

❷機関委任事務
本来は国が担うべき多くの事務を、国の指揮監督の下、地方自治体に下請けのように行わせていた。

❸自治事務と法定受託事務
自治事務は自治体が独自に処理できる固有の事務。法定受託事務は、戸籍事務や旅券(パスポート)交付、国政選挙など、国からの指示を受けて行う事務。

❹三位一体の改革
国から地方への税源移譲、国庫支出金(補助金)の削減、地方交付税の見直し(削減)の三つの改革を指す。

4 裁判員制度

国民の司法への関心を高めるため、また国民の感覚を裁判に反映させるために、殺人など重大な刑事事件に関し、一般市民が裁判員として裁判に参加する制度が、2009年から実施されている。

解 説　裁判員制度は、司法制度改革審議会の2001年の意見書に基づく司法制度改革の目玉として2009年に導入された。司法制度改革は、裁判の迅速化、法曹人口の拡大、国民の司法参加、被害者の支援などを目的としている。その具体的内容としては、第一に裁判迅速化法の制定や簡易裁判所の権限強化、刑事裁判での公判前整理手続きの導入などがある。第二に、法曹人口の拡大のため、新たに**法科大学院（❶）**を創設した。第三に、国民の司法参加として、裁判員制度に加え、**検察審査会の起訴議決制度（❷）**も始まった。また、司法をより身近なものとするために各地に「**法テラス**」（❸）が開設された。犯罪被害者の保護と支援のため、犯罪被害者保護法と犯罪被害者等基本法が制定され、裁判への被害者参加制度も始まった。2019年には、冤罪防止のために裁判員裁判対象事件などの「取り調べの可視化」が義務づけられた。

ポイントは… 裁判員制度の意義と問題点

　裁判員制度は、ドイツやフランスなどで採用されている参審制の一種である。6人の裁判員は有権者の中から無作為に抽選で選ばれ、3人の裁判官と一緒に重大な犯罪の刑事裁判の第一審の公判と評議に参加し判決を下す。証拠を吟味したうえで被告人が有罪と判断された場合は、その量刑まで決める。この制度によって、裁判に一般の市民感覚が反映され、司法への関心・理解・信頼が深まることが期待されている。

　実際に裁判員を務めた人の大半は、貴重で有意義な経験だったと述べているが、その一方で、守秘義務や死刑判決に関わる精神的負担の重さなども指摘されている。

読んでみよう！

『人が人を裁くということ』
小坂井敏晶（岩波新書）

裁判員制度の問題点だけでなく、裁判という営みの本質に迫り、犯罪・処罰についての常識を問い直す。裁判に関心がある人はぜひ一読したい。

関連用語

❶法科大学院（ロースクール）
法曹（裁判官、検察官、弁護士）に必要な学識、能力を培うため2004年に設けられた専門職大学院。卒業後の司法試験合格率が予想より低く、学生数の減少などもあって、閉鎖する大学院も出ている。

❷検察審査会の起訴議決制度
検察審査会は、一般から選ばれた審査員が、検察が不起訴とした刑事事件に関して、その当否を審査する。

審査会が起訴相当と判断したのに検察官が再び不起訴とした場合でも、審査会が再度審査し再び起訴相当と決定すれば、裁判所が指定した弁護士が検察官に代わって強制的に起訴することになった（起訴議決制度）。

❸法テラス
日本司法支援センターの通称。2006年に全国50か所に設置され、法的なトラブルの相談や関係機関の紹介、弁護士費用の立て替え助成などのサービスを行う。

巻頭特集
1 国際
2 政治・経済
3 環境
4 科学・技術
5 情報・通信
6 教育
7 医療・健康
8 福祉
9 社会

5 財政危機

近年、日本の財政状態がきわめて危機的な状況にある。

解説 　租税の収入だけでは歳出をまかなえない場合、政府は国債を発行することがある。国債は政府の借金であり、期限が来れば元金に利子を加えて国債の購入者に返済しなければならない。国債には、公共事業のための**建設国債**と、歳入不足を補うための**赤字国債（❶）**がある。地方公共団体が発行する地方債と合わせると、国と地方の借金は2022年度末予算では1244兆円に達しており、この値はGDP比で200％を超えている。

　ここまで国債残高が増えた理由としては、①バブル崩壊後の長い不況で税収が減ったこと、②不況対策として公共事業費がかさんだこと、③高齢化が進み社会保障費が増えたこと、などがある。財政危機にあっても社会保障費の削減は難しいうえ、東日本大震災や熊本地震などの復興予算も膨大になり、国債に依存せざるをえない財政状況が続いている。

ポイントは… 財政再建への道筋を示せるかどうか

　大量の国債を発行することの問題点としては、①一般会計に占める国債費（過去に発行した国債の返還費用）が膨らみ、歳出面での自由度が低下すること（**財政の硬直化**）、②将来の国民に返済の費用負担を先送りするという世代間の不公平、③国債の発行により実質金利が上昇し、民間企業の資金調達が圧迫されるおそれ（クラウディング・アウト）、などがある。政府は非効率な公共事業の見直しや公務員の削減など行政改革を進める一方、財源確保のために消費税率を上げるなどの政策も採ってきたが、財政再建の道筋はなかなか見えてこない。

Q 「プライマリーバランス」って何のこと?

A 政府の財政の健全度を示す指標です。

　プライマリーバランス（基礎的財政収支）は、「（歳入－その年の新規国債発行額）－（歳出－国債費）」で計算されます。政府は2020年度に黒字化することを目標としてきましたが、実現困難となり、先送りを決定しています。
　2022年7月の試算によると、2026年度に黒字化する見通しが示されましたが、あくまで経済成長が実現化したケースを前提とした試算であることに注意する必要があります。

関連用語

❶赤字国債（特例国債）
本来は財政法でその発行を禁じられていたが、1965年に初めて特例法制定により発行され、第一次石油危機直後の歳入不足を補うために1975年に再び発行された。その後はバブル期の1990〜1993年を除いて毎年発行されており、その額は2022年度は30兆円を超えている。

6 キャッシュレス社会

クレジットカードや電子マネー、スマートフォンを用いたQRコード決済など
を利用し、紙幣や硬貨などの現金を使わずに支払い・受け取りを行う決済方法を
可能にする**キャッシュレス社会**が到来しつつある。

解説

日本は諸外国に比べて、キャッシュレス化の進展は遅れていた。そのため、
政府は2018年に「キャッシュレス・ビジョン」を掲げ、大阪で2025年に開催
される日本国際博覧会(大阪・関西万博)までにキャッシュレス決済比率40%を目標とし、
将来的には世界最高水準の80%を目指すとしている。2018年に閣議決定された「未来投資
戦略2018」でも、経済成長に加え、人手不足や地域活性化、生産性向上などを目指し、
「FinTech(**フィンテック❶**)/キャッシュレス化の推進」を強調した。

また、2019年10月からは、10%への**消費税率引き上げ**後の消費喚起とキャッシュレス
促進の観点から、中小・小規模事業者を対象とした期間限定のキャッシュレスポイント還
元事業が始まり、**新型コロナウイルス**(➡巻頭特集)感染症拡大のなか、急速にキャッシュ
レス化が進んだ。

近年、不特定多数間で代金の支払いなどに使用でき、取引所を介して日本円や米ドル
などの法定通貨と交換できる仮想通貨(暗号資産)の取引量が拡大する中、日本銀行はECB
(欧州中央銀行)などと共同で、**デジタル通貨(❷)**発行の共同研究を2020年より進めている。
今後、キャッシュレス化の進展が社会全体を大きく変えていくことが予想される。

ポイントは… キャッシュレスのメリットとは何か

日本でキャッシュレス決済の普及が遅
れた背景としては、治安の良さや偽札が
少ないこと、店舗における端末導入や加
盟店手数料などの負担の大きさ、消費者
の現金信仰からくるキャッシュレスへの
漠然とした不安などが挙げられていた。

キャッシュレス社会の進展は、企業の
生産性向上につながるだけでなく、消費
者の利便性向上にもつながるとされる。
経済全体に及ぶ具体的なメリットについ
ての理解が共有されることが必要である。

●世界主要国におけるキャッシュレス決済状況(2020年)

※日本は2022年の数値

国	(%)
韓国	93.6
中国	83.0
オーストラリア	67.7
イギリス	63.9
シンガポール	60.4
カナダ	56.1
アメリカ	55.8
フランス	47.8
スウェーデン	46.3
日本※	36.0
ドイツ	21.3

経済産業省HP資料より

関連用語

❶フィンテック
金融(Finance)と技術(Technology)を組み合わせ
た造語で、IT(情報技術)を駆使した多様な金融サー
ビスを指す。QRコードを用いてスマホで決済する
電子決済サービスはその一例である。

❷デジタル通貨
現金に代わる決済手段として、中央銀行が発行する
電子的な通貨のこと。

巻頭特集
1 国際
2 政治経済
3 環境
4 科学・技術
5 情報・通信
6 教育
7 医療・健康
8 福祉
9 社会

7 円高と円安

国際通貨であるドルやユーロなどと比較して、日本の通貨である「円」の価値が上がることを「円高」、下がることを「円安」という。

解説 例えば1ドル＝100円であった交換比率が1ドル＝120円になった場合、これまで100円で手に入っていた1ドルの商品が、120円を払わなければ手に入らなくなるため、円の価値が下がっている、つまり円安が起きていることになる。このように、貿易の決済など国際的な取引では、国際通貨であるドルやユーロなどと円との交換が必要となる。その際の交換比率を**為替相場（為替レート）**といい、交換する場所を**外国為替市場**という。

為替相場は、基本的には通貨の需給関係によって変動する。例えば、輸出の増加によってドルやユーロの受け取りが増えれば、それを円に交換する必要が生じ、円の需要が高まるので円高となる。逆に輸入が増えれば、支払いにドルなどが必要となるため円安となる。

また、貿易だけでなく、企業や個人が海外で獲得した所得の入送金や、海外への直接投資、外貨預金・証券投資なども、同じように通貨の交換が必要なので、為替相場の変動の要因となる。なお、預金などの投資資金は、一般に金利の高い国を目指して動く。

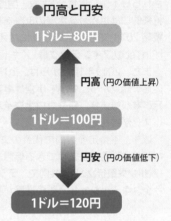

●円高と円安

1ドル＝80円
↑ 円高（円の価値上昇）
1ドル＝100円
↓ 円安（円の価値低下）
1ドル＝120円

ポイントは… 円高・円安のメリット、デメリット

円安になると、輸出品のドル価格は低くなるので輸出は増加し、逆に輸入品の円価格は上昇するので輸入は減少する。したがって貿易収支は、輸出額が輸入額を上回る黒字傾向となる。さらに、円安は海外からの直接投資や債券投資を増やし、国内株価を上昇させるため、一般的に景気に好影響を及ぼすとされている。そうしたメリットがある一方で、輸入品の価格が上昇するため原材料・燃料生産コストが増大し、企業収益に悪影響を与えるとともに、製品価格の上昇を招き、**インフレ（❶）**傾向となる。

円高の場合には、以上とは逆の現象が生じ、**デフレ（❶）**傾向となる。つまり、円高・円安はそれぞれ必ずメリットとデメリットの両面を持っている。

関連用語

❶インフレとデフレ
物価が上昇し続け、通貨の価値が下がる現象をインフレーション（インフレ）といい、逆に物価が下落し続け、通貨の価値が上昇する現象をデフレーション（デフレ）という。日本は1990年代後半からデフレが続き、2013年1月、日本銀行はデフレ脱却のため、物価上昇率を2％に引き上げるインフレ目標政策を導入した。2022年12月には、世界的なエネルギー価格の上昇などにより物価上昇率は4％台となったが、賃上げが追いつかない状態が続いており、景気の後退とインフレが同時に起こるスタグフレーションに陥る可能性が危惧されている。

8 CPTPP（TPP11）

太平洋を囲む国々の間で「例外なき関税撤廃」を原則とした貿易の自由化を進めるTPP（環太平洋経済連携協定）はアメリカの離脱により未発行となった。その後、2018年末に11か国で構成されるCPTPP（TPP11）として発効した。

解説 WTO（世界貿易機関）は、特定の国を優遇・差別することなくすべての加盟国に同じ条件での貿易を認める最恵国待遇の考え方を、前身のGATT（関税と貿易に関する一般協定）より受け継いでいる。FTAやEPAはこのルールに反するのでは、との疑問もあるが、WTOは域外国に対する関税を引き上げないことを条件にFTAを容認している。モノやサービスの関税を撤廃し貿易自由化を進めるFTA（自由貿易協定）や、FTAに加えてヒトの移動や投資の自由化など幅広い分野で経済協力を進めるEPA（経済連携協定）の締結が世界各国で積極的に進められている。

日本は1990年代までは多国間協定を重視しFTAに消極的だったが、他国でFTAが急増してきたこともあって方針転換し、2002年のシンガポールとのEPAを皮切りに、多くの国とFTAまたはEPAを結んできた。EPAの一種であるCPTPP（TPP11、環太平洋パートナーシップに関する包括的及び先進的な協定）では、段階的な関税撤廃など貿易面での変化だけでなく、投資や知的財産権などのルールに関して新たな合意がなされている。

ポイントは… メリット・デメリットをどう捉えるか

近年、WTOで行われる多角的貿易交渉（❶）では、加盟国間の思わくの違いもあって、合意に至らない場合がある。そこで、まず利害が一致する国の間でFTAを結ぶケースが増えてきた。二国間の交渉なら相互の例外規定も定めやすく、FTA締約後は貿易額が急増するといった効果が報告されている。

一方で、例えばTPPへの参加については「安い農産物が一斉に輸入されれば日本の農業は壊滅する」「医療の質が低下し国民皆保険制度の崩壊につながる」といった反対意見も出されてきた。CPTPPはすでに発効したが、参加することによるメリットとデメリットを、今後も冷静に見極めていく必要がある。

Column EPA看護師・介護福祉士

日本は2008年から、EPAに基づきインドネシアとフィリピン、ベトナムから看護師・介護福祉士の候補者の受け入れを始めた。病院や介護施設などで働きながら日本語を勉強し、一定の期間内に日本の国家試験に合格すれば、引き続き日本で働き続けることができる制度である。しかし、日本語習得の困難さと国家試験の難しさから合格率が低く、在留資格を失って帰国する人も出ている。

関連用語

❶多角的貿易交渉（ラウンド）
3か国以上の多国間で貿易条件などを交渉することを指し、GATTやWTOにおいて審議されてきた。農産物の例外なき関税化やサービス貿易の最恵国待遇が合意され、知的所有権についても話し合われたウルグアイ・ラウンド（1993年合意）が代表例。2001年からはドーハラウンドが開始されたが、農産物の貿易などについて利害が対立し、交渉は難航した。

9 企業倫理

企業がその活動を行うにあたり守るべき基準となる考え方。法令や規則の遵守に加え、社会のよき一員として期待される役割を果たすための規範を指す。

解説

規制緩和によって企業はより自由な活動を行えるようになったが、一方で企業の社会的信用が失われる事件も多く見られるようになった。バブル崩壊後の90年代に起きた証券会社の大口顧客に対する損失補填や、銀行の不良債権の隠蔽といった事例をはじめ、総合電機メーカーの長期にわたる不正会計、広告代理店の違法残業による過労死、自動車安全部品メーカーの不具合隠蔽による大規模リコールなどが相次いだ。近年は顧客情報の漏洩など、インターネット上のセキュリティーの不備による不祥事が増えている。こうした不祥事を防ぐために、今日の企業には**コンプライアンス**(法令遵守)が厳しく求められるとともに、企業倫理の確立が必要と考えられている。

ポイントは… 企業に求められる高い倫理観

企業はただ法律に違反しなければよいというわけではない。社会的な公正や環境にも配慮し、株主や従業員だけでなく、消費者や地域社会など、あらゆる**ステークホルダー(❶)**に対して説明責任(アカウンタビリティ)を果たし、その期待に応え信頼を得るよう努めなければならない。これを「**企業の社会的責任(CSR)**」(❷)という。

グローバル化に伴い、人権問題を含む国際規範の尊重や異文化への配慮、地球環境問題への取り組みなど、CSRの領域はますます拡大している。今日の企業には、こうした社会的使命を自ら率先して果たそうとする倫理観も求められている。

入試出題例

企業には、単に利益を上げるだけでなく、社会を構成する一員(企業市民)として、社会に役立つ活動を行うことも期待されている。各自が企業の経営者であるとして、①社会に役立つ活動としてどのような活動を行いたいと考えるか、また、②その理由について述べよ。[800字] (東洋大／法／2016)

社会に役立つ活動としては、ボランティア、環境保全、寄付、業種の特徴を生かしたノウハウや施設の提供など幅広く考えられる。それが地域や社会のニーズに合っているかということや、従業員に過重な負担とならないかなどを適切に判断することを考慮しながら論じたい。

関連用語

❶ステークホルダー
利害関係者。企業活動に利害関係を有する者。直接的には株主・投資家、債権者、従業員、消費者、取引先のことを指し、間接的には地域住民・地域社会(コミュニティ)、行政なども含む。

❷企業の社会的責任(CSR)
CSRはCorporate Social Responsibilityの略。フィランソロピー(社会貢献活動)やメセナ(文化支援活動)といった社会への利益還元のほか、法令遵守、労働条件の改善、人権擁護なども含まれる。

10 規制緩和と自由化

1980年代以降、政府による規制の緩和と経済活動の自由化が進められてきた。

解説 政府による許認可制度や価格規制などは、国内産業の保護・育成や国民生活の安全確保に大きな役割を果たしていた。しかし、行政のスリム化・効率化が求められ、逆に規制緩和と自由化が求められるようになってきた。

1980年代には、市場の働きを重視する**新自由主義**（➡政治・経済 **+α**）的な政策が進められ、国鉄や電電公社、専売公社が民営化された。また、2005年には小泉内閣のもとで、郵政民営化法が成立した。こうした改革によって民間の活力が増し、新規参入や競争が促進され、消費者に利益をもたらすことが期待された反面、経済活動の結果に対する**自己責任**が重視され、いわゆる「勝ち組」「負け組」の格差が拡大することにもなった。

ポイントは… 政府の役割とは何か

バブル崩壊後の長期の不況が続く中、企業は終身雇用が前提の正社員を減らして派遣労働者やパートなど低賃金の**非正規労働者**を増やした。それを可能にしたのは、製造業への派遣解禁（2004年）という規制緩和で、派遣切りや若年層の就職難が社会問題化した。このように、自由化・規制緩和には、弱者切り捨てや格差拡大につながるなどのデメリットもある。

政府に何を期待するか、考え方は分かれる。経済の効率性を優先するならば、政府は市場での自由競争を保障するだけでよい。規制緩和で多様な**シェアリング・エコノミー（❶）**が急成長しているのも、その一例だろう。しかし近年、正規雇用者と非正規雇用者の所得格差だけでなく、大都市と地方、大企業と中小企業など、「**格差社会**」（➡社会❺）の問題が深刻になってきた。この問題の解決に向けて公平性を重視すれば、累進課税など所得再分配政策の強化や教育・医療・福祉といった分野をより充実させることが必要になる。政府の役割とは何かが、今改めて問われている。

Column

「小さな政府」と「大きな政府」

「小さな政府」は、政府の役割を国防や外交など最小限にとどめ、経済には介入しない（自由放任）とする考え方で18世紀のアダム・スミスらが主張した。ドイツのラッサールは、こうした政府を**「夜警国家」**と呼び批判した。

20世紀に入ると、景気対策などの経済政策や、貧富の差の是正・社会保障にも積極的に取り組む**大きな政府**（福祉国家）が、ケインズらによって主張されるようになった。

また1980年代には、こうした考え方は財政危機を招くだけという批判が起こり、改めて「小さな政府」を志向する新自由主義が台頭した。

関連用語

❶シェアリング・エコノミー
モノ・サービス・乗り物・住宅などを、多くの人と共有・交換して利用する社会的な仕組みのこと。インターネットを使ったカーシェアリングやシェアハウス、アメリカの配車サービスの「Uber」や宿泊施設を貸し出す「Airbnb」などが代表例。日本でも、一般住宅の空き部屋を宿泊所として提供する民泊についての法整備が進むなど、急速に広まりつつある。

巻頭特集
1 国際
2 政治・経済
3 環境
4 科学技術
5 情報・通信
6 教育
7 医療・健康
8 福祉
9 社会

政治・経済 +α 新自由主義(ネオリベラリズム)

政府の役割を重視したケインズ流の考え方や、社会保障を重視する福祉国家を批判し、市場原理と個人の自由・自己責任とに根本的な信頼を置く考え。

規制緩和と自由化

第二次世界大戦後、多くの資本主義国家は公共事業などを通じた景気や雇用の調整や、国民の生存権を保障し貧富の差を縮小するための政策を採ってきた。このように政府が経済に積極的に介入し、社会保障の充実に努める国家を**福祉国家**または**積極国家**という。

しかし、こうした政府は財政支出が拡大し、「**大きな政府**」になりがちである。そこで、各国の財政赤字が深刻化した1980年代に、政府の役割を必要最小限にとどめる「**小さな政府**」(**❶**)を志向する新自由主義が登場した。この考え方を支えたアメリカの経済学者フリードマンらの**マネタリスト**(**❷**)は、政府による不況対策などの財政政策は効果が小さく、通貨供給量を調整する金融政策こそ重視すべきだと主張し、市場メカニズムを信頼した**自由放任経済**の復活を提唱した。彼らの提言を受けてアメリカのレーガン大統領、イギリスのサッチャー首相、日本では中曽根首相が新自由主義的な政策を採用し、国営企業の民営化や経済の**規制緩和と自由化**(➡政治・経済❿)が進められた。

自己責任、自立・自助の精神、受益者負担

新自由主義のねらいは、規制緩和・自由化によって競争が促進され、資本主義経済が活性化することにある。ただしそれは、競争の結果、勝者と敗者が生まれることを意味する。機会の平等は保障されても結果の平等は保障されず、格差は必要悪として是認されるため、さまざまな面で格差が拡大する。また、いわゆる「負け組」の人たちの境遇は、本人の努力や能力の不足による「**自己責任**」とされる傾向が強まる。さらに、「**受益者負担**」が原則とされ、負担能力のない人は社会的なサービスを受けられないケースが出てくる。所得の再分配のための累進課税制度は高額所得者の勤労意欲を奪い、高い法人税率は企業の国際競争力を削ぐとしていずれも批判され、社会保障支出も削減の対象となる。

このように見れば、新自由主義は厳しい批判の対象になりうるのだが、「競争の結果、安価で良質の商品が提供され消費者にとって利益になる」「受

●資本主義の変遷

大きな政府の主張

1930年代の世界恐慌後、ケインズらによる

＊政府が積極的な経済政策を採り、福祉国家を目指す

小さな政府への回帰

20世紀後半、フリードマンらによる新自由主義

＊市場機構を信頼し、規制緩和・自由化を進める
…サッチャリズム(英)、レーガノミクス(米)に反映

益者負担や自助努力を重視することが真の平等だ」といった主張もある。また、既存の社会保障制度や規制が、かえって低所得者の自立や経済成長の足かせになっているとの指摘もある。

新自由主義を超えて

　新自由主義は、21世紀に入ってからも、小泉内閣のもとで「**構造改革**」という名の**市場原理主義（❸）**の理論的支柱とされた。構造改革ではさまざまな規制緩和と自由化が推進され、郵政民営化も実施された。しかし、その結果とされる**格差社会**（➡社会❺）の進行は、2008年のリーマンショックに伴う世界同時不況の際に特に顕著になり、その後は政策の転換が図られた。

　従来の制度を変更して規制緩和や自由化を進めるだけが、必ずしも正しい改革ではない。格差を是正する所得再分配政策や国民の生存権を保障するセーフティネットの構築は、社会保障の重要な柱であることに変わりない。市場機構の役割を認めたうえで、市場原理にすべてを無条件に委ねない政策の工夫が求められている。

 読んでみよう！

『**新自由主義の復権**』
八代尚宏（中公新書）

批判されることが多い新自由主義の意義を再確認し、市場機能を活用した制度改革が効率化や格差是正にもつながり、日本経済を活性化すると説く。

『**静かなる大恐慌**』
柴山桂太（集英社新書）

世界は「静かなる大恐慌」に突入したと指摘する著者は、経済再生、格差是正のためには、「大きな政府」の復活しかない、と主張する。

入試出題例

新自由主義を批判する内容の課題文（神野直彦『「分かち合い」の経済学』）を読んで、筆者の主張を要約し、それに対するあなたの考えを述べよ。[840字]
（北九州市立大／法／2011）

新自由主義の基本的な考え方と具体的な政策に加えて、それらが何をもたらしたかまでを整理しておこう。それらを踏まえたうえで、いかに評価・批判すべきか考えよう。

関連用語

❶小さな政府
「経済学の父」アダム・スミス以来の自由主義に根ざした用語。政府の役割は治安や国防などに限り、経済は市場機構に任せて政府は極力介入しないことを原則とする。批判的に「夜警国家」と呼ばれることもある。

❷マネタリスト
財政政策を重視する考え方を批判し、通貨供給や金利操作などの金融政策の重要性を主張する経済学者のこと。

❸市場原理主義
市場への政府の介入を排除し、市場機構を信頼した経済活動を維持することが、公平さと経済成長をもたらすとする考え。民間にできることは民間に任せることを基本とし、「小さな政府」を目指す。なお、この用語は批判的に用いられることも多い。

資料から考える
—— 入試に出た資料をチェック！ ——

🔗 1 政治参加の新たな流れ
→ P28-29

●参議院議員通常選挙における年代別投票率（抽出）の推移（下関市立大/2022）

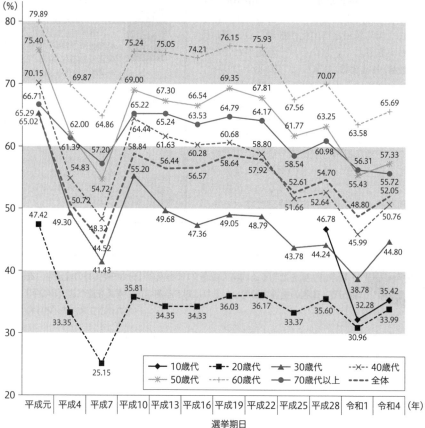

※この図のうち、年代別の投票率は、全国の投票区から、回ごとに142〜188投票区を抽出し調査したものです。
※10歳代の投票率は、平成28は全数調査による数値です。

総務省HP資料より

| 用 語 解 説 | 資料中の用語を確認しよう！ |

●**参議院議員通常選挙**…国会議員のうち、参議院議員の半数を3年ごとに選出する選挙のこと。

●**投票率（→政治・経済1）**…有権者総数に対する投票者の割合のこと。

資料から読みとる 〉〉 資料から読みとれる内容を確認しよう！

○全体から
・資料中で全体の投票率が最も高い年は**平成元年**である。
・資料中で全体の投票率が最も低い年は**平成7年**である。
・平成10年以降、全体の投票率は**50%前後**を推移している。

○各年代の比較から
・令和4年で最も投票率が高い世代は**60歳代**である。
・令和4年で最も投票率が低い年代は**20歳代**である。
・令和4年で投票率が50%より低い年代は**30歳代以下**である。

資料から考える 〉〉 資料をもとにした意見の例を確認しよう！

年代別投票率について考えよう

> 30歳代以下の若い世代の投票率を上げる
> 必要がある。

例1 Aさんの意見

　30歳代以下の若い世代の得票率を上げる必要があると考えます。なぜなら現在は60歳代の投票率が最も高く、70歳代以上も50%を超える高い投票率を維持しており、高齢者世代の意見が政治に反映されやすい状況にあるからです。世代間格差のない平等な政治を実現するためには、若い世代の得票率を上げる工夫が必要です。

> 選挙への関心を高め、どの世代も投票しや
> すい仕組みを作るべきだ。

例2 Bさんの意見

　選挙への関心を高めることと、どの年代も投票しやすい仕組みを作る必要があると考えます。50%近い有権者が投票していない現状を改善するためには、自分たちの生活にどう選挙が関わるのかをわかりやすく説明し、またオンライン投票などでどのような人でも投票しやすくなるような仕組み作りが効果的だと考えます。

3) 環　境

20世紀は環境破壊の世紀

　明治以降、渡良瀬川流域の農民らに大きな被害を与えた足尾銅山鉱毒事件は「公害の原点」とされる。富国強兵・殖産興業で近代化を急ぐ日本の20世紀は、こうした事件とともに幕を開けた。その後、第二次世界大戦によって日本の生産設備は徹底的に破壊されたが、戦後の日本は生産設備を再建し技術革新を進め、軽工業から重化学工業中心へ経済構造を変化させることに成功した。

　こうして人々は、より快適な暮らしを実現すべく、より多くのモノを消費するようになった。次々に出される新製品を所有することが幸福感や満足感を増幅する。こうした価値観が、20世紀の大量生産・大量消費社会を支えていたといえよう。

　しかし、そのような社会は、資源を浪費し、環境を破壊するという負の側面をもたらした。大気や水質の汚染が進み、水俣病やイタイイタイ病、四日市ぜんそくなど、深刻な公害病と多くの犠牲者を生んだ。最近ではマイクロプラスチックなどによる海洋汚染が問題になっている。

進まない環境対策

　環境破壊は日本や欧米の先進国において先行し、20世紀後半には世界的に進行した。地球温暖化、オゾン層の破壊、森林減少と砂漠化など、もはや一国の対策で

は解決できない地球規模の環境問題が、急速にクローズアップされている。

　こうした問題への危機感から、先進諸国は、大量生産・大量消費社会から、**循環型社会**へとシフトしつつある。環境や**生物多様性**を守り、生態系の中で共生していこうとするエコロジー（自然保護）を重視する価値観への転換である。

　しかし、環境問題に対する各国の足並みはなかなかそろわない。地球温暖化に関しても、**パリ協定**の合意に至るまで難航したように、国家間の利害が対立して有効な対策は遅れがちである。実効性のある環境対策の可否が今後の人類の生存を左右することを、今こそすべての国、すべての人々が自覚することが急務である。

地球・自然との共生

　近年の日本はさまざまな自然災害に見舞われている。災害に強い国づくりに向けた取り組みが早急に求められる。もっともそれは、自然を敵視したり、科学技術によって自然を征服したりすることではない。自然の中で「生かしてもらっている」といった謙虚な姿勢こそが、今、私たちに求められているのではないだろうか。

　1992年の地球サミット以降、「持続可能な開発（発展）」という考え方が、環境保全についての基本的な共通理念として国際的にも広く認められるようになった。これは、環境と開発を、対立するものではなく、両者はともに重要で共存しうるものとして捉え、環境に十分配慮した節度ある開発が求められるとする考え方である。

　有限である地球のエネルギー資源や鉱産物を、これまでのように無制限に利用し続けることはもはや不可能である。日本では各分野での省資源化や徹底したリサイクルなどが展開されているが、循環型社会への移行は先進国だけでなく、世界全体でそれぞれの国や地域の実情に応じた工夫をしながら着実に進める必要がある。

　21世紀に生きる私たちは、「環境破壊の世紀」と表現されるこうした過去とは決別し、未来世代も安心して暮らせる環境を築いていかねばならない。2000年の「ミレニアム開発目標（MDGs）」を受け継ぎ、2016年から2030年までに達成すべき目標として設定された「**持続可能な開発目標（SDGs）**」では気候変動への具体的対策や海洋や陸地の環境保護についても触れられている。こうした目標をこれからいかに実現させていくことができるかが、人類に問われている。

巻頭特集

1 国際

2 政治経済

3 環境

4 科学技術

5 情報通信

6 教育

7 医療健康

8 福祉

9 社会

1 地球温暖化

人間の産業活動などで排出された温室効果ガスによって、地球の平均気温は上昇し、地球環境に変化が起きている。地球温暖化の進行を止めるための対策が進められている。

解説 地球の大気には、さまざまな**温室効果ガス(❶)**が含まれている。温室効果ガスによって熱は宇宙に逃げず、地上は適度に暖められている。現在、地球の平均気温は14℃前後だが、もし温室効果ガスの働きがなければマイナス19℃まで下がるといわれている。つまり、地球上で人間をはじめとする生物が活動できるのは、温室効果ガスのおかげなのだ。

しかし、温室効果ガスの濃度が増すと、過度の温室効果が働き、地球温暖化をもたらす。温室効果ガスの3分の2以上を占めるのが二酸化炭素(CO_2)で、産業革命以降、特に20世紀の後半から急激に増加している。その原因としては、まず人間の生活や産業活動における化石燃料の利用の増加が挙げられる。化石燃料は、火力発電、工場、自動車など、現代人の生活に関するさまざまなところで利用されており、その結果として多量の二酸化炭素を排出する。そのほか、急激な人口増加や大規模な伐採による森林の減少も、二酸化炭素排出量増加の一因と考えられている。

排出された二酸化炭素は、土壌や植物、海洋などに吸収されるが、現在では自然界の吸収量よりも人間による二酸化炭素排出量の方が多いため、年間数十億トンの二酸化炭素が大気中に残ることになる。二酸化炭素は分解されにくいため、大気中の総量は増加する一方で、ますます地球全体の気温を上昇させているのである。

温暖化は地球環境にさまざまな影響を及ぼす。気温の上昇によって氷河や極地の氷が溶けると、海面が上昇し、島や低地が水没してしまう。また、異常気象も発生しやすくなる。21世紀に入ってから世界規模で干ばつ、熱波、洪水、豪雨、台風(ハリケーン)などが頻発しており、日本でも酷暑や集中豪雨などが起きている。そのような異常気象によって、農作物の収穫量の減少や、熱中症をはじめとした健康被害、気象の変化に対応できない野生生物種の減少など、間接的にもさまざまな影響が懸念されている。

ポイントは… 地球温暖化を阻止するための方策

この100年間で地球の平均気温は0.74℃、日本の平均気温は1.30℃上昇している。大都市部では、**ヒートアイランド現象(❷)**でさらに2〜3℃上昇しているという。これまでと同様に非常に高い温室効果ガス排出量が続いた場合、地球の平均気温は2100年には約3.3〜5.7℃上昇すると、**IPCC(❸)**は第6次評価報告書で警告している。さらに、温暖化の原因は「人間活動の影響によるものとして疑う余地はない」とし、工業化以前と比べて気温上昇を2℃未満に抑えるために、今世紀半ばまでに**カーボンニュートラル**(温室効果ガス排出量実質ゼロ)を実現するべきだと指摘している。

こうした目標を実現するためには、すべての国が真剣に温室効果ガスの削減に取り組む必要がある。そのために毎年、気候変動枠組条約締約国会議(COP)が開催され、温室

効果ガス排出削減策などが協議されている。1997年の第3回会議では、先進国の具体的な削減目標を義務づけた「**京都議定書**」が採択され、日本には2012年までに1990年と比較して6％の削減が求められた。

さらに2015年のCOP21では「**パリ協定**」（→環境❷）が採択され、日本は、2030年度の温室効果ガスの排出を2013年度比で26％削減する中長期目標を掲げた（2021年4月には、削減目標を46％に変更）。

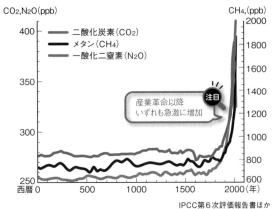

●主な温室効果ガスの大気中の濃度の変化

CO₂,N₂O(ppb)　　　　　　　　　　CH₄,(ppb)
- 二酸化炭素（CO₂）
- メタン（CH₄）
- 一酸化二窒素（N₂O）

産業革命以降いずれも急激に増加　**注目**

西暦0　500　1000　1500　2000(年)

IPCC第6次評価報告書ほか

開発途上国でも経済発展に伴い、温室効果ガスの排出が年々増加している。途上国の排出量は、先進国を上回っていくと予想されるため、パリ協定では途上国にも排出量削減義務が課せられることになった。しかし、南北格差や各国の利害が対立するなど問題が多く、効果的な温暖化対策をどのように進めていくかがなお模索されている。

入試出題例

「環境白書」を参照し、地球温暖化や生物多様性の損失などの問題は人類のどのような活動が原因で、どのような結果をもたらすのか、具体例を1つ挙げてあなたの考えを説明せよ。[400字]　　　（琉球大／農／2015）

地球温暖化や生物多様性のような地球規模の問題は、普段から現在の状況や問題点、至った背景などに意識を向けておこう。具体例を1つ挙げてとあるので、因果関係がわかりやすい例（人間の産業活動により大量の二酸化炭素が排出され、地球に過度の温室効果をもたらし、気温の上昇によって異常気象が発生しやすくなったことなど）を思い出してまとめよう。

|関|連|用|語|

❶温室効果ガス
二酸化炭素、メタン、一酸化二窒素、フロンなど、温室効果をもたらす気体の総称。

❷ヒートアイランド現象
都市部の気温が周辺よりも高くなる現象。自動車やエアコンなどからの排熱や、アスファルトの道路やコンクリートの建物の増加などが原因として挙げられる。

❸IPCC
Intergovernmental Panel on Climate Change（気候変動に関する政府間パネル）の略。気候変動に関する科学的知見をまとめ、各国政府に対策を提言することを目的として、1998年に設立された。2021年の第6次評価報告書では、温暖化対策の緊急性と必要性を強く訴えている。

＊共通だが差異ある責任
温暖化への責任は世界各国に共通するが、原因となる温室効果ガスの大部分は先進国が過去に排出したものであり、途上国に同等の負担と責任を負わせるのは不公平だということから形成された考え方。

巻頭特集
1 国際
2 政治経済
3 環境
4 科学技術
5 情報通信
6 教育
7 医療健康
8 福祉
9 社会

2 パリ協定

1997年に採択された「**京都議定書**」に代わって、2020年以降の温暖化対策の新たな国際的枠組みとして、**パリ協定**が2015年12月に採択され、2016年末に発効した。

解　説　地球温暖化を食い止めるための温室効果ガス削減の新たな枠組みとなる条約づくりは、先進国と途上国との意見の対立から難航した。1997年の気候変動枠組条約第3回締約国会議（COP3）で採択され、2005年に発効した「京都議定書」は、**京都メカニズム（❶）**などの仕組みを利用して、2008年～2012年の先進国の温室効果ガスの削減目標を義務づけた。しかし、排出量の多いアメリカが2001年に議定書から離脱、中国・インドは開発途上国扱いで最初から削減義務がないなど、不十分な点も多かった。

　その後、京都議定書に代わって、新興国や途上国も含めすべての国が温暖化防止に協力する新たな条約を作るための議論が続けられてきた。日本もこの間、**地球温暖化対策税（❷）**を導入したほか、再生可能エネルギーの普及、省エネの徹底などで温室効果ガス削減の努力を続けることを表明し、資金提供や技術協力などの面で率先して世界に貢献していくことを宣言していた。しかし、各国の思惑のずれもあって、合意形成は難航した。

　ようやく2015年末のCOP21で、すべての国が温暖化防止に取り組み化石燃料に頼らない社会をめざす**パリ協定**が採択された。2020年以降の新たな枠組みとなるこの協定では、①産業革命前からの気温上昇を2℃未満に抑え、今世紀後半までに温室効果ガス排出量実質ゼロをめざす、②すべての締約国が自主的に削減目標を定めて国連に報告する、③途上国に対する先進国の技術指導と資金援助を義務づける、といった内容が確認された。

ポイントは… 新たな枠組みに求められるもの

　地球温暖化にブレーキをかけるためには、温室効果ガスの排出量を減らすことが欠かせない。現在、人間による温室効果ガスの排出量は、自然界での温室効果ガスの吸収量をはるかに超えている。IPCCは第5次報告書（2014年）で多様なシナリオを公表し、気温上昇を産業革命以前と比べて2℃以内に抑えること、そのために二酸化炭素濃度を450ppmに安定化させること、そして世界全体の排出量を2050年までに少なくとも半減することが必要という目標が国際的に広く共有されるようになった。

　だが、この目標に対する各国の足並みはなかなかそろわなかった。海面上昇で国土が水没の危機に瀕する太平洋やインド洋の島国からは早急な対策が求められたが、経済発展の足かせになることを警戒する途上国と、より積極的な対策を求める先進国との対立も続いた。その後の会議でも、主に途上国への資金提供をめぐって先進国と途上国との間で意見が対立した。途上国は、現在の温暖化の責任は先進国にあるので、その対策も先進国が範を垂れるべきだと主張する。一方、これまで削減義務を負っていなかった国や協定から離脱した国にとっては、新たな厳しいルール作りを急ぐ理由はなかった。先進国側も経済状況の悪化から、途上国の求める資金を提供することが難しくなっているという事情もあった。

　パリ協定では、前述の①～③の内容が確認されたが、削減目標が達成できなくても罰

則規定がないなど、実効性に対する疑念もある。

2019年末に開かれたCOP25には、スウェーデンの環境活動家グレタ・トゥーンベリさんをはじめとする世界の若者たちも参加し、気候変動の危機的状況を改めて強調し、各国に「脱炭素」に向けた対策の強化を求めた。

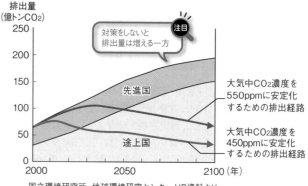

●二酸化炭素排出量の予測

排出量
（億トンCO$_2$）

対策をしないと排出量は増える一方　注目

先進国

途上国

大気中CO$_2$濃度を550ppmに安定化するための排出経路

大気中CO$_2$濃度を450ppmに安定化するための排出経路

2000　2050　2100（年）

国立環境研究所　地球環境研究センター HP資料より

日本は、石炭火力発電を推進する姿勢が激しく非難されたが、2020年10月の所信表明演説で菅元首相は、温室効果ガス排出量を2050年までに実質ゼロ（カーボンニュートラル）とする目標を宣言した。またトランプ政権下でパリ協定から離脱していたアメリカも、バイデン大統領が協定への復帰を表明し、2021年2月に正式復帰するなど、新たな動きも注目される。自国の利害を超えてすべての国が協力して温暖化を食い止める具体的な方策をいかに確立していくかが問われている。

COP25でスピーチするグレタ・トゥーンベリさん（写真：ゲッティイメージズ）

入試出題例

温室効果ガスの排出削減をめぐり、先進国と途上国との間で利害対立が続いているが、それぞれの立場の主張内容を記したうえで、解決のための自身の考えを述べよ。[800字]　　（群馬大／教育／2013）

温暖化防止の取り組みについては、工業化による経済成長を望む途上国と、より積極的な対策を求める先進国との対立は顕著で深刻である。双方の主張と、対立を解消して足並みをそろえるための考え方については、解説も参考にしながら整理しておこう。中国の深刻な大気汚染とその対策の現状やアメリカのパリ協定復帰などのニュースにも目を向けておきたい。

｜関｜連｜用｜語｜

❶京都メカニズム
温室効果ガス削減の目標を達成するための補助手段となる国際的な仕組み。以下の三つから成る。
・共同実施…先進国同士で温暖化防止事業を実施したとき、実際に削減された量を、自国の削減分にできる。
・クリーン開発メカニズム（CDM）…先進国が途上国で温暖化防止事業に協力した場合、削減分を自国の削減目標達成に利用できる。
・排出量取引（排出権取引）…先進国が設定された排

出枠よりも実際の排出量を低く抑えられたとき、余った枠（排出権）を他国に売却できる。

❷地球温暖化対策税（環境税）
石油・天然ガス・石炭などすべての化石燃料の利用に対する課税で、2012年10月から導入された。この課税によって、化石燃料の使用と二酸化炭素排出量の抑制や、税収をもとにした省エネルギー政策の拡大などが期待されている。

巻頭特集

1 国際

2 政治・経済

3 環境

4 科学・技術

5 情報・通信

6 教育

7 医療・健康

8 福祉

9 社会

3 持続可能な開発目標（SDGs）

エスディージー ズ

2015年に達成期限を迎えたミレニアム開発目標（MDGs）を引き継ぎ、国際社会が2016年から2030年までに達成すべき新たな目標が設定された。

解　説

主に途上国を対象に、より安全で豊かな世界づくりへの協力を求めた「国連ミレニアム宣言」が2000年に採択され、この宣言に基づいて、2015年までに達成すべき目標として設定されたのがミレニアム開発目標（MDGs）であった。一定の成果をあげたMDGsを引き継いだSDGsは、2015年9月の国連サミットで採択された「持続可能な開発のための2030アジェンダ」に記された2016年から2030年までの新たな国際目標であり、17のゴール（目標）と169のターゲットから構成される。保健・教育などの残された課題に加え、環境問題や格差拡大といった新たな課題の克服も目指している。

SDGsは、発展途上国のみならず、先進国も取り組むべき普遍的な目標であり、地球上で「誰一人置き去りにしない（leave no one behind）」ことを誓っている。国連に加盟するすべての国が積極的に取り組むことを求める行動指針となっている。

ポイントは… 本当に「持続可能」なのかどうか

「持続可能な開発」とは、現在の世代だけでなく将来の世代のことも考慮して、環境に配慮した節度ある開発が重要だという考え方で、国連の「環境と開発に関する世界委員会（WCED）」で1987年に提言された。その後の**「国連環境開発会議」（❶）**でも、地球環境問題に取り組む際の基本理念とされた。

これまでの大量生産・大量消費を前提にした開発は、大量の廃棄物を生み出し公害を

●持続可能な開発目標（SDGs）

発生させ、地球の環境を著しく悪化させてきた。さらに、資源の浪費や生態系の破壊といった問題も深刻になっている。目先の利益を追うだけの無秩序な開発では、開発による利益を長く享受していくことは難しい。人々が求める公正で豊かな社会の実現と、自然環境保護を両立できる新たな開発のあり方が必要とされる。

「持続可能な開発」という理念は、先進国と開発途上国との間に生じがちな環境と開発についての対立を克服する思想的な枠組みとしても期待されているが、「抽象的な概念にとどまっており、具体的な指針として共通理解を得にくい」といった批判もある。世界各国の政治・経済界のリーダーが意見を交わす世界経済フォーラム（ダボス会議）の2017年の会議では、SDGsの達成に向けた取り組みによって、約12兆ドルのビジネス価値と3億8,000万人の雇用を創出できるといった推計が発表され、注目を集めた。日本でも認知度が高まっており、2018年に発表された経済産業省の調査結果では、80%以上の中小企業が「SDGsについて全く知らない」との回答であったが、2020年の調査では50%以上が「SDGsについて認知している」と回答した。

SDGsの17の目標の達成状況については、先進国の集まりであるOECD諸国に比べて、特に途上国が多いアフリカ諸国の進捗状況が懸念される。国連の2019年の報告書では、世界人口の55%が社会保障にアクセスできていない現状が紹介され、2030年までに世界の貧困に終止符を打つめどが立っていないことを伝えている。2020年1月から、SDGs達成のための「行動の10年」がスタートしたが、OECD諸国でも現在、7人に1人が貧困状態にあるなど、克服すべき課題は多く残されている。

私たちも、表面的な道徳論や感情論で環境問題を語るのではなく、持続可能な社会の実現のために克服すべき課題を多面的に捉えることが重要である。2019年8月に北海道のニセコ町で開かれた「高校生未来会議」では、参加した国内外の高校生がSDGsについて議論し、意見交換を進めた。また、政府も「SDGsアクションプラン2022」を2021年12月に決定している。SDGsが示すそれぞれの問題を私たちの生活と結びつけたうえで、課題解決に向けた新たな価値観や具体的な行動を生み出すことができるかどうか、21世紀に生きる私たちに突きつけられている。

● 「持続可能な開発目標（SDGs）」と関連のあるキーワード

2 飢餓をゼロに（➡国際❻）

5 ジェンダー平等を実現しよう（➡社会❷・❸）

7 エネルギーをみんなにそしてクリーンに（➡
科学・技術❹）

8 働きがいも経済成長も（➡社会❸・❹）

12 つくる責任 つかう責任（➡環境❹）

13 気候変動に具体的な対策を（➡環境❶・❷）

14 海の豊かさを守ろう（➡環境❺）

15 陸の豊かさも守ろう（➡環境❼・❽）

|関|連|用|語|

❶国連環境開発会議（地球サミット）
1992年にブラジルのリオデジャネイロで開催された。「持続可能な開発」を共通理念とし、「環境と開発に関するリオ宣言」のほか、行動計画である「アジェンダ21」が採択され、生物多様性条約や気候変動枠組条約（温暖化防止条約）なども採択された。

4 循環型社会

廃棄物の削減や製品の循環的な利用により、天然資源の消費を抑制し、環境負荷をできる限り低減する社会のこと。

解説

持続可能な社会の実現には、「循環型社会」への移行が不可欠である。日本では2000年に**循環型社会形成推進基本法**が制定され、基本的な考え方として「ごみを減らす（**リデュース**）」「繰り返し使う（**リユース**）」「資源として再び利用する（**リサイクル**）」を柱とした3R（**❶**）が示された。また、生産者や行政、消費者が一体となって取り組むため、**廃棄物処理法**の改正が行われたほか、**資源有効利用促進法**、**家電リサイクル法**、特に「都市鉱山」ともいわれる使用済み携帯電話やデジタルカメラなどの小型家電製品に含まれる有用金属を回収するための**小型家電リサイクル法**などのリサイクルに関連する法律や、行政などが率先して再生品を購入する**グリーン購入法**が制定された。

ポイントは… 環境配慮への動機づけをいかに高めるか

循環型社会を形成するには、生産者と消費者それぞれが環境への影響を考慮した責任ある行動をとる必要がある。具体的には、生産者にはリサイクルの実施や再生資源の使用、長寿命の製品や再利用しやすい製品の開発などが求められる。消費者である私たちには、廃棄物をできるだけ出さないことや、ごみを分別すること、物を大切に使うことなどが求められる。しかし、こういった取り組みには相応の手間やコストがかかる。したがって、生産者や消費者がより主体的・積極的に環境配慮に取り組むことができるような仕組みを国や自治体が作っていくことが求められる。

入試出題例

「持続可能な循環型社会」を構築するために我々がとりうる行動について自身の考えを述べよ。[800字]　（大阪府立大／生命環境科／2015）

我々がとりうる行動について問われているので、身近な例から考えてもよいだろう。循環型社会の実現には、個人が意識改革のもと責任ある行動をとると同時に、それを支えるための社会的な制度設計（新たな立法や支援策＝「レジ袋有料化」や、地域の古紙回収事業への補助金支出など）が不可欠であることも押さえて論じたい。

関連用語

❶3R
"Reduce" "Reuse" "Recycle"の3語の頭文字をとった、環境配慮のキーワード。3Rのほかに"Repair（修理する）""Refuse（不要な物を断る）""Refine（分別する）"などを加えて4Rや5Rと呼ぶこともある。

＊ゼロ・エミッション
産業活動により排出される廃棄物などを、ほかの産業の資源などに再利用することで、社会全体としての廃棄物をゼロにしようという考え方。複数の企業や地域の連携が必要となる。

5 海洋汚染

すべての生命を支える水。人間の生活に欠かせないピュアウォーターの確保が難しくなっているだけでなく、さまざまな物質による海洋汚染が深刻化している。

 解　説　人間の経済活動によって出される廃棄物の量が一定量以下ならば、自然の浄化作用で処理することができる。しかし、人口が増加し人間の活動が活発になった結果、廃棄物の量が自然の処理能力を超えてしまったり、自然界では処理できない物質が生じたりしている。それらの物質は、大気や水を汚染し、自然環境を破壊するだけでなく、人間の健康にも多大な影響を与えている。日本では特に1960年代の高度成長期に、大気汚染や水質汚染が**公害（❶）**として大きな社会問題になった。

海洋汚染の原因としては、まず工場排水がある。水俣病のように、有害物質が魚介類の体内に蓄積し、それを食べた動物や人が健康被害を受ける公害も発生した。また、家庭のトイレ、風呂、台所などから出される生活排水も、原因のひとつである。

近年では、ペットボトルやレジ袋などのプラスチックが、紫外線や波の影響などで細かく分解された、**マイクロプラスチック（❷）**による海洋汚染が深刻化している。マイクロプラスチックの粒子の表面にPCB（ポリ塩化ビフェニル）など有害物質が吸着しやすく、海の生物が餌と間違えて食べてしまうことなどから、生態系への影響が心配されており、プラスチックごみの減量が、世界各国で課題となっている。

ポイントは… 汚染対策として有効な手段とは何か

海洋汚染など水質汚染の場合、行政による水質浄化対策はもちろんのこと、汚染原因の約7割を占める生活排水の対策が必須である。生活排水による汚染は、個人のレベルではわずかなものだが、総量としては膨大な量となる。ごみを直接下水に流さない、洗剤の使用量を減らす、節水を心がけるなど日常的な取り組みも重要になる。

プラスチックについては、その使用の結果が及ぼす環境への悪影響が、海洋ゴミ問題の中心として注目が集まった現在、プラスチックに関するさまざまな規制強化を進める必要がある。適切なプラスチックごみの回収・リサイクル、紙ストローなどの代替品の開発など、「脱プラスチック」に向けた取組みが進められており、EUでは2021年7月から使い捨てプラスチック製品の市場流通が禁止され、日本でも2022年に「プラスチック資源循環促進法」が施行された。いずれにせよ、一人ひとりが現在の海洋汚染の当事者だという意識を持つことが大切である。身近な対策の積み重ねが、汚染物質の減少につながるといことを意識したい。

関連用語

❶公害
環境基本法では、事業活動などによって生じる大気汚染、水質汚濁、土壌汚染、騒音、振動、地盤沈下、悪臭を典型七公害と定義している。

❷マイクロプラスチック
環境中に拡散した1mmまたは5mm以下の微小なプラスチック粒子を指す。生活排水に含まれる合成繊維や研磨材として使われるマイクロビーズなどが発生源となっている。

6 オゾン層の破壊

私たちを有害な紫外線から守ってくれているオゾン層。しかし、人間の生活を快適にするために作り出されたフロンが、大切なオゾン層を破壊した。

解説 　地球の成層圏には、オゾンを多く含むオゾン層があり、太陽光に含まれる紫外線を吸収している。紫外線を浴び過ぎると、皮膚がんや視覚障害になる危険性が増加するため、オゾン層は人間の健康を紫外線から守るバリアの働きをしているといえる。ところが、地上で排出されるフロンによって、オゾン層の破壊が進み、1980年代には南極上空に**オゾンホール(❶)** が出現するようになった。フロンは冷蔵庫などの冷媒やスプレーの噴霧剤、電子部品の洗浄剤などに広く利用されていた。大気中に放出されたフロンは紫外線によって塩素原子に分解されると、オゾン中の酸素と結びついてオゾンを分解する。

ポイントは… フロン削減のための世界的な取り組み

　オゾン層を守るには世界規模でのフロンの削減が不可欠だが、当初、各国の利害が絡んだため交渉は難航した。それでも1987年にフロンの規制を定めた**モントリオール議定書(❷)** が採択され、先進国では1996年まで、開発途上国では2015年までにフロンなど、オゾン層破壊物質が全廃されて**代替フロン(❸)** へ切り替えられることになった。さらに、代替フロンも全廃、もしくは削減することが求められている。各国の努力の結果、大気中のフロンの量は減り、オゾンホールの拡大傾向は収まりつつある。国連環境計画は2023年1月、現在の対策を続けることで、「世界の多くの地域で2040年に、南極でも2066年には1980年のレベルまで回復」すると発表した。

Q&A

Q オゾン層の破壊は人間以外の動植物にも影響を与えるの？

A さまざまな悪影響が考えられます。
大豆などの農作物は、紫外線の増加によって生長を阻害されます。また、紫外線量が増加すると海洋プランクトンやカニ・エビの幼生などの小さな水生生物が減少するため、生態系のバランスが崩れてしまいます。

関連用語

❶オゾンホール
9〜10月に極地(特に南極)上空のオゾン層が極端に薄くなり、オゾンに穴があいた状態になる現象。

❷モントリオール議定書
「オゾン層の保護のためのウィーン条約」を具体化した議定書。1987年に採択され、1989年に発効した。国連の全加盟国が批准した初めての環境条約である。オゾン層を破壊するおそれのある物質を特定し、該

当する物質の生産、消費および貿易を規制している。

❸代替フロン
特定フロンの代替として開発された。しかし、代替フロンもオゾン層破壊や地球温暖化の原因となるため、HCFC(ハイドロクロロフルオロカーボン)の全廃と、HFC(ハイドロフルオロカーボン)の削減が決定された。

7 森林減少と砂漠化

世界各地で森林減少や砂漠化がなお深刻である。どちらも地球環境や人間の生活に大きな影響を与えるため、対策が急務である。

　2010年から2020年にかけて、年平均474万haの森林が減少している。特にアマゾンなどの熱帯雨林の破壊はすさまじく、このままでは100年以内に消失するといわれている。原因は、無秩序な**焼畑農業(❶)**、大規模な商業伐採のほか、農地や放牧地確保のための開拓による伐採など、人為によるものが大きい。森林破壊が続けば、そこに生息する多くの生物種が絶滅の危機に直面する。また、森林による二酸化炭素の吸収がなくなると、地球温暖化が進み気候変動につながる。さらに、森林の持つ保水力が失われ、洪水や豊かな土壌の流出が起きて砂漠化の一因にもなる。

　砂漠化とは、元は緑に覆われていた土地が、植物や農作物が育たない状態になることである。先に挙げた土壌の流失のほか、過剰な放牧、過剰な耕作などの人間の活動が、土壌の回復力を上回った結果であることも多い。特にアフリカの砂漠化が著しいが、その背景には貧困や人口増加のために過耕作・過放牧をせざるをえないという深刻な事情がある。

ポイントは… 緑化と資源の消費の見直し

　森林減少や砂漠化の具体的な対策としては、植林を中心とした緑化が有効である。「**持続可能な開発目標**」(**SDGs**)(➡環境❸)の目標15「陸の豊かさも守ろう」の中には、森林の保全・回復・持続可能な使用や森林減少の阻止と植林の増加などのターゲットが盛り込まれている。また、砂漠化への国際的な対策としては、1994年に**砂漠化対処(防止)条約**が成立し、2022年12月現在、日本を含め世界196か国とEUが締約している。この条約では、深刻な干ばつや砂漠化に直面する国や地域が砂漠化に対処するための行動計画を作成・実施すること、そうした取り組みを先進国が支援することなどについて規定している。日本は木材の多くを輸入に頼っており、世界の森林減少と密接に関わっている。リサイクルを行うなど、森林資源を大量消費している現在の生活を見直す視点も大切である。

日本の森林

　世界的には森林が減少しているが、日本国内に限ると、日本国土に占める森林率は約67％で、およそ50年間横ばいである。ただし森林の多くは植樹された人工林であり、余分な樹木を伐採するなどして手入れをしなければ、どんどん荒れてしまう。しかし、現在の日本では、海外から安い木材を輸入できるために、林業に従事する人の数が減少し、手入れが十分にできなくなり、荒れた森林の増加が問題になっている。

関連用語

❶焼畑農業
森林を焼いて農業用地を確保し、そこに残った灰で土壌に栄養を与えて作物を栽培する農業。古くから行われてきた伝統的な農法であるが、近年では人口増加などのために十分な休耕期間を置かず、土地の自然回復力を上回るやり方で行う非伝統的な焼畑が、森林破壊や砂漠化を進める原因となっている。

巻頭特集
1 国際
2 政治・経済
3 環境
4 科学・技術
5 情報・通信
6 教育
7 医療・健康
8 福祉
9 社会

8 生物多様性

多様な生物が複雑に関係し合って存在していること。生物多様性には「生態系の多様性」「種の多様性」「遺伝子の多様性」の三つのレベルがある。

解　説　地球上の生物は、約40億年もの時間をかけて環境に適応しながら進化し、他の生物と直接、あるいは間接的に関係を築いてきた。生物多様性はこの生態系を維持するために重要な役割を果たしているが、人間にも多くの恩恵を与えている。例えば、酸素は光合成する植物がなければ生まれないし、農作物の生育には土壌中の微生物の存在が不可欠である。動植物は食品や薬品・工業製品の原料としても貴重であり、さらには品種改良や**バイオテクノロジー**（➡科学・技術❻）に利用される**遺伝資源**となる。

　しかし、人間の手によって豊かな生物多様性は失われつつある。現在、地球上の生物種として確認されているのは約175万種だが、まだ発見されていない生物種を含めると、全体でどれほど存在しているか正確にはわかっていない。その未知の生物も含めて約4万種もの生物が毎年絶滅しているといわれている。

　生物種の絶滅の主な原因は、人間による乱獲、開発、環境汚染などによる生息地の消失だった。近年はそれに加えて、外来生物の存在がクローズアップされている。人間の手によって持ち込まれた外来生物が繁殖し、もともとその場所で暮らしていた在来種の生存を脅かす存在になっているのである。さらに、外来生物と在来種の交雑が起きて、純粋な在来種が減少するという事態も増えている。生物種が絶滅に至るにはいくつもの要因が重なることが多いが、このように人間の活動が主な原因となっている。

ポイントは… 種の保護のための取り組み

　生物多様性を保全するため、1992年の地球サミットにおいて、**生物多様性条約（❶）**が採択された。2022年12月現在、194か国とEU、パレスチナが締約している（アメリカは未締結）。また、2年に一度、生物多様性条約締約国会議（COP）が開催され、具体的な取り組みが模索されている。2010年には10回目の締約国会議（COP10）が名古屋で開催され、

●レッドリストの区分

保護が急がれるのはこの種！

注目

ランク	説　明	種数
絶滅	我が国ではすでに絶滅したと考えられる種	110
野生絶滅	飼育・栽培下でのみ存続している種	14
絶滅危惧ⅠA類	ごく近い将来における野生での絶滅の危険性が極めて高い種	2080
絶滅危惧ⅠB類	ⅠA類ほどではないが、絶滅の危険性が高い種	
絶滅危惧Ⅱ類	絶滅の危険が増大している種	1596
準絶滅危惧	生息条件の変化によっては絶滅危惧に移行する可能性のある種	1371
情報不足	評価するだけの情報が不足している種	544

環境省レッドリスト2020より

生物多様性の保全と持続可能な利用に貢献するため、遺伝資源の利用によって生じた利益を公平に配分することを求める**名古屋議定書**が採択された。

日本は、1995年以降「生物多様性国家戦略」を策定し、基本戦略や短期・長期の努力目標、取り組みを進めるにあたっての配慮事項などを定めている。また、**レッドリストやレッドデータブック（❷）**を作成し、絶滅のおそれのある生物種の把握と、その保護に努めている。特に絶滅の危険が高いとされる生物種は**種の保存法（❸）**に基づいて、法的な強制力のもとで保全が進められる。しかし、いったん絶滅の方向に進みかけた生物種を保全するのは容易ではない。原因が単純で明

🔊▶News

マンボウ絶滅危惧種に

（共同通信社配信＝日本経済新聞）
2015年11月19日
夕刊

マンボウ
絶滅
危惧種に
国際自然保護連合が アユモドキなども

水族館で人気の魚マンボウが、国際自然保護連合（IUCN）によって新たにレッドリストに加えられた。円盤のような体と大きなヒレが特徴のマンボウは日本沿岸を含め世界の海に分布するが、トロール漁やはえ縄漁などで混獲されるケースが各地で多発しており、個体数が世界的に減っている可能性が高い。

確であれば対策がとりやすいが、現状を維持するのがやっとという場合も多い。対策に乗り出したときには、種の維持が難しいほど個体数が減少していることもある。また、一度絶滅した生物種や、壊れた生態系は二度と元には戻らない。

自然に触れる機会の少ない現代の生活においては、野生の動植物種の絶滅は目につきにくく、その結果を実感することはあまりないかもしれない。しかし、種の絶滅は生態系に悪影響を及ぼし、それはいつか人間社会にも跳ね返ってくる。自然保護の観点からのみ生物多様性を考えるのではなく、人間が生態系から多くの恩恵を受けている事実を正しく認識し、生物多様性を持続可能なものとして人間社会と関係づけていくことが重要である。

関連用語

❶生物多様性条約
生物多様性を包括的に保全し、生物資源を持続的に利用できるようにすることなどを目的とした国際条約。

❷レッドリスト、レッドデータブック
「レッドリスト」は絶滅の危険がある生物の一覧、「レッドデータブック」は、レッドリストに基づき、各生物種の現状や減少原因などを詳しく記述したもの。国際自然保護連合がまとめる全世界的なものと、各国・各地域がまとめるものがある。日本では第4次レッドリストが2012年8月に汽水・淡水魚類を除く9分類群について発表され、2013年2月に全分類群の改訂が終了した。2015年度以降は必要に応じて個別に見直しが行われている。

❸種の保存法
正式には「絶滅のおそれのある野生動植物の種の保存に関する法律」といい、1993年に施行された。希少な生物種を保護するため、捕獲・取引の禁止、生息地域の保護・開発の規制、保護増殖事業計画などが定められている。国内希少野生動植物種には昆虫なども追加され、442種（2023年1月現在）が指定されている。

＊ワシントン条約
正式には「絶滅のおそれのある野生動植物の種の国際取引に関する条約」といい、1973年に採択された。絶滅のおそれの程度で野生動植物を3段階に区分して、それぞれの必要性に応じて取引を規制している。

＊ラムサール条約
正式には「特に水鳥の生息地として国際的に重要な湿地に関する条約」といい、イランのラムサールで1971年に採択された。重要な生態系である湿地およびそこに生息・生育する動植物の保全を促し、賢明な利用を進めることが目的。2023年1月現在、締約国数は172、登録湿地数は2471。日本は釧路湿原や琵琶湖など53か所が登録されている。

巻頭特集
1 国際
2 政治・経済
3 環境
4 科学技術
5 情報通信
6 教育
7 医療・健康
8 福祉
9 社会

人間が環境に対していかに向き合うべきか、多様な環境問題に対してどのような価値判断を下し、どのような行動を選択すべきかを問う、新しい倫理。

環境倫理の三つの柱

環境倫理は、近年、地球規模での環境の悪化が人類の生存そのものを脅かすほど深刻化してきたことを背景に、人間による無制限な自然の利用にブレーキをかけ、今後人間が環境に対してどのように向き合うべきかを問う新たな倫理である。

環境倫理のテーマとしては、①現在世代は良好な環境を未来世代に引き継ぐ責任があるとし、環境に配慮した行動を人々に求める「世代間倫理」、②人間以外の生物種の生存を保障し生態系の保全を図る「自然の生存権」、③有限な地球の資源をいかに公平に配分していくかを模索する「地球有限主義（地球全体主義）」の三つが挙げられる。

合意形成の難しさ

環境問題が議論されるときには、「総論賛成・各論反対」の図式が生じがちである。問題の重要性についてはそれなりの理解が得られても、立場や考え方の違いから、具体的で有効な解決策の合意に至ることはなかなか難しい。

例えば環境倫理のテーマの一つである「世代間倫理」については、現在の便利で快適な生活を我慢してまで資源の節約に協力することの困難さがいわれ、環境問題の解決は科学技術がより進歩する未来世代の手に委ねようといった主張さえある。

また、「自然の生存権」は「人間中心主義」と対立しがちで、野生生物保護優先には批判も伴う。絶滅が危惧され保護が必要な野生動物でも、その野生動物が畑を荒らしたり家畜を襲ったりすれば、たとえ「自然の生存権」といわれても、被害を直接受ける住民は容易には納得しないだろう。

さらに、「地球有限主義」については、経済のグローバル化が進み自由貿易が推進される今日においては、購買力の大きい先進国に資源やエネルギーが集中していく傾向

●環境問題関連年表

明治時代	足尾銅山鉱毒事件（公害の原点）
1953	熊本水俣病発生（➡環境⑤）
1965	新潟水俣病発生（➡環境⑤）
1971	ラムサール条約（➡環境⑧）
1972	国連人間環境会議（❶）
1973	ワシントン条約（➡環境⑧）
1987	モントリオール議定書（➡環境⑥）
1992	国連環境開発会議（➡環境③）
1997	京都議定書（➡環境②）
2002	持続可能な開発に関する世界首脳会議（❷）
2012	国連持続可能な開発会議（❸）
2015	パリ協定（➡環境②）
2020	カーボンニュートラル宣言（➡環境❶）

はむしろ強まっているのが現実である。

各国の思惑

　地球環境問題に対する各国の捉え方も一様ではない。開発途上国は環境保護よりも経済成長を優先させる傾向が強く、工業化を進めることに力を注ぐ。先進国はそれに対し、途上国も早急に環境保護に協力するよう求めている。しかし途上国側からすれば、「地球環境を悪化させた責任の大半は先進国にあり、環境保護にはまず先進国が率先して取り組むべきだ」といった思いもある。一方、先進国内でも、厳しい環境保護策は競争力を低下させ、企業経営にとって打撃となる、とする意見もある。

　地球環境問題への取り組みに関しては"Think globally, act locally"（地球規模で考え、足もとから行動せよ）といわれる。掛け声にとどまらずに、さまざまな地球環境問題の解決に向けた有効な対策が早急にとられなければならない。

📖 読んでみよう！

『沈黙の春』
レイチェル・カーソン／著、青樹簗一／訳（新潮文庫刊）

アメリカの海洋生物学者である著者が1962年に発表した書。この中で彼女は、農薬など化学物質の危険性を警告した。

『13歳からの環境問題 「気候正義」の声を上げ始めた若者たち』
志葉玲（かもがわ出版）

著者は環境問題の解決には「個人の努力だけでは不十分」だと指摘した上で、社会や経済のあり方、システム全体を変えていくことの大切さを説く。解説が丁寧で、「環境問題」を学ぶ最初の一冊として薦められる。

入試出題例

白神山地の世界自然遺産への登録問題とその保全・保存について書かれた文章（鬼頭秀一『自然保護を問い直す』）の抜粋を読み、自然と人間との共存について、あなたの考えを述べよ。[800字]　　　（北里大／獣医／2011）

　安易に「自然との共生」といった表現で片づけるのでは不十分だし、人間と自然を二項対立的な関係で捉えるのも単純化し過ぎである。人間の生存のために求められる新しい環境との関わり方を、できるだけ具体的な事例に沿って構想しておこう。

関連用語

❶国連人間環境会議
「かけがえのない地球」をスローガンに、スウェーデンのストックホルムで開催された、環境問題に関する初の国際会議。114か国が参加した。人間環境宣言が採択され、翌1973年に国連環境計画（UNEP）が設置された。

❷持続可能な開発に関する世界首脳会議
南アフリカ共和国のヨハネスブルグで開催された。国連環境開発会議で採択された行動計画「アジェンダ21」の実施状況を検証し、今後の取り組みを強化する目的で開催されたが、先進国と途上国との地球環境問題に対する温度差は縮まらなかった。

❸国連持続可能な開発会議（「リオ＋20」）
国連環境開発会議から20年を記念して再びリオデジャネイロで開催された。しかし国際的な関心は低く、先進国と途上国との意見の対立も解消されず、必ずしも有効な合意形成には至らなかった。

巻頭特集

1 国際

2 政治経済

3 環境

4 科学技術

5 情報・通信

6 教育

7 医療・健康

8 福祉

9 社会

●図：世界の二酸化炭素排出量の国別排出割合／表：世界各国の人口と年平均人口変動率 (東京医科歯科大/2022)

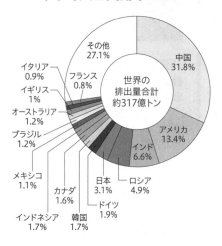

順位	国名・地域名	総人口 （×百万人） [2023年]	年平均人口変動率 （%） [2015年～2020年]
1	インド	1428.6	1.0
2	中国	1425.7	0.5
3	アメリカ	340.0	0.6
4	インドネシア	277.5	1.1
5	パキスタン	240.5	0.8
6	ナイジェリア	223.8	2.6
7	ブラジル	216.4	2.0
8	バングラデシュ	173.0	1.1
9	ロシア	144.4	0.1
10	メキシコ	128.5	1.1
11	エチオピア	126.5	2.6
12	日本	123.3	-0.2
13	フィリピン	117.3	1.4
14	エジプト	112.7	2.0
15	コンゴ民主共和国	102.3	3.2
16	ベトナム	98.9	1.0
17	イラン	89.2	1.4
18	トルコ	85.8	0.5
19	ドイツ	83.3	1.4
20	タイ	71.8	0.3

環境省「世界のエネルギー起源CO2排出量（2020年）」より
国連人口基金「世界人口白書2023」より

用語解説　資料中の用語を確認しよう！

●**二酸化炭素**（→環境1）…大気中の温室効果ガスのうち、3分の2以上を占める。

●**年平均人口変動率**…ある期間において、その地域の総人口に対して変動した人口の割合の平均値。

資料から読みとる 〉〉 資料から読みとれる内容を確認しよう！

○全体から

・2020年の世界の二酸化炭素排出量の合計は**約317億トン**である。

・2020年で最も二酸化炭素排出量が多い国は**中国**である。

・2023年で最も総人口が多い国は**インド**である。

・2023年の総人口上位20カ国のうち、年平均人口変動率がマイナスなのは**日本だけ**である。

○各資料の比較から

・二酸化炭素排出量上位三ヵ国と総人口上位三ヵ国はいずれも**同じ**である。

資料から考える 〉〉 資料をもとにした意見の例を確認しよう！

二酸化炭素排出量について考えよう！

> 二酸化炭素排出量が多い国だけではなく、
> 全世界で協力して対策するべきだ。

例1 Aさんの意見

二酸化炭素排出量を削減するためには、排出量が多い国だけではなく、全世界で協力して対策するべきだと考えます。例えば排出量が多い中国は、世界を代表する工業国であり、世界中で消費される商品を生産し、その過程で多くの二酸化炭素を排出します。自国だけでなく、経済的な交流のある国の排出量削減も意識した対策が必要です。

> 人口の増加に伴い、二酸化炭素排出量が増
> 加するという点に留意すべきだ。

例2 Bさんの意見

図と表から、二酸化炭素排出量上位の国の多くが、世界人口上位の国でもあり、人口の増加に伴い二酸化炭素排出量が増加する可能性が高いことがわかります。多くの国が人口増加の傾向にあることを踏まえ、今後も世界人口が増加することを前提として、一人あたりの二酸化炭素排出量を減らす工夫が必要だと考えます。

巻頭特集

1 国際

2 政治・経済

3 環境

4 科学・技術

5 情報・通信

6 教育

7 医療・健康

8 福祉

9 社会

4 科学・技術

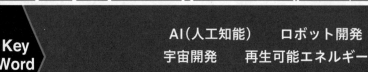

Key Word

AI（人工知能）　　ロボット開発
宇宙開発　　再生可能エネルギー
原子力発電　　ゲノム編集

科学技術の光と影

　20世紀以降、科学技術の飛躍的な発展によって、人々の暮らしは格段に向上し、科学技術への信頼はより強固になっていった。**宇宙開発**の成果として、1969年7月にアポロ11号の乗組員が初めて月面に降り立った。その映像をテレビで目にした多くの人が、科学技術の進歩に支えられた豊かな未来社会の可能性を実感したはずである。

　私たちの生活をより豊かに、より快適に変えていくことができたのが科学技術の発展のおかげであることは、疑いようもない事実である。近現代のさまざまな技術革新は、特に工業化が進む先進国の社会や人々の生活をわずかの間に一変させた。

　だが、そのことは人間に利益だけをもたらしたわけではなかった。大量生産・大量消費・大量廃棄の社会は、公害など深刻な環境破壊を招いた。遺伝子組み換えや**ゲノム編集**、クローンなどの**バイオテクノロジー（生物工学）**にしても、生命倫理の新たな課題を伴う。そして、東日本大震災に伴う福島第一原子力発電所の事故は、周辺地域や海を放射能で汚染し、現代の科学技術の集大成ともいえる**原子力発電**の安全神話を崩壊させた。人々は今さらながら、発展する科学技術がもたらす災厄の大きさに気づき始めた。

アトムはまだか

手塚治虫の代表作『鉄腕アトム』の主人公であるアトムは、原子力をエネルギー源とし優秀な電子頭脳を備えた高性能なロボットである。アトムは少年の姿をし、人間社会に溶け込みながら、社会のさまざまな問題や平和を脅かす「悪」と戦う。

こうした人間型ロボット（ヒューマノイド）の開発が進められている。また、ペット型ロボットは人々に「癒やし」を与えるものとしてすでに実用化されており、案内・接客用のロボットも近年一気に普及した。

しかし、福島第一原発事故の際に、人間が近づけない危険な放射線量を示す事故現場に立ち入って、事故を速やかに収束させる能力を持ったロボットは、残念ながら日本には1台も存在しなかったのである。

こうして見ると、**ロボット開発**の理念の根底に、どこか不足・欠落していた部分があるのでは、と思えてくる。同時にそのことは、「科学技術の進歩は何のために必要なのか」という問題を、私たちに改めて突きつけているともいえよう。

科学技術への興味・関心を

AI（人工知能）の進化は、社会を大きく変えようとしている。AIは、すでにインターネットの検索エンジンやスマートフォンの音声応答アプリケーション、家庭用の掃除ロボットなどさまざまな商品に組み込まれている。AIの発達は、仕事のあり方や私たちの生活そのものを大きく変える可能性を持っているが、その一方、AIによって人間の仕事が奪われたり、AIが悪用されたりすること、さらにはAI自身の暴走によって、人類に害を及ぼすのではといった不安が指摘されている。

原子力発電に替わるエネルギーとして期待されている**再生可能エネルギー**にしても、本格的な普及の道筋は決して平坦ではない。発電コストや普及に伴う新たな障害についての評価なども、各分野の研究者や技術者によって見解は分かれている。

ここまで来ると、私たちにはその正否は容易に判断できない。また、原子力発電のような高度で複雑な科学技術の全容に精通することはなかなか難しい。それでも私たちは、科学技術が関係する多様な事態に直面し、何かしらの価値判断を迫られる。その際に適切な判断をしていくためにも、学び続ける姿勢が重要である。

1 AI（人工知能）

コンピューターに人間と同様の知能や知性を持たせる技術であるAI（Artificial Intelligence＝人工知能）の可能性に大きな期待が寄せられている。

解 説　AIは、「学習」「認識・理解」「予測・推論」「計画・最適化」など、人間の知的活動をコンピューターによって実現する。例えば「推論」を磨くことで、チェスや囲碁などで世界トップレベルの選手に勝つAIが開発されている。**ICT**（➡情報・通信❷）を支える中心的な技術として、また、社会のさまざまな課題を解決し、新たな価値を創造する技術としても、AIには大きな期待が寄せられている。その背景には、近年のコンピューター処理能力の飛躍的な向上と、「**ビッグデータ（❶）**」と呼ばれる大量のデータからAI自身が知識を獲得する「機械学習」が実用化され、さらに人間に近い抽象的なデータ認識と複雑な処理を可能とする**ディープラーニング（❷）**が登場したことがある。

すでにAI技術はインターネットの検索エンジンやスマートフォンの音声応答アプリケーション、家庭用の掃除ロボットなどに組み込まれている。AIを搭載した人型ロボットも実用化され、店舗や一般家庭で導入されている。当初は不満が大きかった言語処理の反応・精度も生成AIの高度化によって大幅に改善されつつある。

技術の進歩が特に期待される自動運転は、AIやディープラーニング技術を応用したもので、レベル0〜5に区分される。2023年4月にはレベル4の「高度運転自動化」まで解禁されたが、まだ完全な意味での「自動運転車」ではない。自動運転車の実現により、交通事故の減少、渋滞の緩和、また特に地方部では、高齢者を中心とした移動手段になることも期待されている。ただし、自動運転時の交通事故の責任の所在など、新たなルールづくりも必要だ。

学校現場でも、AIに児童・生徒の今後の学力の伸びを予測させたり、いじめの事例を集めてどのようなケースが深刻化するかを分析・精査させたりするなどの試みも始まっている。

しかし、個人情報を含む大量のデータを学習することから、右の表のようなさまざまな問題が不安視されている。

●人工知能に対する不安

	内　容
漠然とした不安 ↑ ↓ 具体的な不安	人工知能が人類を滅ぼすのではないか
	人間の尊厳が脅かされるのではないか
	人工知能が心をもつのか、もつとしたらそれをどう受け止めたらよいのか
	ロボットの権利や義務を考えることになるのか
	人の雇用を奪うのではないか
	人工知能の考えることと行うことを人が制御できなくなるのではないか
	人工知能は想定外の事態に対処できないのではないか
	軍事技術として応用されるとき、人を殺すことに対する心理的抵抗を減らしてしまうのではないか
	システムに侵入されて悪意をもった改変を施される恐れがあるのではないか
	プライバシーが侵害されるのではないか
	事故や失敗の責任を誰がとるのか
	どれくらい故障するのか、どのような失敗の恐れがあるのか

堀浩一. 人工知能の研究開発をどう進めるか技術的特異点（シンギュラリティ）を見据えて. 情報管理. 2015, vol. 58, no. 4, p. 251 表1より改変

AIに何を求めるのか

　今後、労働力人口が減少へと転じる日本では、AIやロボットは労働力を補うとされている。近年、翻訳や自動運転、医療画像診断といった人間の知的活動にも、AIは大きな役割を果たしつつある。

　このように、AIに対する期待が膨らむ一方、AIの急激な進化に対する不安も拡大している。技術の発展によって、2030年頃には今ある仕事の半分近くがAIで代替可能になるという見方もある。人間しかできないと考えられていた高度で複雑な頭脳労働や、思考・芸術の領域にまでAIは侵入している。さらに近年は、さまざまな

 読んでみよう!

『わが子をAIの奴隷にしないために』
竹内薫（新潮新書刊）

 刺激的なタイトルの本書では、AIが普及した近未来の社会が描かれる。サイエンスライターの著者が、意外な未来予想と対処法、そして人間の生き残り戦略を示している。

データをもとに文章・画像・音楽の作成やプログラミングが瞬時に可能な**生成AI**の開発・実用化も進んでいる。AIの能力が人間を完全に超え、人間がAIを制御できなくなる**技術的特異点（シンギュラリティ）**が2045年に到来するといった予測もある。宇宙物理学者の故スティーブン・ホーキング博士は、「AIが人間の能力を超え、人間とAIとが対立する可能性がある」と警鐘を鳴らしていた。気づかないうちにAIによって国民が監視・操作・支配されるような社会が到来することのないよう、警戒しなければならない。

入試出題例

人工知能(AI)は社会にどのような影響を与えるのか述べなさい。(600字以上800字以内)
(釧路公立大／経済／2022)

　人工知能(AI)の発展は、私たちの生活をより便利にしている。その反面、AIの急速な進歩に対する不安を持つ人も少なくない。こうした人工知能の利点(有用性)と欠点(警戒すべき点)の両面を具体的にまとめたい。さらに社会のあり方や人間の実存をどのように変える可能性があるのか。政治制度・哲学論理の領域にまで踏み込んで論じてもいい。

|関|連|用|語|

❶ビッグデータ
従来の方法では処理困難なほど巨大で複雑なデータ群を指す。その利用に際しては、個人情報の保護が大きな課題になっている。

❷ディープラーニング（深層学習）
人間の脳に似たネットワーク構造により、多くのデータの中からどこを利用すればよいかをAIが判断・学習し、人間に近い複雑な認識や情報処理を可能にする。

巻頭特集

1 国際

2 政治・経済

3 環境

4 科学・技術

5 情報通信

6 教育

7 医療・健康

8 福祉

9 社会

2 ロボット開発

従来のロボットといえば、工場など主に産業分野で活躍してきた**産業用ロボット**だった。近年、このロボット技術をより幅広い分野に応用する動きが広がっている。

解 説

　少子高齢化による労働力不足や、災害や犯罪への対策など、現代の日本社会が抱えるさまざまな課題を解決するため、**次世代ロボット**の開発・実用化が官民一体で進められている。2018年と2021年には経済産業省と新エネルギー・産業技術総合開発機構（NEDO）により、「ワールドロボットサミット（WRS）」が開催された。

　ロボットは、産業用ロボットと、非産業用の**サービスロボット**に大別される。サービスロボットは、「生活分野」「医療福祉分野」「公共分野」に大別される。「生活分野」なら、さらに「警備ロボット」「掃除ロボット」「**コミュニケーションロボット（❶）**」などに分けられ、中でも、音声対話による操作と顔認識機能・学習機能などを備えたコミュニケーションロボットの進化が著しい。「公共分野」では「災害対応ロボット」「建設ロボット」「探査ロボット」「宇宙ロボット」などに分けられ、2011年の福島第一原発事故の後は、強い放射線など危険な特殊環境下での作業を担う**特殊用途ロボット**の必要性が改めて確認された。

ポイントは… ロボット活用の拡大に伴う危険性と課題

　今後、ロボットの活用領域はさらに広がり、私たちの暮らしはより便利で快適なものになるだろう。その反面、危険性を伴うことも注意しなくてはならない。例えば、ロボットの**AI（人工知能）（➡科学・技術❶）**のシステムがコンピューター・ウイルスに侵され、誤作動により人間に危害を加える可能性が指摘されている。また、**ロボットの軍事利用（❷）**が進み、大量の人命を奪う無人兵器が開発されている。さらに、ロボットに依存し過ぎると、育児や介護などにおいて本来人間の心が欠かせない部分もロボットに任せきりになってしまいかねない。ロボットの活用については、安全面、倫理面での議論を重ね、慎重に進めていく必要がある。

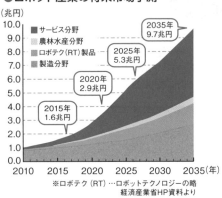

●ロボット産業の将来市場予測

（兆円）

- サービス分野
- 農林水産分野
- ロボテク（RT）製品
- 製造分野

2035年 9.7兆円
2025年 5.3兆円
2020年 2.9兆円
2015年 1.6兆円

※ロボテク（RT）…ロボットテクノロジーの略
経済産業省HP資料より

関 連 用 語

❶コミュニケーションロボット
ソーシャルロボットともいう。すでに店舗やオフィスで接客・案内用として導入されており、家庭でも、情報管理、娯楽など多様な用途で実用化されている。

❷ロボットの軍事利用
遠隔操作できる無人偵察機がアメリカをはじめ各国で実用化が進んでいる。一方、地雷の除去など平和利用を目的としたロボットも開発されている。

3 宇宙開発

近年、宇宙開発に乗り出す国が増え、その目的も宇宙や地球の科学的研究から、気象観測、放送・通信、測位、防衛・危機管理、軍事利用まで多方面へと広がっている。

解説　東西冷戦時代の宇宙開発は、アメリカとソ連の二大国が競い合ってきたが、現在は、先進国を中心とした15か国が協力しコスト削減を重視した、**国際宇宙ステーション(ISS)**を柱とする宇宙開発が進められている。一方、中国やインドなどの新興国も開発に乗り出しており、新たな国際競争も始まっている。

日本の技術力は世界でも高い水準を誇る。2010年には、日本の宇宙開発政策を一元的に担う**宇宙航空研究開発機構(JAXA)**が打ち上げた**小惑星探査機「はやぶさ」(❶)**が月以外の天体の物質を持ち帰る世界初の偉業を達成した。ISSでは2009年より日本実験棟「きぼう」で研究が開始され、宇宙ステーション補給機「こうのとり」(HTV)での物資の運搬も行われている。宇宙飛行士の若田光一氏は、日本人初のISS船長を務め、2022年には日本人として最多の5回目となる宇宙飛行を行った。

ポイントは… 宇宙関連技術の軍事利用をどう考えるか

日本政府はこれまで宇宙関連技術の商業利用にはあまり力を入れてこなかった。しかし、2008年、国家的な宇宙開発戦略を定めた「**宇宙基本法**」を成立させ、その後「**宇宙基本計画**」を改訂し、研究開発だけでなく宇宙を活用した安全保障能力の強化や国民生活の向上等に最大限活用する方針へと転じた。

この計画では**宇宙ごみ(❷)**の除去対策のほか、地上の様子を画像処理する情報収集衛星などの利用も専守防衛に限って認めることになった。

ただし、ロケットエンジンなど宇宙関連技術の多くは、軍事転用が可能な「**デュアルユース技術**」である。軍事目的の研究開発については、研究者からも警戒・批判の声が強く、「科学研究の軍事化」についてどこまで認められるのか、意見は分かれる。日本の科学者の代表機関である日本学術会議は2017年3月に声明を出し、「軍事目的のための科学研究を行わない」という従来からの姿勢を継承することを再確認している。

読んでみよう！

『はやぶさ2の真実　どうなる日本の宇宙探査』
松浦晋也(講談社現代新書)

はやぶさ2は一定の成果を上げたが、厳しい財政状況下で、日本の宇宙開発を取り巻く環境は容易ではない。長期的な宇宙探査計画の継続のために何が必要なのか、展望が語られている。

関連用語

❶小惑星探査機「はやぶさ」
2003年5月に打ち上げられ、2年後に小惑星「イトカワ」に着陸。表面の物質採取後、2010年6月に地球に帰還した。2014年12月には、後継機「はやぶさ2」が打ち上げられ、2020年末に帰還した。

❷宇宙ごみ(スペースデブリ)
地球の衛星軌道上を周回している使用済みの人工衛星やロケットの部品・破片などのこと。増加の一途をたどっており、人工衛星と衝突した事例もある。ISSへの衝突も心配され、その対策が検討されている。

巻頭特集

1 国際

2 政治経済

3 環境

4 科学技術

5 情報通信

6 教育

7 医療健康

8 福祉

9 社会

4 再生可能エネルギー

繰り返し利用可能で、資源が枯渇しないエネルギーのこと。自然の力を利用するものが多いため、自然エネルギーと呼ばれることもある。環境への負荷が少ない新たなエネルギーとして、国内外で導入が進められている。

解説　再生可能エネルギーは次の二種類に大別される。①自然の力をエネルギー源とするもの…太陽電池を使って電気を発生させる太陽光発電、集めた熱を給湯や冷暖房などに活用する太陽熱利用、風車を回して電気を起こす風力発電、河川や用水路などの水流を利用する中小規模の水力発電、主に火山活動による地下熱を用いる地熱発電、水の持つ熱を活用する温度差熱利用など。②**バイオマス（❶）**をエネルギー源とするもの…家畜排せつ物、生ごみ、下水汚泥、農業廃棄物、建築廃材、古紙、廃油などの廃棄物による発電や熱利用、トウモロコシやサトウキビといった資源作物を原料とするバイオ燃料の製造など。

　再生可能エネルギーの源となるのは、地球上に限りなく存在する資源や、リサイクルが可能な資源である。そのため、石油や天然ガスなどの化石燃料のように資源が枯渇するおそれがなく、化石資源に乏しい国でもエネルギー自給率を高めることができる。また、環境を汚染する有害な物質や、地球温暖化の原因となる二酸化炭素などの温室効果ガスをほとんど排出しないなど、利点が多い。

ポイントは… 再生可能エネルギー普及への取り組み

　1997年の**京都議定書**で先進国の二酸化炭素排出量の削減目標が示されたことを契機に、石油に依存しないクリーンなエネルギーとして、再生可能エネルギーへの注目が一気に高まった。2015年にパリで開かれた気候変動枠組条約第21回締約国会議（COP21）では、開発途上国を含むすべての国が温暖化防止対策に取り組むことを確認した**パリ協定（➡環境❷）**が採択された。化石燃料に依存し続けるのではなく、再生可能エネルギーと関連技術で脱炭素社会を目指す流れが強まりつつある。

　日本では、再生可能エネルギーの中でも実用化が進んでいる太陽光発電や風力発電などを**新エネルギー**として定め、国や自治体による開発事業者への助成制度、

●**日本、アメリカ、ドイツの発電電力量に占める再エネ比率の比較（2020年）**

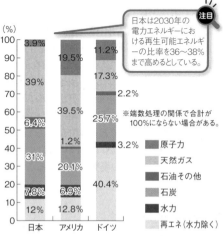

> **注目**　日本は2030年の電力エネルギーにおける再生可能エネルギーの比率を36〜38%まで高めるとしている。

※端数処理の関係で合計が100%にならない場合がある。

凡例：原子力／天然ガス／石油その他／石炭／水力／再エネ（水力除く）

資源エネルギー庁「日本のエネルギー2022」より

一般家庭への導入補助金制度などを設けて普及を促進している。福島第一原発事故により「脱原発」を求める声が高まったことを受け、2011年8月には「**再生可能エネルギー特別措置法**」が成立し、翌年7月から太陽光、風力、水力、地熱、バイオマスによる電気を一定期間、固定価格で買い取るよう電力会社に義務づける「**固定価格買取制度(FIT)**」がスタートし、ソーラーパネルなどを一気に普及させた(2022年4月以降は**FIP制度(❷)**に移行)。

海外では、2016年までに146か国が再生可能エネルギーの普及促進策を打ち出している。アメリカではエネルギー省が2030年までに電力需要の20%を風力発電で賄う計画を発表しており、州レベルでの導入支援策も活発に行われている。EUでは、2020年までに消費エネルギーに占める再生可能エネルギーの比率を20%まで高めることを2009年から加盟各国に義務づけ、目標を無事に達成した。さらに2030年までに45%という新たな目標を設定している。

一方で、再生可能エネルギーの普及には課題も多い。再生可能エネルギーは従来のエネルギーより発電コストが依然として高く、経済界からも採算性を問う声が強い。また、発電量は自然環境の変化や地域条件に左右されやすく、電気の安定供給に問題が生じる可能性もある。現在、蓄電池の設置や**スマートグリッド(❸)**の導入など、エネルギーを効率的に活用するための環境整備が進められている。

入試出題例

再生可能エネルギーについての記事を読み、ドイツでの実例を踏まえて、今後日本が再生可能エネルギーの利用についてどのように取り組むべきか、その理由と受験者の考えを述べよ。[400字]　　　　(香川大/工/2015)

　それぞれの再生可能エネルギーについて、長所・短所も押さえておくこと。課題文では、ドイツにおける再生可能エネルギー普及に向けた法律や制度の工夫や、消費者の負担増が生じている記事が示されている。どのようなエネルギーによる電力が今後の日本社会にとって望ましいのか、日本独自の気候や地形などの条件も関わってくるので、日頃から自分のこととして考え、意識を高めておこう。

巻頭特集

1 国際

2 政治経済

3 環境

4 科学技術

5 情報・通信

6 教育

7 医療・健康

8 福祉

9 社会

関連用語

❶バイオマス

生物由来の再生可能な有機性資源。バイオマスを加工したバイオ燃料には、資源作物や廃材などから作られるバイオエタノール、植物性の油脂(食用廃油)から作られるバイオディーゼルなどがあり、主に自動車燃料として利用される。バイオマスの燃焼時に発生する二酸化炭素は生物が光合成により大気中から取り込んだものであるため、結果として大気中の二酸化炭素量を増加させることはないとされる。

❷FIP(フィード・イン・プレミアム)制度

2022年4月に開始した、再生可能エネルギーを電力市場に統合する制度。固定価格買取制度と異なり、市場価格に補助金を上乗せした価格が支払われる。

❸スマートグリッド

IT技術を活用し、電力網全体の需給の効率化・最適化を図る仕組み。再生可能エネルギーの効率的な利用につながるとして、国内外で実証実験が行われている。

＊燃料電池

水素と酸素の化学反応で発電する装置。発電効率が高く大気汚染や騒音などの環境負荷が少ない。自動車や家庭用コージェネレーションなどに利用されている。

5 原子力発電

ウラン燃料を核分裂反応させることによって生じる熱エネルギーを利用した発電。
大量の電力を賄うことに適した発電方法だが、放射性廃棄物の処理問題や、事故
が発生した際には広範囲に甚大な被害をもたらすという大きな問題点も抱えている。

解 説　1951年にアメリカで世界初の原子力発電が実施されて以来、世界各国で開
発・実用化されてきた。**チョルノービリ（チェルノブイリ）原発事故（❶）**が起
こった1986年以降は一時利用が停滞したが、エネルギー需要の増加や地球温暖化問題を
背景に、原子力発電電力量は再び増加に向かった。日本では1966年に茨城県東海村で初
めて原子力発電所の営業運転が開始され、1990年代初頭には、日本はアメリカ、フラン
スに次ぐ世界3位の設備能力を有するまでになった。

　原子力発電を推進してきた理由として、まず、火力発電に比べて少量の燃料で長期間、
大量に電力を供給できることがある。例えば100万キロワットの発電所を1年間運転する
ために、火力発電では155万トンの石油を必要とするが、原子力発電ではウラン21トンで
賄える。ウランは輸送や貯蔵がしやすく、使い終わった燃料の再利用が期待できる点も、
日本のような資源小国には大きなメリットとされていた。

　次に、発電コストに占める燃料費の割合が石油のほぼ半分で、その価格も比較的安定
していることから、安価で安定した発電が可能で経済的とされてきたことが挙げられる。
ただし、その発電コストには事故リスクに対する費用や、放射性廃棄物の処理コストなど
が正しく含まれておらず、算出方法を疑問視する声も出ている。

　その他の理由としては、発電段階で温室効果ガスの二酸化炭素を排出しないため、地
球温暖化防止に役立つ発電方法であることも挙げられる。

ポイントは… ①原発事故をめぐる安全面での課題と各国の対応

　原子力発電は放射性物質であるウランを燃料にしているため、事故によって高レベル
の放射線や放射性物質が外部に漏れ出すと、周辺地域に甚大な被害を及ぼす。重大事故の
場合、被害はより広範囲に、より長期にわたり、事態の収束はきわめて難しくなる。

　日本では、1999年の**東海村臨界事故**や2004年の**美浜原発事故**など、たびたび重大な事
故が起きていた。こうして国の安全管理の不備、電力会社の事故隠しなどが判明するにつ
れ、国民の原子力発電への信頼性が低下し、原発政策を疑問視する声も強まっていた。

　そして2011年3月11日、東日本大震災の発生によって**福島第一原発事故**が引き起こさ
れた。地震と津波により全電源を喪失したことで原子炉の核燃料を冷やせなくなり、**メル
トダウン（❷）**と水素爆発を伴う深刻な事故となった。大量の放射性物質が拡散され、半径
30キロ圏内の住民が避難や屋内退避を強いられたほか、汚染地域の飲食物の摂取・出荷
が制限された。福島県だけでなく周辺の他県にまで影響が及び、現在も一部地域で住民の
居住制限や立ち入り制限が続いている。日本人はもとより、世界中の人々に原子力発電が
抱える危険性を改めて痛感させることになった。

原子力発電所は、万が一事故が発生しても放射能が外部に放出されることのないように、核分裂を「止める」、燃料を「冷やす」、放射性物質を「閉じ込める」、という安全対策を施してきたが、この事故では十分に機能しなかった。事故後は政府の指示のもとに緊急安全対策の強化が図られているが、自然災害や人為的なミスによって安全対策が機能しないような状況が今後、再び起こらないとは限らない。国内では原子力発電の安全性や電力会社の信頼性を疑問視する声がいっそう高まり、「脱原発」気運が広がった。

　政府は2011年7月、事故を起こした福島第一原子力発電所の1〜4号機（2012年に廃止が決定）を除く国内の原子炉50基に、安全性を再確認するための**ストレステスト(❸)**を要請。このテストをクリアすることが、定期検査で運転を停止した原子炉を再稼働するための条件となり、2012年5月には日本のすべての原子炉が運転を停止した。また、当時の民主党政権はエネルギー政策を見直し、安全性が確保された原発は再稼働させつつも、原発の新設は行わずに2030年代には原発ゼロを目指すといった方針を示した。しかし、2012年末の政権交代後はこうした民主党政権のエネルギー政策は見直され、「原発ゼロ」の方針は白紙撤回された。2013年からは**原子力規制委員会**策定の新規制基準による審査制度が施行されており、2023年1月現在、10基が稼働中である。

　一方、海外では、原子力エネルギーからの脱却を図ろう

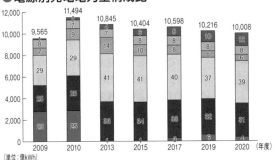

●電源別発電電力量構成比

（単位：億kWh）

■原子力　■石炭　□LNG（液化天然ガス）　■石油等　■水力　■地熱及び新エネルギー

（注）石油等にはLPG（液化石油ガス）、その他ガスを含む。
　　グラフ内の数値は構成比（%）。四捨五入の関係により構成比の合計が100%にならない場合がある。
　　電気事業連合会HP資料をもとに作成

とする国と、積極利用に向かう国の二つに大きく分かれている。前者を代表する国の中でもドイツは、福島の事故を踏まえて脱原子力政策を明確に打ち出し、2023年4月に脱原発を完了した。後者にはアメリカ、ロシア、フランスなどが挙げられるが、これらの国々は、福島の事故後も政策を変更せず、原子力推進の姿勢を明らかにしている。また、経済成長が続く中国には現在50基以上の原子炉があり、インドも原子力発電の開発に積極的である。さらに、東南アジアや中東諸国の中にも原子力利用に前向きな国が複数見られる。

ポイントは…　②明確な見通しが立たない放射性廃棄物の処分

　事故以外にも、原子力発電には放射能が漏洩（ろうえい）する危険をはらむ多くの課題がある。中でも解決策を見いだしにくいのは、放射性廃棄物の処分をめぐる問題である。2018年現在、日本の使用済み核燃料は約1.9万トンに達しており、これらは処分待ちの状態で原発敷地内の核燃料プールに保管されている。処分できないのは、国が「**核燃料サイクル**」の政策を推進してきたことによる。核燃料サイクルとは、使用済み核燃料を資源として貯蔵・再利用する一連の仕組みのことをいう。具体的には、使用済み核燃料を再処理して取り出したプルトニウムにウランを混ぜたMOX（混合酸化物）燃料を、既存の原発の燃料として

再利用する「プルサーマル計画」(❹)などが進められてきた。使用済み燃料を再利用することで、単純に廃棄処分するよりも高レベル放射性廃棄物の量を減らすことができるうえ、燃料として輸入するウランの量も減らせるため、資源小国である日本のエネルギー問題を解決するプロジェクトとされていた。しかし、サイクルの要と期待されていた青森県六ヶ所村の**再処理工場**は試運転中にトラブルが相次いだため操業開始を延期し続けており、**高速増殖炉「もんじゅ」**(❺)も、1995年の事故以来ほとんど運転を停止している状態が続き、2016年には廃炉が決定した。

また、再処理に伴って生じる高レベル放射性廃棄物を処分する場所も決まっていない。2017年7月、政府は科学的に適性のあるエリアを地図上で示したが、候補地となった自治体との交渉は難航が予想される。こうした傾向は海外でも見られ、放射性廃棄物の管理・処分方法や処分場の見通しが明確になっていない国は多い。

このほか、40年に及ぶ年月と莫大なコストがかかる廃炉作業、核の軍事利用や核物質を悪用したテロへの対策など、後世のために解決しなければならない課題は多い。

入試出題例

日本では、原子力発電を継続するかどうかが、現在問われている。賛否両論あり、その理由も様々である。原子力発電を継続することに賛成するとすればどのような理由が考えられるか、また、継続しないとすればどのような理由が考えられるかを、それぞれ述べよ。[各600字]

(奈良教育大／教育／2016)

原子力発電にはメリットとデメリットがある。メリットに注目すれば継続するとなるだろうし、デメリットに注目すれば継続しないとなるだろう。環境保護や地球温暖化に配慮するなら原子力発電所は電力の安定供給に役立つ。しかし、原子力発電所は放射性廃棄物の処理や安全性について十分な解決を見いだしていない。それぞれの立場から考えられることを、600字という字数にも注意してまとめよう。

関連用語

❶チョルノービリ(チェルノブイリ)原発事故
1986年にウクライナ(旧ソ連)のチョルノービリ原子力発電所で起きた事故。実験運転中の原子炉で異常が発生し、人為的ミスも重なりメルトダウンと水素爆発を伴う重大事故に発展した。半径30キロ圏内の住民が強制避難を余儀なくされ、事故後も放射能汚染地帯の住民に深刻な健康被害が生じている。

❷メルトダウン(炉心溶融)
冷却系統の故障によって原子炉内にある炉心の温度が異常に上昇し、核燃料が溶け落ちる現象。核燃料が大量に溶け落ち、原子炉の圧力容器や格納容器の底を貫通した場合は「メルトスルー(溶融貫通)」と呼ばれる。

❸ストレステスト
原発の安全性を再確認するための検査。EUが福島第一原発の事故後に導入した。想定を超える地震や津波に対する原発の耐久性をコンピューター上のシミュレーションによって調べる。

❹プルサーマル計画
「プルサーマル」は、プルトニウムを通常の原子力発電所の軽水炉で燃やすという意味の和製英語。

❺高速増殖炉「もんじゅ」
高速増殖炉とは、高速の中性子を利用して、ほとんど核分裂しないウラン238を、燃料として使えるプルトニウム239に変える原子炉。

6 ゲノム編集

野菜や家畜など、生物の遺伝情報をピンポイントで自由に書きかえることができるゲノム編集技術を用いた食品の開発が進んでいる。

解説　生物や生命のしくみを解明し、その働きを上手に利用しながら人間の生活や環境保全に役立てようとする技術が**バイオテクノロジー(生物工学)**である。古くから、微生物を利用した酒やチーズなどの発酵・醸造技術や、交配による農作物の品種改良など、農林水産業を中心に利用されてきた。

1970年代に**遺伝子組み換え技術**が開発されてからは、さらに環境保全、エネルギー、医療など幅広い分野に応用できる研究が進められた。現在、**遺伝子組み換え作物(❶)**や**クローン技術**の研究、石油の代わりに植物を使うバイオマス(➡科学・技術❹)エネルギーへの応用など、現代のさまざまな課題を解決する有用な技術の一つとして期待されている。

近年、狙った特定の遺伝子を書き換える**ゲノム編集**技術が開発され、家畜や農作物、医薬品など多くのジャンルに応用できるものとして注目を集めている。

ポイントは… ゲノム編集のルールづくり

2018年の世界の遺伝子組み換え作物の栽培面積は1996年と比較すると100倍以上に広がっている。また、2020年には新たなゲノム編集技術「CRISPR-cas9」がノーベル化学賞を受賞するなど、世界的に研究が進められている。

日本では、遺伝子組み換えやクローン技術に不安を感じている人はまだまだ多い。これらの新技術をいかに開発し利用していくべきか、安全性の問題はもちろんのこと、自然環境への影響や倫理的な問題も含めた社会的な合意形成が求められる。

ゲノム編集技術を用いた食品づくりについても、たんに従来の「品種改良」の延長線上にあるものと解釈してよいかどうか、意見は分かれる。ゲノム編集は突然変異との区別も難しく、日本では外から別の遺伝子を入れない場合、表示は任意とする制度がとられているが、表示義務がないということが、逆に消費者の信頼を損なうことも考えられる。消費者の安心のためにも、ゲノム編集に関する実効性のあるルールづくりが求められよう。

また、ゲノム編集技術で遺伝情報を書きかえた受精卵を子宮に戻せば、親が望む外見や知能を持たせた**デザイナーベビー**の誕生が可能になる。しかし、安全性や倫理面での問題が大きく、法律で禁止している国もあり、日本でも法規制に向けて検討中である。たとえ重い遺伝病が発病する危険性を小さくするためだとしても、デザイナーベビーの安全面への不安に加え、生命の選別や**優生思想(❷)**につながりかねないといった倫理的な課題は残る。

関連用語

❶遺伝子組み換え作物
ある特定の有用な性質を持つ遺伝子だけを組み込み、害虫に対する耐性を高めたり、特定の栄養成分を多く含ませたりする作物。日本では、遺伝子組み換え作物を主原料とした食品には表示が義務づけられている。

❷優生思想
優れた遺伝子のみを残し、劣ったものは廃絶してよいとする考え方。かつてナチスドイツで行われたホロコースト(ユダヤ人虐殺)の背景にもこの思想があり、現代でも障害者差別につながるおそれがある。

科学技術と人間

20世紀後半、近代的理性や科学技術への評価は大きな転換点を迎えた。

近代社会の人間観・自然観

近代科学の根底には、人間が理性を正しく発揮して自然を支配することにより、人間の暮らしに豊かさや便利さがもたらされるとする**人間中心主義**の思想がある。そこでは人間は自然から切り離された特権的な存在であり、自然は生き物ではなく物質と考えられ、人間に利用される資源と見なされる。

産業革命以降、科学技術が飛躍的に発展したことで、人間は自然から効率よく資源を確保し、工場でさまざまなものを大量生産できるようになった。それに伴い、経済活動も急速に拡大し、近代以前には考えられなかった物質的豊かさと快適な生活を手に入れた。そうした中で、人間の歴史は進歩・発展の歩みとして認識されるようになる。科学技術はこのまま永遠に発展し続け、やがて地球上に飢える人はいなくなり、生活はいっそう快適なものになり、月や火星にも気軽に旅行できるようになると考えられた。20世紀半ばまで、多くの人にとって科学技術はこのように利益のみをもたらすと信じられていた。

科学万能主義の行き詰まり

20世紀後半になり、人々は科学技術のもたらす負の側面に目を向けざるをえなくなった。環境汚染が深刻化し、エネルギー資源や水産資源の枯渇も指摘されるようになったからである。科学技術の発達によって人間の活動が拡大したことが地球環境に回復不能なダメージをもたらすことに、ようやく人々は気づき始めた。

1972年に国連で採択された**人間環境宣言**では、人間は自然から切り離された存在ではなく、豊かな自然がなくては人間の暮らしも成り立たないことを指摘している。それは人間を自然の支配者と

> 我々は歴史の転回点に到達した。いまや我々は世界中で、環境への影響に一層の思慮深い注意を払いながら、行動をしなければならない。無知、無関心であるならば、我々は、我々の生命と福祉が依存する地球上の環境に対し、重大かつ取り返しのつかない害を与えることになる。
>
> 人間環境宣言（1972）より

見なし、ひたすら物質的な豊かさと経済効率を追求してきた近代社会からの大きな転換を示すものといえる。

また、高度な科学技術が作り上げた核兵器は、その巨大な破壊力によって、いったん核戦争になれば人類の破滅につながることを突きつけ、夢のエネルギーのはずだった原子力発電は、チョルノービリ原発や福島第一原発の事故によって人間の住めない地域を生み出した。科学技術は便利さや快適さをもたらす一方、使い方を誤れば大きな災害を生み出す諸刃の剣であり、社会的にコントロールしていくことはきわめて困難であるといえる。

科学技術と社会との新たな関係

科学技術が多くの批判にさらされ、そのあり方が問題視されている一方、科学技術はいまや人々の生活に深く浸透しており、科学技術なくして現代社会が成り立たないのも事実である。科学技術と人間がよりよい関係を築いていくためには、科学者は社会への説明責任を果たし、市民は科学技術についての理解を深めていくことが求められる。

1990年代以降、ヨーロッパ諸国では**参加型テクノロジー・アセスメント**が盛んになった。これは新しい科学技術の社会的影響を、科学者だけでなく、市民も参加して評価していこうという取り組みである。そこでは、新技術の社会的影響を多面的に検討しながら、規制の必要性や実用化の方法が判断される。特に原子力やバイオテクノロジーの分野は社会的影響力が大きいため、こうした市民参加型のアセスメントが重視されている。日本でも2000年代から試験的に参加型テクノロジー・アセスメントが実施されているが、まだ政策に結びつくまでには至っていない。

 読んでみよう！

『人間にとって科学とは何か』
村上陽一郎(新潮選書刊)

科学技術と社会との新たな関係が求められる現在、地球環境や生命倫理について、専門家だけに判断を委ねず、人々が生活者の立場から議論に参加する必要性を説く。

『科学者という仕事』
酒井邦嘉(中公新書)

アインシュタインや朝永振一郎など過去の科学者の言葉を多く紹介しながら、研究者にとって大切な能力や資質について論じる。科学を志す人にとって必読の一冊。

入試出題例

科学技術の著しい発展は、人類にとって大きな利益をもたらすが、同時に、これまでにない様々な問題を生み出すこともある。科学技術の進歩について例を一つ挙げ、それにより得られる利益と生じる問題点についてそれぞれ述べよ。[800字]　　　　　　(岡山大／工／2014)

科学技術に携わる者は、どうしても自身の関わっている研究の有用性に目が向きがちになる。しかし、科学者・技術者も社会の一員であり、新しい技術がもたらす危険性や社会的問題を無視することはできない。その技術が社会にどのような影響をもたらすかを判断するためには、市民の声に耳を傾け、広い視野を持ちながら多面的に検討していく必要があるだろう。

関連用語

＊機械論的自然観
機械論とは、自然や生物を物質からできた機械と捉え、自然現象や生命現象を因果性の原理によって解明しようとする考え方。古代から中世にかけては、自然は神や絶対者の意思を実現するものとして捉えられていた(目的論的自然観)が、近代に入り宗教の力が弱まるにつれて、しだいに機械論的な自然観が強まった。機械論は科学の発展のきっかけとなったが、自然を操作・支配の対象として捉えるようになったことから、自然破壊につながった。

巻頭特集
1 国際
2 政治経済
3 環境
4 科学技術
5 情報通信
6 教育
7 医療健康
8 福祉
9 社会

資料から考える
— 入試に出た資料をチェック！ —

●日本の電源構成別にみた発電量の年次推移（石川県立看護大/2022）

(億kWh)

電源	年度	2013	2015	2017	2019	2021
原子力		93	94	329	638	708
化石燃料	石炭	3,571	3,560	3,472	3,264	3,202
	天然ガス	4,435	4,257	4,210	3,813	3,558
	石油等	1,567	1,006	888	640	767
	計	9,573	8,823	8,570	7,717	7,527
再生可能エネルギー	水力	794	871	838	796	776
	太陽光	129	348	551	694	861
	風力	52	56	65	76	94
	地熱	26	26	25	28	30
	バイオマス	178	185	219	261	332
	計	1,179	1,486	1,698	1,855	2,093
合計		10,845	10,403	10,597	10,210	10,328

（参考）　2011年3月11日　東日本大震災発生
2012年7月1日　固定買取価格制度開始

資源エネルギー庁広報資料室より

用 語 解 説 　資料中の用語を確認しよう！

●**原子力（→科学・技術5）**…ウラン燃料を核分裂反応させることによって生じる熱エネルギー。

●**化石燃料**…石油や石炭、天然ガスなどの資源。動植物の死がいが地下に堆積し、長い年月をかけて変成された。

●**再生可能エネルギー（→科学・技術4）**…繰り返し使用可能で、資源が枯渇しないエネルギー。

●**固定価格買取制度（→科学・技術4）**…太陽光・風力・水力・地熱・バイオマスによる電気を一定期間固定価格で買い取るよう電力会社に義務付けた制度。

資料から読みとる 〉 資料から読みとれる内容を確認しよう！

○全体から

・資料中で化石燃料による発電量の合計が最も多い年は**2013年**である。

・資料中で再生可能エネルギーによる発電量の合計が最も多い年は**2021年**である。

・資料中で最も発電量が少ない電源は**地熱**である。

○各年の比較から

・2013年から2021年にかけて化石燃料の発電量は**減少**している。

・2013年から2021年にかけて再生可能エネルギーの発電量は**増加**している。

・2021年の石油等の発電量は、2013年の**約50%**である。

資料から考える 〉 資料をもとにした意見の例を確認しよう！

日本の電源構成別にみた発電量について考えよう！

再生可能エネルギーの割合をこのまま大きくしていくべき。

例1　Aさんの意見

　電源構成に占める再生可能エネルギーの割合を現在のペースで大きくしていくべきだと考えます。化石燃料を用いた発電は二酸化炭素を多く排出するため地球温暖化への影響が指摘されており、原子力も放射性廃棄物の安全性が問題になっています。環境への影響が少なく安全な再生可能エネルギーの割合をできるだけ大きくするべきです。

各電源のメリット・デメリットを考えバランスよく取り入れるべき。

例2　Bさんの意見

　各電源のメリット・デメリットをふまえて慎重にバランスよく取り入れるべきだと考えます。再生可能エネルギーを用いた発電は、環境への影響が少ないというメリットがありますが、化石燃料等と比較して発電コストが高いことと、気候条件により安定した電源供給ができないというデメリットがあるからです。

5 情報・通信

Key Word

インターネット　　ICT（情報通信技術）　　スマートフォン
ソーシャルメディア　　マスメディア　　情報リテラシー
サイバー犯罪　　個人情報の保護　　知的財産権

第三の波

　1980年に出版されたアメリカの未来学者アルビン・トフラーの『第三の波』では、人類は過去に大きな変革の波を二度経験してきたと説明されている。第一の波は農業革命、第二の波が産業革命である。さらにトフラーは、これから第三の波として脱産業社会（脱工業化社会）が訪れ、それに伴って情報化社会が到来することを予言した。オフィスと家庭にコンピューターが普及し、それらが高速回線で結ばれて、在宅勤務やオンライン・ショッピングが可能になるといった予言は、当時は夢物語と見なされたが、現実の社会は、ほぼトフラーが予言したとおりになったといえよう。

　わずかの間に情報化社会へ移行することを可能にしたのは、**インターネット**や**スマートフォン**に象徴される**ICT（情報通信技術）**の急速な発展である。以前は既存の**マスメディア**が提供する情報に依存せざるをえなかった大衆が、ICTの発達によって主体的に情報を獲得し、自らの手によって加工・発信することも容易になった。さらに、あらゆるモノがインターネットを通じてつながるという**IoT（モノのインターネット）**によって実現する新たなサービスやビジネスモデルにも期待が集まっている。

新たな価値観の構築

　情報化社会への移行とともに、人々の価値観も変化している。例えば、情報・通信の量が増加し、その速度も飛躍的に速くなった結果、いかに素早く必要な情報を入手するかが重要になっている。もっとも、私たちに必要な**情報リテラシー**はそれだけではない。フェイクニュースがネット空間をにぎわせ、「ポスト真実の時代」と言われるように不確かな情報が飛び交う現在、玉石混淆の大量の情報の価値や真贋を見極め、有用な情報を取捨選択し、さらにそれらを加工し自ら発信する能力もまた重要である。情報化社会はハードよりもソフトが重視される社会といえよう。

　インターネットを通して、私たちは以前なら見聞きすることさえなかった遠い世界に視野を広げ、そこに住む人たちと結びつくことも可能になった。TwitterやFacebookなどの**ソーシャルメディア**は、人々を結びつけるだけでなく、知識や情報を大衆のものとし、多くの人が情報発信者となることを可能にした。こうした新たな可能性や自由度の大きさが、現代の情報化社会の大きな魅力でもある。

情報化社会の課題

　情報化社会の到来は、私たちに大きな利便性をもたらしたが、同時に新たな問題を生み出している。例えば、インターネットやゲームなどのバーチャルな世界に安住し、混沌とした現実の社会で生き抜くことに背を向けがちな若者の増加が懸念されている。また、インターネットを悪用した**サイバー犯罪**や、音楽や映像などの違法コピーによって**知的財産権**が侵害されるケースも増えている。さらに、**個人情報の保護**をいかに徹底させるか、といった課題も生じている。

　加えて、情報化社会の恩恵にあずかることができない人々の存在もある。コンピューターやインターネットなどを使いこなす能力・機会の有無は、デジタル・デバイド(情報格差)という新たな問題を表面化させた。国や地域、人々の所得、あるいは年齢の違いなどを理由に、情報化社会の進展から取り残される人が増えるとすれば、それは新たな差別や格差を拡大することになる。こうした課題をいかに解決していくか、21世紀に生きる人々の叡智が試されている。

巻頭特集

1 国際

2 政治・経済

3 環境

4 科学・技術

5 情報・通信

6 教育

7 医療・健康

8 福祉

9 社会

1 インターネット

インターネットは世界中のコンピュータなどの情報機器を接続するネットワークのことで、日本では1994年頃からプロバイダ（インターネット接続事業者）が登場して広まった。

解説 総務省の「通信利用動向調査」によると、2021年時点でのインターネットの利用率（個人）は82.9％に達している。また高速回路網が整備され、約9割の家庭がインターネットの接続に**ブロードバンド（❶）** を利用している。さらに接続機器もパソコンだけでなくスマートフォン、タブレット端末、ゲーム機など多様化し、手軽に持ち運べる端末（**モバイル端末**）が増えてきていることからも、インターネットは私たちの日常生活に欠かせないものになっていることがうかがえる。

当初はwebサイトの閲覧、電子メール、オンラインショッピングが主な目的だったが、近年は動画投稿サイトや**ブログ**、**SNS**（➡情報・通信❹）など、個人で情報発信やコミュニケーションができるサービスに人気がある。企業でも**クラウド**（➡情報・通信❷）サービスの利用が年々増加している。

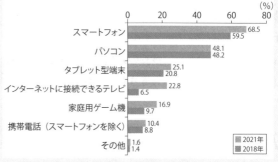

●インターネット使用端末の種類

	2021年	2018年
スマートフォン	68.5	59.5
パソコン	48.1	48.2
タブレット型端末	25.1	20.8
インターネットに接続できるテレビ	22.8	6.5
家庭用ゲーム機	16.9	9.7
携帯電話（スマートフォンを除く）	10.4	8.8
その他	1.6	1.4

※当該端末を用いて過去1年間にインターネットを利用したことのある人の比率。
総務省「情報通信白書令和4年版」より

ポイントは… 社会生活へのさまざまな影響

インターネットの普及により、時間的・地理的な制約を受けることが少なくなり、社会生活に大きな変化がもたらされた。オンラインショッピングによる外出困難な人の買い物の負担軽減、電子メールやSNSによる遠方の人とのコミュニケーション、地域情報や安全情報のリアルタイムでの発信などが、災害時や感染症が拡大した際にも広く活用され、多くの人がインターネットの利便性を改めて実感することになった。**ICT**（➡情報・通信❷）を利用して在宅勤務をする**テレワーク**（リモートワーク）も、それまで一部の企業に限定されていた。しかし、**新型コロナウイルス**（➡巻頭特集）による**感染症**の拡大が警戒されてから、混雑する公共交通機関を利用して通勤しなくても、在宅での仕事を可能にする手段として一気に広まった。

インターネットは個人で手軽に情報発信できる場でもあり、自己表現がしやすい一方、発信される情報の正確性についての保証はない。膨大な情報の中から信頼できる情報をみずから取捨選択することがインターネットを利用するうえで非常に重要になる。

インターネットによる人間関係への影響も無視できない。ブログやSNSなどによって

情報の発信者と受信者の間に交流が生まれ、新たな交友関係を築くことができるという利点がある一方で、匿名性を悪用した誹謗中傷も後を絶たない。インターネット上に個人情報を無断で掲載されたり、悪口を書かれたりするなどの、いわゆる「ネットいじめ」も増加傾向にある。

総務省の「情報通信メディアの利用時間と情報行動に関する調査」によれば、13歳から69歳のインターネット利用時間は平日1日平均176.8分、休日1日平均176.5分と、長時間にわたっている(2021年)。モバイル端末の普及により、時間や場所を問わずインターネットに接続できる環境になったことが大きな要因だが、そのため過度のネット使用で日常生活や社会生活に支障をきたす「ネット依存」状態になる人が現れ、医療機関に専門外来が登場するまでに至った。

また、安易な利用による個人情報や機密事項の流出といったリスクもある。利用者が増加しているスマートフォンにおいて、ウイルスや不正アプリによって個人情報が流出したり、不用意にインターネット上に公開した写真に含まれるGPS情報から自宅を特定されてしまうといった危険がある。

このようなインターネットの功罪を踏まえ、一定期間ネットを遮断するデジタルデトックスの考えも提唱されている。また、高額課金、著作権侵害、ストーカー被害といったトラブルも多く、文部科学省は**情報モラル教育(❷)**を提唱・主導している。また個人においても、インターネットが身辺に及ぼす影響を十分に認識したうえで、インターネットに振り回されることなく、主体的に接する態度が必要となる。

入試出題例

スマートフォンなどの普及により、インターネットは私たちの生活に深く浸透している。では「インターネットのない世界」はどのようなものだろうか。その長所と短所を具体的に挙げ、「インターネットのない世界」に対するあなたの考えを述べよ。[1200字]　　　(鹿児島大／法文／2017)

生まれたときからインターネットがあって当然だった世代にとって、「インターネットのない世界」というのは考えられないかもしれない。スマートフォンが手元にないとき、旅行などでネットに接続できないときなどの体験をもとにして考えるとよい。また「インターネットのない世界」の長所は、必要以上の情報に惑わされない、インターネットに使う時間をほかの有意義な活動に充てられることなどが挙げられるだろう。短所は、必要な情報を手に入れるのに時間がかかる、SNSなどでのコミュニケーションが取れないことなどが挙げられる。

関連用語

❶ブロードバンド
広帯域(broad=広い、band=帯域)の意。高速・大容量のデータ通信が可能な通信回線。

❷情報モラル教育
児童・生徒が情報社会に生きるうえで必要な能力や態度を養うための教育。文部科学省は、ネットワーク社会におけるルールの遵守やセキュリティの知識・技術の習得など、多方面からインターネットの適切な使い方に関する指導を推進している。

巻頭特集

1 国際

2 政治経済

3 環境

4 科学技術

5 情報・通信

6 教育

7 医療・健康

8 福祉

9 社会

2 ICT（情報通信技術）

Information and Communication Technologyの略。IT（情報技術）よりコミュニケーションを強調した語で、ITに代わる表現。

解 説　かつてのコンピューター・サービスは、利用者のパーソナル・コンピューター内のハードウェアやソフトウェア、データを使うものが主流であったが、インターネットの発達や、**スマートフォン**（➡情報・通信❸）などモバイル端末や**クラウド**（❶）の普及によって、ネットワークにつなぎさえすればそれらのサービスを利用できるようになった。ICTは「いつでもどこでも誰でも、あらゆる端末からコンピューター・ネットワークを介して必要な情報にアクセスできる」という**ユビキタス社会**の考え方を現実化した技術である。

ポイントは… 日本社会におけるICTへの期待と課題

　総務省の令和４年版「情報通信白書」では、我が国の直面する社会的課題の解決にICTは必要不可欠としている。例えば地方の医師不足対策として、都市部の専門医によるネットワークを用いた診察、人口減少対策として、「労働参加率向上」を実現するためのテレワークの活用、地方経済の活性化など、日本が抱える課題をICTによって解決することが期待される。また、東日本大震災や**新型コロナウイルス**（➡巻頭特集）の拡大に伴い、ICTは社会・経済のインフラとして高度化・普及したが、自治体や企業の規模や財政状況による格差がみられる。利用者側にも**デジタル・デバイド（情報格差）**（➡情報・通信❻）があり、公平なサービスが受けられないという問題や、セキュリティへの不安、通信トラブル時の影響が大きいなどの懸念もある。

入試出題例　受験者が特に興味を持っているICT関連技術を挙げ、その便利な点、悪用された場合のリスクについて受験者の考えを簡潔に述べよ。[400字]
（佐賀大／理工／2015）

　情報通信関連の学部はもちろん、社会・経営・教育・文学など幅広い学部でICTが与える影響やICTによるメリット・デメリットを問う問題が出題されている。ここでは、例えば携帯電話やパソコンを用いたメールの利便性と迷惑メールの問題を例にすれば書きやすい。マイナンバー制度やネット犯罪を素材に書くこともできるだろう。

関連用語

❶クラウド
英語で「雲」の意。「クラウド・コンピューティング」の略。ネットワーク上のさまざまなサーバーにソフトウェアやデータベースなどを置き、利用者は端末からサーバーにアクセスし、サービスを利用する。

＊デジタル庁
デジタル社会形成に関する行政事務の遂行を目的として内閣に設置された。2021年9月発足。

3 スマートフォン

日本独自の特色を備えた従来型の携帯電話（フィーチャーフォン、ガラパゴス携帯（ガラケー））に対して、2010年代に急速に普及した高性能・多機能型携帯電話のことを指す。

解説 **スマートフォン（スマホ）** の個人保有率は近年急増し、すでに国民の三人に二人がスマホを持つ時代である。加えて無線LAN（無線でネットワークに接続する技術）の普及で、外出先でもスマホやタブレット端末（小型・薄型の携帯型情報端末）によってインターネット接続やデータ通信が容易になり、その利用が常態化している。スマホ向けのソフト（アプリ）も多種提供されていて、今や特に若い世代の生活に、スマホはなくてはならないほどの影響力を持っている。

スマホで利用できるサービスは多岐にわたり無料で利用できる場合も多いが、その利用には中毒性があることを忘れてはいけない。

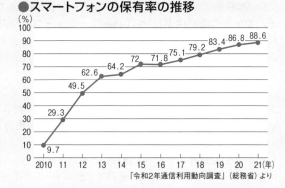

●**スマートフォンの保有率の推移**

「令和2年通信利用動向調査」（総務省）より

ポイントは… 便利さと表裏一体の危険性

スマホはいつでも連絡が取れ、動画を閲覧したり、インターネットから必要な情報を得たりできる便利さが評価されている。その反面、有害ソフトへのアクセスや見知らぬ相手との交流から犯罪に巻き込まれるなど危険性がある。スマホを用いた詐欺事件も頻発している。

子どものスマホの使用については、各家庭でルールを決めて、親と子どもの合意の元で使わせることが多いが、使用時間など子どもがルールを厳守することは難しく、そのために親子の関係が悪化することも少なくない。また、**GPS**（人工衛星により現在地を正確に把握するシステム）機能で、保護者が子どもの居場所を把握できる一方、知らずに自分の居場所を発信してしまい個人が特定されるケースもある。

友人関係にしても、LINEやTwitterなどのSNSで悪口を書かれるなど、コミュニケーション上のトラブルも生まれている。グループLINEの書き込みに対して読んだだけでただちに反応（即レス）しないと「既読スルー」と見なされ、「仲間を無視した」といった解釈から、仲間はずれにされてしまうことを警戒するといった風潮もある。スマホ利用上の危険性やマナーについての教育を浸透させ、一人一人の意識を高める必要がある。

関連用語

＊フィルタリング
有害サイトへのアクセスを防ぐためWebサイトの閲覧を制限できるサービス。2009年にはフィルタリングの提供を携帯電話会社に義務づける法律が施行された。

巻頭特集

1 国際

2 政治経済

3 環境

4 科学技術

5 情報通信

6 教育

7 医療健康

8 福祉

9 社会

4 ソーシャルメディア

双方向性を特徴とし、情報の発信も受信も不特定多数の個人が行うことで形成されるインターネット上のメディア。情報の発信・受信の対象をある程度限定した**SNS（ソーシャルネットワーキングサービス）**も含めて呼ばれることが多い。

解説　令和3年度の総務省調査によれば、ソーシャルメディアの平均利用時間（平日）は全体で40.2分、10代では64.4分に及んだ。ソーシャルメディアの種類にはSNS、掲示板などが含まれる。

SNSは狭義には「人の交流を促進・サポートするネットワーク上の会員制サービス」である。主なものの利用率はYouTube（ユーチューブ）が87.9%、LINE（ライン）が92.5%、Facebook（フェイスブック）が32.6%、Twitter（ツイッター）が46.2%、Instagram（インスタグラム）が48.5%、Tik Tok（ティックトック）が25.1%である。動画や音楽の投稿・共有、ゲームに特化したSNSもある。

2010年末から2011年にかけて中東・北アフリカで起こった「**アラブの春**」と呼ばれる民主化運動においては、TwitterやFacebook上で情報共有やデモの呼びかけなどが行われた。情報の拡散スピードの速さや、一般民衆が変革の原動力となった点に特色があり、ソーシャルメディアの力を示すものとして注目された。

日本でも2011年の東日本大震災のときには被災地において情報伝達手段がほぼ全面的に断たれ、被災地以外でも広い範囲で電話やメールが不通になる中、インターネット回線は比較的安定しており、安否確認や避難所情報などでTwitterが活躍した。しかし一方で、不安をあおるようなデマも飛び交った。

近年は、SNS上で他の参加者と競争や協力をしながらゲームを進める「**ソーシャルゲーム**」が人気を集めているが、代金を払い、景品くじ方式でゲーム内で使うアイテムを当てるシステムが「射幸心をあおる」「ギャンブル性が高く、依存を生む」などとして社会問題化している。

ポイントは… 手軽な情報発信の功罪

総務省の調査では、ソーシャルメディアを利用している人の7〜8割が個人情報の漏洩、不正利用の不安を感じている。ソーシャルメディアは情報を簡単に発信できるだけに、個人を特定できる情報を安易に漏らしてしまう危険性がある。インターネットの情報は世界中に開かれていることを常に意識した行動が必要である。

また、手軽な情報発信が思わぬ影響を及ぼすこともある。東日本大震災のときには「石油コンビナートの爆発で有害物質の雨が降る」などのデマがTwitter上に流れ、危険を知らせたいという「善意」から多くのユーザーが結果的にデマを拡散させてしまうこととなった。ソーシャルメディアの効用の一つに「知りたい情報を入手できること」があるが、情報の発信元は基本的に個人であることを踏まえたうえで、情報の信頼性を見極めることが要求される。

ソーシャルメディアは、海外など遠方の人や有名人、一度に多人数との交流など、実

生活で顔を合わせることが困難な人とのコミュニケーションにも効果を発揮する。しかし一方で、気軽に書き込んだ情報をきっかけに、想定を超えた非難・批判・誹謗・中傷などが殺到する「炎上」につながったり、ソーシャルメディア内の人間関係を悪化させたりすることもあり、コミュニケーションにおけるマナーやモラルが問われることになる。

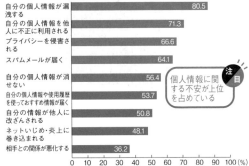

●ソーシャルメディアを現在利用している人の不安

自分の個人情報が漏洩する	80.5
自分の個人情報を他人に不正に利用される	71.3
プライバシーを侵害される	66.6
スパムメールが届く	64.1
自分の個人情報が消せない	56.4
自分の個人情報や使用履歴を使っておすすめ情報が届く	53.7
自分の情報が他人に改ざんされる	50.8
ネットいじめ・炎上に巻き込まれる	48.1
相手との関係が悪化する	36.2

0 10 20 30 40 50 60 70 80 90 100(%)

注目 個人情報に関する不安が上位を占めている

総務省「次世代ICT社会の実現がもたらす可能性に関する調査」(平成23年)より

　これらの功罪に関しては個人個人が意識を高める必要があるとともに、時代に即応した情報教育が重要となってくる。

入試出題例

LINEやTwitterのようなSNS(ソーシャル・ネットワーキング・サービス)の利用が広がっている。このコミュニケーション・ツールが人間関係にもたらすメリットとデメリットについて、あなたの考えを述べよ。[800字]
（弘前大／人文社会科学／2017）

　SNSについては、人間関係やメリット・デメリットについて問う問題が多い。自分が利用しているSNSがあればそれを思い浮かべて、具体的に考えてみるとよい。メリットとしては、友人だけでなく直接会ったことのない人や海外など遠方の人ともつながり、手軽に情報交換したり話題について共感したりすることができる、リアルタイムでやりとりできる、などの利便性が挙げられる。対してデメリットは、文字のみのやりとりのため誤解を受けたり非難されたりすることがある、いつも誰かとつながっていないと不安になる、直接人と会ってやりとりすることが苦手になる、やりとりがストレスになる、などが考えられる。ニュースや新聞などで取り上げられることもあるので、広くアンテナを張っておくとよい。

|関|連|用|語|

＊実名型と匿名型
ソーシャルメディアにはFacebookのように実名での登録を原則としているものと、Twitterのように匿名(ハンドルネーム＝ネット上のあだ名)で参加できるものとがある。前者は友人を見つけやすい、実名がわかるので安心感があるなどのメリットがある反面、設定などによっては自分の個人情報が不特定多数の人に見られるおそれがある。

＊企業のソーシャルメディア活用
ソーシャルメディアのページ内に広告を表示させるといった従来型の宣伝に加え、社員がTwitterに「個人の視点で」発言することで顧客とのコミュニケーションや親近感アップを図るという効果がある。また、Facebook内に企業の公式ページを開設しページ読者限定のオンラインクーポンを発行したり、また東日本大震災で社員の安否確認に手間取ったことを教訓に、地域SNSのような社内SNSを立ち上げて社内のコミュニケーションの円滑化を進めたりなど、ソーシャルメディアを活用する企業が増えている。しかしそれとともに、企業秘密の漏洩や、個人での発言が企業姿勢と見なされて批判を受けるなど、新たなリスクも生まれている。

巻頭特集
1 国際
2 政治経済
3 環境
4 科学技術
5 情報通信
6 教育
7 医療・健康
8 福祉
9 社会

5 マスメディア

新聞やテレビ、雑誌などのマスメディアは、報道や世論調査によって世論を形成し、政治権力を監視する機能を持つ。その影響力は決して小さくなく、立法・行政・司法の三権に続く「**第四の権力**」とも呼ばれる。

解説 東日本大震災と、それに続く福島第一原発事故に関連した報道では、マスメディアの役割とその姿勢について改めて問い直された。総務省が東日本大震災の被災者を対象に行った調査では、震災直後に最も利用したメディアはラジオ（約4割）、テレビ（約3割）であったが、安否確認や生活情報など地域の細かい情報を十分に入手することは難しかった。一方、TwitterやFacebookなどの**SNS（ソーシャルネットワーキングサービス）**（➡情報・通信❹）は、電話などの通信手段が使えなくなっていた被災者にさまざまな情報を提供した。デマや風評被害など、今後も警戒・注意すべき点はあるにせよ、ソーシャルメディアの役割が改めて確認されたといえるだろう。

それに対して、新聞、ラジオ、テレビなど従来のマスメディアへの評価はどうだっただろうか。震災直後のテレビ放送は、通常の番組やCMの自粛、連日長時間に及ぶ震災報道など、かつてない状況となり、海外からはその速報性と冷静さはおおむね高い評価を受けたが、報道が果たすべき「権力監視」「民衆が知りたい情報の提供」といった役割を果たしていないという指摘もあった。視聴者からも、「悲惨な映像が繰り返され気分が落ち込む」「被災者への配慮のない取材・報道が多い」といった批判もなされた。さらに、マスメディアの原発事故報道に対して、「政府や官公庁、電力会社が発表した情報をそのまま報道していた」と政府や電力会社の発表の「タレ流し」報道と感じた国民も多かった。

新型コロナウイルス（➡巻頭特集）に関しても、2019年以降様々な報道がなされてきた。令和3年版情報通信白書によると、SNS発の偽情報（フェイクニュース）がテレビ等で取り上げられたことをきっかけに急速に広まってしまうなど、マスメディアの影響力は依然として高いことがうかがえる。

●「情報が信頼できる」とした人の割合（性・年代別）

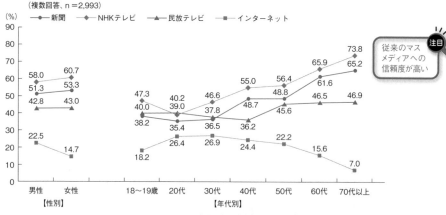

（複数回答、n＝2,993）

注目
従来のマスメディアへの信頼度が高い

新聞通信調査会「第15回メディアに関する全国世論調査」2022年より

近年、報道機関の間に「政治的中立性に配慮する」という形の自粛や自主規制が進む傾向が強くなっている。そのことは、結果的に政府や政策に対する批判が封じ込められることにもなる。2014年末の衆議院議員選挙前には、「テレビ報道の政治的中立」を求める政権与党のテレビ局への番組干渉も表面化した。

「事実に基づかない報道」が許されないのは当然だが、権力者の視点から「事実を曲げたかどうか」を判断することが適切なのかどうか、再考する必要があるだろう。報道対象となる政府や政権与党などの権力に対する批判的な報道がそのまま「偏向報道」と決めつけられると、報道は萎縮し、言論の自由は崩壊する。それは独裁政権下の報道規制と変わらない。

読んでみよう！

『フェイクニュースの見分け方』
烏賀陽弘道（新潮新書刊）

フェイクニュースの見分け方として、「根拠のないオピニオン（意見）は捨てよ」「主語のない文章は疑え」などのヒントが示される。メディアの第一線で活躍してきた著者からの提言。

放送倫理・番組向上機構（❶）は2015年11月に、NHKの報道番組「クローズアップ現代」での「やらせ問題」に関して、「重大な放送倫理違反があった」とする意見書を公表したが、同時に同番組をめぐって総務省がNHKを厳重注意したことを「極めて遺憾」とし、自民党がNHK幹部を呼び出して事情聴取したことや総務相がNHKを行政指導したことを「政権党による圧力そのもの」と強く批判した。

一つの同じ事実を報じても、立場が違えば事実の評価は当然異なる。マスメディアに求められる政治的な公平さや「不偏不党」とは、異なる意見を一律に同じ放送時間・紙面を割いて紹介するということなのかどうか。テレビ報道についても、権力の地位にある側がマスメディアの手足を縛っては、放送法第1条3項にある「放送が健全な民主主義の発達に資するようにすること」はできないだろう。

マスメディアの大きな役割の一つに、「権力に対するチェック・監視」がある。たとえ権力側が自分たちの政策に関して「この道しかない」と強弁しても、「他の道もあるのでは」と批判的に捉えて主張できる報道の自由がきちんと保証されることがきわめて重要である。権力はメディアをコントロールしたがるものだが、「マスゴミ」などと呼ばれることのないように、マスメディアは自主規制に甘んじるのではなく、改めて**ジャーナリズム**の原点に立ち返る必要があるだろう。

関連用語

❶放送倫理・番組向上機構（BPO）
NHKと日本民間放送連盟が共同で2003年に設立した第三者機関。放送倫理上の問題に関して自主的に対応し、視聴者からの意見や番組による人権侵害などの苦情も受け付ける。放送局への勧告を行う権限を持っている。

＊記者クラブ
政府や官公庁などを継続的に取材するジャーナリストたちによって構成される取材・報道のための自主的な組織。取材源が平等に配分されるので、取材者は他社に出し抜かれることを心配しなくてすむが、会員は事実上、新聞社や通信社、テレビ局など大手メディアの記者に限定されている。最近、こうした排他性・閉鎖性が指摘され、中央省庁などでは記者会見を記者クラブ以外にも開放する試みが始まっている。

巻頭特集
1 国際
2 政治・経済
3 環境
4 科学技術
5 情報・通信
6 教育
7 医療・健康
8 福祉
9 社会

6 情報リテラシー

「情報活用能力」とも呼ばれる。適切な情報手段の選択、情報の収集・判断・評価・発信の能力、情報を取り扱うにあたってのマナーやルールの理解など「情報の取り扱いに関する幅広い知識と能力」のこと。リテラシーとは「読み書き能力」を意味する。

解 説　情報リテラシーは、**コンピューター・リテラシー**と**メディア・リテラシー**に大別される。コンピューター・リテラシーとは、コンピューターやモバイル端末の機能を使いこなす知識と能力を持っていることを指す。一方メディア・リテラシーとは、印刷物やテレビ、ラジオ、インターネットなどの各種メディアの特性を理解し、情報を取捨選択して必要なものを引き出し活用できる能力をいう。

ポイントは… 情報格差と真実を見抜く力

インターネットの普及率は、大都市・若年層・高所得世帯・先進国において高く、過疎地・高齢者・低所得世帯・開発途上国で低い。このような情報通信環境や情報技術を使う能力の差によって生じる情報リテラシーの差は**デジタル・デバイド(情報格差)**と呼ばれる。国は必要な情報が得られない**情報弱者**を生み出しているとして、義務教育におけるコンピューター教育の推進やブロードバンドの整備促進など、格差解消のための取り組みを行ってきた。

 読んでみよう!

『10代からの情報キャッチボール入門
使えるメディア・リテラシー』
下村健一(岩波書店)

「『今年の12月に人類滅亡だって!』君のLINEに友だちからこんなメッセージが届いたら、どうする?」身近で豊富な例を用い、情報の受け取り方、届け方を考えさせる。

東日本大震災直後、インターネット上に流れたデマ、またとりわけ福島第一原発事故の後に被災地や周辺地域の出身者や産業を直撃した**風評被害(❶)**には、メディア・リテラシーによって排除できるものが多くあった。また近年、虚偽の情報で作られた**フェイクニュース(❷)**が主にネット上で発信・拡散され社会的に大きな影響を及ぼすケースが増えており、メディア・リテラシーの重要性はいっそう増している。

インターネットをはじめ、メディアの情報には正しいものとそうでないものが混在していること、マスメディアの情報は物事の一側面だけがクローズアップされていたり、ねつ造されていたりする可能性があることなど、情報の特性やリスクを理解し、それらをうのみにせず主体的・批判的に読み取る能力を育成していくことが求められる。

関連用語

❶風評被害
根拠のないうわさ(デマ)や虚偽の報道などによって生じる経済的・精神的な被害のこと。

❷フェイクニュース
他者を誹謗・中傷する投稿などを含むこともある。SNSを通して拡散するフェイクニュースが投票行動などを左右したケースも少なくない。

7 サイバー犯罪

インターネットを悪用した犯罪。追跡が難しいことや、新技術の開発などを背景に増加し、また巧妙化している。

 警察庁によると2021年のサイバー犯罪検挙件数は1万1,051件で、その手口も巧妙化している。内訳は、インターネットなどのネットワークを用いた「**児童買春・児童ポルノ禁止法違反**」が18.2%、スパイウェアを使ってコンピューター使用者の個人情報を収集するなどの「**コンピュータ・電磁的記録対象犯罪**」および「**不正指令電磁的記録に関する罪**」が6.6%、他人のIDやパスワードを不正入手してネットワークにアクセスするなどの「**不正アクセス禁止法違反**」が3.9%となっている。ネットワーク利用犯罪には、児童ポルノ関係や、金融機関などを装った偽のサイトへ誘導して個人情報を入力させる「フィッシング詐欺」やリンクをクリックしただけで契約が成立したと主張して代金を要求する「ワンクリック詐欺」などの詐欺行為、他人の著作物を勝手に配信するなどの著作権法違反、わいせつ図画等の掲載、掲示板やブログ等での誹謗中傷などもある。

ポイントは… 法整備と新たな技術への対応

2011年6月、コンピューター・ウイルスの作成や提供、取得、保管について刑事罰が科せられる、いわゆる「**ウイルス作成罪**」が成立し、刑法やその他の関係法令も改正された。日本が「**サイバー犯罪条約**」(**❶**)を批准するために国内法の整備が急務であったことを受けて行われたものである。

サイバー犯罪対策には、サービス提供者、警察、サービス利用者がそれぞれ新技術への対応を迅速に行うことが重要である。またサービス利用者には何よりも正しい知識を持ち、安全を証明できないソフトをダウンロードしない、個人情報を安易に漏らさないといった自衛策が求められる。

News サイバー攻撃

（読売新聞 2017年6月28日）

ロシアやヨーロッパの広い範囲で大規模な**サイバー攻撃**(**❷**)が発生した。攻撃に使われたのは「**ランサム（身代金）ウェア**」と呼ばれるウイルスで、コンピューターを使用できなくし、復旧の見返りとして金銭を要求するもの。これにより政府機関、銀行、大手企業などに被害が出た。

関連用語

❶サイバー犯罪条約
インターネットでの犯罪などへの対応を取り決めた国際条約。2001年に欧州評議会が発案し、日本を含む主要30か国が署名。その後2004年に批准国数の条件を満たして効力が発生した。日本は国内法の整備が遅れていたが、2012年7月に批准した。

❷サイバー攻撃（サイバーテロ）
インターネットを経由して国家や企業の重要なコンピューターシステムに不正にアクセスし、データを破壊したり改ざんしたりする行為を指す。世界各地で頻発しており、日本も対策を強化しているが、法制度の整備や、サイバー攻撃に対処できる技術や人材の確保など課題は多い。

巻頭特集
1 国際
2 政治経済
3 環境
4 科学技術
5 情報通信
6 教育
7 医療健康
8 福祉
9 社会

8 個人情報の保護

住所や生年月日、電話番号、家族構成などの個人情報は、コンピューターでの管理が一般的となり利便性が増した一方で、流出・漏洩事件が相次いでいる。

解説　情報化社会の進展に伴い、ウイルスや不正アクセスのほか、機密情報の入ったノート型パソコンやUSBメモリなどの記録メディアの紛失・盗難などにより、コンピューター管理された個人情報が流出する事件が多発した。2014年には、大手通信教育企業から3500万件以上の顧客の個人情報が社外に漏洩した。

日本では1988年、個人のプライバシー保護を目的として、行政機関が持つ個人情報の取り扱いを定めた**個人情報保護法**が制定された。その後、2005年より民間も対象とした新たな個人情報保護法が施行され、5,000件以上の個人情報を保有する事業者は**個人情報取扱事業者**として、個人情報の適正な管理や利用目的の明確化の義務、本人が情報の開示や削除を要求した場合に応じることなどが定められた。個人情報保護法は3年ごとに見直しされ、2017年の改正では、5,000件以上という条件の撤廃や、個人情報の定義の明確化などが行われた。さらに2017年以降、「**マイナンバー制度**」（➡社会❼）によって個人に割り当てられたマイナンバーと関連づけられた個人情報を、関係機関が相互に活用できるという「情報連携」の運用が開始された。2022年の改正では、本人による個人情報の請求権の拡大や個人情報取扱事業者の責務などが追加された。

ポイントは… 何のための個人情報保護か

個人情報保護法では、法令に基づく場合や、生命・身体・財産の保護に必要な場合は本人の同意を得なくても個人情報を第三者に提供することができるが、そのような内容を知らずに概念だけが一人歩きし、必要な情報が提供されないといった問題が起きている。例えば、子どもの虐待情報が児童相談所や福祉事務所などに円滑に提供されていなかったり、災害時に安否確認などの情報が関係機関に知らされなかったりする事例が生じて

Column
究極の個人情報＝遺伝子

学術研究は個人情報保護法の適用除外対象となっているが、ヒトゲノム（➡医療・健康❻）については、病気などの遺伝的素因の情報が差別など人権侵害につながるおそれがあることなどから、個人情報保護法とは別に、文部科学省・厚生労働省・経済産業省が2001年に「ヒトゲノム・遺伝子解析研究に関する倫理指針」を共同策定した。研究の進展に伴い指針の見直しも進められ、2017年にも改正が行われた。

いる。このような個人情報保護への過剰反応に陥らないためには、そもそも何のための個人情報保護なのか、本当に守られるべき情報は何なのかを再認識したうえで、個人情報の「保護」と「活用」のバランスを図ることが重要である。

関連用語

＊**行動ターゲティング広告**
webサイトの閲覧、広告のクリックなどインターネット上でのユーザーの行動情報に基づいて興味・関心を推測し、それらに応じた広告を自動配信する仕組み。

9 知的財産権

発明や著作物など人間の知的創造活動の成果を、創作した人の財産（知的財産）として保護する権利。「知的所有権」ともいう。

　知的財産権は、文化的な創作活動によって生み出されるものを保護する**著作権**、産業に関わる**産業財産権**、その他の権利に大別できる。著作権には、文芸、学術、美術または音楽などの著作物の創作者を保護する著作権と、著作物の実演を行う者を保護する著作隣接権がある。音楽でいえば作詞者や作曲者に著作権、歌手や演奏家、レコード会社などに著作隣接権が認められる。産業財産権には、発明に対する**特許権**、アイデアに対する実用新案権、デザインに対する意匠権、営業上の商標に対する商標権がある。その他の権利には、植物の新品種の開発者（登録者）に付与される育成者権、不正競争防止法などによって企業のノウハウなどを保護する営業秘密、姿を無断で撮影・公表されない肖像権などがある。インターネットのドメイン名など、時代とともに保護する必要が生じた知的財産も増えており、法整備が急務となっている。

ポイントは… 情報技術の進歩に伴う権利侵害

　情報技術の進歩によって知的財産の複製や配布が容易になり、**ファイル共有ソフト（❶）**などから権利が侵害される事件が増えている。2009年の著作権法改正により、インターネット上の海賊版（著作者に無断でアップロードされた音楽や映画）をそれと知りながら録音・録画する行為は、個人で楽しむ目的でも違法とされるようになった。さらに2012年には、違法ダウンロードに刑事罰を科す改正が、2014年には電子書籍に対応した出版権の整備などを目的とした改正が行われた。2021年の改正では音楽や映像に限らず、著作物全般について違法ダウンロードが規制された。

　知的財産の創出には多大な労力や費用を伴うが、それらが保護されなければ創作者は新しいアイデアを出す意欲を失ってしまう。それは社会や経済にとっても大きな損失である。知的財産の保護は豊かな文化の創出につながるという認識を持ち、知的財産の創出、保護、活用というサイクルを活性化させることが重要である。

Q 著作権の保護期間はどれくらい？

A 原則として、著作者が著作物を創作した時点から著作者の死後70年までです。
　　メキシコは死後100年など、より長い期間を適用する国もあります。

関連用語

❶ファイル共有ソフト
インターネットを通じ、ファイルを不特定多数で共有できるソフト。著作権で保護されている音楽や映画のデータが違法に複製されたり、ファイル共有ソフトを標的にしたウイルスによりコンピューター上の情報が漏洩したりするなど、多くの問題が指摘されている。

巻頭特集

1 国際

2 政治経済

3 環境

4 科学技術

5 情報通信

6 教育

7 医療健康

8 福祉

9 社会

リアルとバーチャル

情報通信技術の発達した現在、私たちは大量のメディアや人工物に囲まれて生活している。それは私たちの「現実感」にどのような影響をもたらしているのだろうか。

バーチャル・リアリティ

　映画が発明されたばかりの20世紀初頭、上映会でスクリーンいっぱいに映し出された機関車がこちらへ迫ってくる様子を見て、観客がいっせいに逃げだす出来事があった。21世紀の現在においては、街中の巨大なスクリーン広告、臨場感あふれる3D映画、コンピューター・グラフィックスを駆使したオンラインゲームなど、刺激的な映像表現は私たちの暮らしのさまざまな場面に入り込んでいる。今後、映像メディアはさらに発展し、より人間の感覚に直接的に訴えるものになっていくだろう。

　コンピューターやネットワークが作り出す仮想の空間を現実であるかのように知覚させることを**バーチャル・リアリティ（仮想現実＝VR）**という。利用者がコンピューター・グラフィックスで描かれた３次元空間の映像を見ながら行動すると、その行動に合わせて世界も変化する。この「双方向性」という従来のメディアと大きく異なる特性によって、あたかも自分がその世界にいるような感覚を味わえるようになった。また、異なる場所にいる複数の人たちがネットワークを介して仮想空間の中でコミュニティを作ることも可能になり、物理的な隔たりを越えて連帯意識を持つようになった。バーチャル・リアリティの技術は現在、ゲームをはじめとするエンターテインメントのほか、ビルの耐震実験などの予測シミュレーター、自動車運転などのトレーニング用の疑似体験シミュレーターなど、さまざまな分野に応用されている。

リアルとは

　私たちが「現実」または「リアル」というとき、それは一般的に物理的な世界で起きている客観的な出来事を指している。しかし、私たちが日々当たり前のように信じている「現実」は、どれほど確実なものだろうか。私たちの日々の体験は、実際には意識の中で起きている現象である。目の前の風景や、人の話し声、物の手触りといった感覚も、すべて視覚や聴覚、触覚などを通じて意識に映し出された像でしかない。そこで認識されている体験が夢ではないということは、感覚や経験を手がかりに、おそらくそれが物理的に存在している「現実」の世界なのだろうと類推しているにすぎない。つまり、私たちが普段「現実」の世界だと捉えているのは、実際には主観において認識された世界なのである。

　このことを逆から捉えると、意識の中にリアルな感覚が形成されれば、物理的な現象を伴わなくても、私たちはその体験に強い印象を受けることになる。バーチャル・リアリティの技術は、まさにこうした認識の特徴に基づく技術なのである。そして、その世界は

しばしば、現実以上にリアリティ（現実感）のある世界でもある。

記号化された欲望

フランスの思想家ジャン・ボードリヤールは、現代の消費社会ではあらゆる欲望が記号化されると指摘した。そこではリアルとバーチャルの主従関係は逆転し、本来は現実の模倣だったはずのバーチャルの世界こそがあるべき姿となり、現実の方がバーチャル世界を模倣し始める。ファッション雑誌の中の完璧なスタイルのモデル、映画の中のドラマチックな展開など、完璧なものはバーチャルの世界にしか存在しないのに、人々はかなわない欲望を追い続ける。

しかし、こうした記号化されたイメージに欲望が向けられる社会のあり方は、あくまで衣食住の保証された消費社会においてのみ成り立つ現象である。震災や原発事故のような自らの生活を根底から覆す大事件に直面した際、私たちは否が応でも自分を取り巻く現実に直面せざるをえなくなる。また、記号化された日々の暮らしのすぐ外側には、多くの人々が貧困や紛争に苦しんでいる現実が存在する。そのことを忘れてはならないだろう。

 読んでみよう！

『バーチャルリアリティ入門』
舘暲（ちくま新書）

バーチャル・リアリティはどのように人間の感覚や認識を解明し、コンピューターによってリアルな感覚を再現しようとしているのか。バーチャル・リアリティの研究者による入門書。

『動物化するポストモダン　オタクから見た日本社会』
東浩紀（講談社現代新書）

ボードリヤールの概念を用いながら、日本のオタク文化が先行作品のイメージの模倣や引用によって拡大再生産されている様子を読み解く。

入試出題例

課題文（小川克彦『つながり進化論』）を読み、「意識の上でリアルとネットの境界があいまいになってきた」という筆者の主張をどう考えるか論じよ。
[600字]
（福島大／人間発達文化／2012）

ネット上のコミュニケーションにおいても、人間同士の関係であるという点ではリアルと変わらない。また、インターネットが普及するにつれて、一部の人たちの閉じたコミュニティだったネット世界は、日常生活と地続きのものになっていく。そのことを踏まえて論じていこう。

関連用語

＊拡張現実（Augmented Reality＝AR）
コンピューターによって現実の環境に映像やデータを付加し、利用者に情報を提示する技術。例えば自動車のフロントガラスに半透明のモニターを組み込み、ガラスを通して見える映像に、道案内や渋滞情報を付加するといったもの。バーチャル・リアリティの場合、そこにはない世界を提示するのに対し、拡張現実は現実をベースに、そこに情報を付加するのが特徴である。

●平日のテレビ視聴およびインターネット利用の平均利用時間の推移(兵庫県立大/2022)

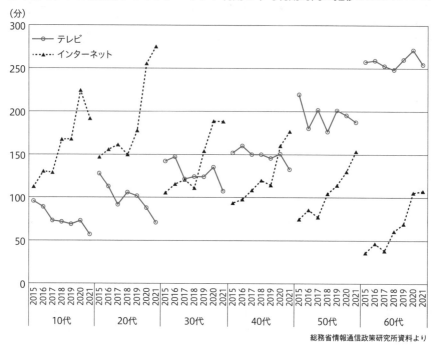

総務省情報通信政策研究所資料より

| 用 語 解 説 | 資料中の用語を確認しよう! |

●インターネット(→情報・通信1)…世界中の情報機器を接続するネットワークのこと。インターネットが普及したのは、1990年代後半である。

●情報通信メディアの利用時間と情報行動に関する調査…総務省情報通信政策研究所が2012年から実施している、国民のメディア利用に関する調査。

資料から読みとる 〉 資料から読みとれる内容を確認しよう！

○全体から
・インターネットの平均利用時間は**増加**傾向にある。
・2018年以降、テレビとインターネットの両方で、どの年代においても平均利用時間は**50分以上**である。

○各世代の比較から
・最もテレビの平均利用時間が長い世代は**60代**である。
・最もインターネットの平均利用時間が長い世代は**20代**である。
・世代が上がるほどテレビの平均利用時間が**長くなる**傾向にある。

資料から考える 〉 資料をもとにした意見の例を確認しよう！

テレビとインターネットにおける平均利用時間の推移について考えよう！

> インターネットをメディアの主軸として考えていく必要がある。

例1 Aさんの意見

　インターネットの利用時間は年々全世代で増加傾向にあり、特に若い世代では従来のマスメディアであるテレビと比較して2倍以上利用されています。政府・企業は国民・消費者に情報を伝える手段としてインターネットをメインに活用することで、効率よく全世代へ情報を発信できるでしょう。

> インターネットをマスメディアの一つとして考え、正確性を高める規制をする必要がある。

例2 Bさんの意見

　インターネットは新聞やテレビなどの従来のマスメディアとは異なり、個人が情報を相互に発信することができるため、情報の正確性に対する問題が残っています。しかしすでに世代によってはテレビ以上の影響力を持っており、その傾向は近年急速に高まっています。インターネット上の情報の正確性を高めるための規制や仕組みづくりが必要です。

巻頭特集
1 国際
2 政治・経済
3 環境
4 科学・技術
5 情報・通信
6 教育
7 医療・健康
8 福祉
9 社会

6 教育

教育への批判と期待

　戦前の日本の教育は、「教育勅語」に代表される忠信愛国を基本とした国家主義の色彩の強いものであった。戦後は、こうした教育が軍国主義と侵略戦争を招いた一因と批判され、民主主義に軸足を置いた新しい伸びやかな教育へと転換していった。

　しかし近年、行き過ぎた自由や個の尊重が、子どもに社会の秩序や「公」の意識を欠落させてしまったといった批判や、教育の世界に統率力や強制力を復活させるべきだといった主張が、しだいに支持を集めている。

　そのような教育方針の変化が見られる中、近年の**学校現場をめぐる問題**は複雑で多様だ。子どもの**学力低下**が指摘されて久しいが、いじめや不登校の問題にしても、すべてを教育のあり方や教師に非があると決めつけるだけでは、問題は解決されない。

　今後、教育がいかに変えられようとも、その影響を直接受ける子どものことをまず第一に考えることこそが、教育を論じる際の大前提になる。

　また、2020年3月以降、感染症拡大を防ぐために日本中の多くの学校で臨時休校の措置が取られ、「子どもが通学して学校で一斉に学ぶ」ことができない事態が生じた。そこで、こうした状況をバネにして多くの学校では**オンライン教育**の可能性が模索された。その結果、学習効果が通常授業より高いケースも生じているが、「学校や家庭のオンライン環境の違いに左右されがち」といった問題も残る。

教育の「ゆとり」が失われている

　近年、学生の「学力」に対する不安や不満が特に産業界から指摘され、文部科学省の指示によって大学の授業期間や授業時数などの条件が厳格化されてきた。また、伸び悩んでいた海外への留学を希望する学生数は、近年増加に転じていたものの、コロナ禍での渡航制限により大きく減少することとなった。学生の自由な挑戦や試行錯誤を許容してきた「モラトリアム」の期間が失われつつある。

　こうした変化のもと、新しい時代にふさわしい高大接続の実現に向けた一連の教育改革では、大学入試のあり方も見直されている。大学入試センター試験に替わって導入された共通テストに象徴されるように、急ピッチで大学入試改革が進められている。

　ほかにも学校教育に対しては、時代の変化に対応するためのさまざまな要請が矢継ぎ早に突きつけられる傾向がある。ICTの進歩に伴う**教育の情報化**、進路の多様化に対応するための**キャリア教育**、小学生からの**英語教育**などがその例である。

　これら新たな教育の要請だけではない。かつては機能していた家庭や地域社会の教育力の衰えが指摘される現在、その役割までも学校教育が担わされるとすれば、教師の負担は増すばかりである。教師が日々雑務に追われ、本来の教育に専念する時間を制限されてしまう教育現場は、やはりどこかにゆがみがあるとはいえないだろうか。

教育が担うべき責任とは

　「学び」とは、必ずしも学校においてのみ求められる行為ではない。学校を卒業した後も、一人一人の人生のそれぞれの場面と必要に応じて、主体的に学び続けることは可能である。平均寿命が延び、社会がより豊かになった現代では、こうした**生涯学習**の意義がより重視されるようになっている。

　同様に、健康の維持・増進と体力の向上も、学校での「体育」だけで完結するものではない。生涯スポーツの視点からも、**競技スポーツと健康スポーツ**双方の価値が、改めて確認されつつある。

　現代の教育は、学校教育だけでなく、社会教育、家庭教育、企業教育など、さまざまな場面で、生涯を通して展開されている。教育への期待は今なお決して小さくないものの、教育への過度の期待は教育現場を窒息させかねない。社会が急速に変化する時代に求められる教育の責務とは何か、冷静な議論が求められる。

巻頭特集

1 国　際

2 政治経済

3 環　境

4 科学技術

5 情報通信

6 教　育

7 医療健康

8 福　祉

9 社　会

1 学校現場をめぐる問題

学校に課せられた責任と、社会の期待は相変わらず大きい。しかし、現場ではいじめや学級崩壊、不登校やモンスターペアレントの問題など、困難な状況が山積している。

解説　知育・徳育・体育の調和のとれた全人的な教育を行う場として、学校には大きな役割がある。変化の激しい社会に対応できる人材を養成するという新たな時代の要請も含めて、学校に対する期待は依然として大きい。

　ところが近年、学校現場ではこうした期待に必ずしも応えきれていない困難な状況がある。まず、**いじめ(❶)**の問題が解消されていない。文部科学省が2021年に行った調査の結果、全国の小・中・高校が把握したいじめの件数だけでも61万件以上に上ることが判明した。そのうち特にインターネット・SNSを用いた「**ネットいじめ**」の件数は急増しており、2万件を超えている。増加傾向にある**不登校**のほか**学級崩壊(❷)**の事例も多く報告されており、部活動の指導に際しての教師からの**体罰**も問題になっている。さらに、学校に対して理不尽な要求をしたりささいなことで激しく教師を批判したりする**モンスターペアレント**や、日本語教育が必要な外国人児童への対応も、教師を疲弊させる要因となっている。また、いき過ぎた校則が生徒の自己決定権を制約するとして問題になっている（ブラック校則）。

　こうした問題には、複数の原因が絡んでいる。まず、少子化によって兄弟姉妹との関係から人間関係を学ぶ機会が減ったり、しつけや規範意識の育成が十分なされていなかったりなど家庭環境の変化が考えられる。また、保護者や地域の要望が多様化・肥大化し、教師に対する信頼感や敬意も薄れているところがある。行政から次々に改革案が学校現場に押しつけられる傾向も強く、教師はますます多忙化している。教師が児童・生徒と直接向き合う時間が少なくなり、子どもの変化に対応しきれないといった本末転倒の事態が生じている。さらに、地域の結びつきも薄れ、社会全体で子どもを育てていこうという意識が希薄になったことも、学校現場の問題と無関係ではない。

ポイントは… ***学校任せでは解決は困難***

●学年別いじめの認知件数

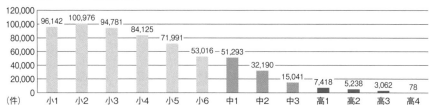

※各学年の認知件数には、特別支援学校小学部・中学部・高等部の認知件数を含む
文部科学省 令和3年度「児童生徒の問題行動・不登校等生徒指導上の諸課題に関する調査」より

いじめの問題はこれまでも繰り返し注目され、過去の事件から多くの教訓を得てきた

はずなのに、悲しい事件が後を絶たない。文部科学省は、2012年8月にいじめに対応する「子ども安全対策支援室」を設置し、現場任せにせずに自ら問題解決に取り組む姿勢を示した。また、2013年6月には**いじめ防止対策推進法**を成立させた。いじめ防止のための組織設置などを学校に義務づけたほか、インターネットを使ったいじめへの対策推進も盛り込まれた。保護者や教師の指導としては、子どもに他人の痛みに思いを寄せられる豊かな心を育むと同時に、いじめは場合によっては犯罪行為そのものであり、重大な人権侵害になるということを気づかせることなどが柱になる。多数の「傍観者」もまた加害者の一員になるという認識や、異質な他者が共存できる寛容なクラスづくりの観点も重要である。「みんな仲よく」といった標語だけでは指導が空回りになりかねない。

　学級崩壊の問題も、担任一人の力ではなかなか解決できない。多忙な教師の労働環境を整備し、子どもを取り巻く環境と子ども自身の変化などの情報交換や問題解決に向けた現実的な対応策について、多くの教師が問題意識を共有して考えていくことが重要である。

　いじめや不登校などの問題に対応すべく、**スクールカウンセラー（❸）**が学校に配置されるようになり、拡充とともに一定の成果を上げている。そのほかにもスクールソーシャルワーカー（福祉面でのサポート）、スクールサポートスタッフ（教員のサポート）の配置といった取り組みがある。「1クラス30人」といった少人数学級や習熟度別授業の実施なども、一人一人の子どもに教師がより手厚く関わることを可能にすると期待されている。前例にとらわれない新たな発想が教育現場に求められよう。

　もっとも、こうした学校現場をめぐる問題に関して、保護者がその対応を学校任せにしたり、教師や学校の対応を一方的に批判したりするだけでは、問題の解決は難しい。特に「ネットいじめ」は表に出にくく、学校だけで対応することが困難であるケースが多く、対策の強化が必要とされている。事者や関係者が家庭や地域、教育委員会や児童相談所など関係機関と連携をとりつつ、適切な対策が講じられる必要がある。学校が抱える問題は、学校だけではなかなか解決できない。

入試 出題例	学校にカウンセラーが必要な理由について受験者の考えを述べよ。[800字]
	（東京学芸大／教育／2015）

　いじめ、不登校、学級崩壊などは、身近な問題と関わりが深いだけに具体例には困らないだろうが、具体例が多くなり過ぎないように注意しよう。カウンセラーの役割、教師・保護者との関係などに触れながら、制度の目指すところをしっかりと述べたい。

関連用語

❶いじめ
文部科学省の定義では、児童生徒に対し、同じ学校に在籍するなど一定の関係にある他の児童生徒が行う心理的または物理的影響を与える行為（インターネットを通じて行われるものも含む）で、対象となった児童生徒が心身の苦痛を感じているもの、とされている。

❷学級崩壊
担任が注意しても、児童が私語をする、立ち歩く、

暴れるなどして、授業が成り立たない状態が2〜3週間以上続く場合を指す。

❸スクールカウンセラー
いじめや不登校だけでなく、子どものさまざまな悩みの相談に応じ、助言や心のケアを行う。心理学の専門知識を持った臨床心理士などが充てられる。第三者であるスクールカウンセラーには、親や教師だけではカバーしきれない領域を補うことが求められている。

2 学力低下

公立学校の完全週5日制が導入され、**ゆとり教育**が本格化した2000年代初め頃から、子どもたちの学力低下が指摘されるようになった。そのため、学力向上を目指して、ゆとり教育の見直しが進められている。

解説 受験競争の激しかった1960年代から1980年代には、暗記中心の詰め込み型教育が主流だった。しかし、そのような教育は子どもたちに過度のストレスを与えていると指摘され、その対策として始まったのが「ゆとり教育」である。小・中・高の学習内容がしだいに削減され、2002年の学習指導要領改訂では公立学校での完全週5日制も導入された。また、教科の枠を超えた学習の機会として「総合的な学習の時間」を設け、暗記型の教育では養えない「自ら学び、自ら考える力」を身につけることが重視されるようになった。

しかし、公立学校に完全週5日制が導入されてまもなく、OECD(経済協力開発機構)が世界各国の15歳の生徒を対象に行っている「**生徒の学習到達度調査(PISA)**」(**❶**)で、日本の順位が振るわないことが問題となった。また、大学で授業についていけない学生が増加している状況なども指摘され、基礎学力の低下が問題視されるようになった。その原因として、ゆとり教育に批判が寄せられる中、文部科学省は「**脱ゆとり教育**」へと路線転換した。

2008年の学習指導要領改訂(高校は2009年)では主要科目の授業時間数を増やすとともに、削除されていた学習内容も復活させ、小学校からの英語必修化を定めた。この流れは2017年の改訂(高校は2018年)でも引き継がれた。また、基礎学力の維持向上を目的として、2007年度から小学6年生と中学3年生を対象にした**全国学力テスト**(**❷**)を実施している。文部科学省はさらなる基礎学力向上のために、授業時間数の増加なども検討している。

●OECD生徒の学習到達度調査(PISA)2018年調査における平均得点の国際比較

	読解力	平均得点	数学的リテラシー	平均得点	科学的リテラシー	平均得点
1	北京・上海・江蘇・浙江	555	北京・上海・江蘇・浙江	591	北京・上海・江蘇・浙江	590
2	シンガポール	549	シンガポール	569	シンガポール	551
3	マカオ	525	マカオ	558	マカオ	544
4	香港	524	香港	551	エストニア	530
5	エストニア	523	台湾	531	日本	529
6	カナダ	520	日本	527	フィンランド	522
7	フィンランド	520	韓国	526	韓国	519
8	アイルランド	518	エストニア	523	カナダ	518
			オランダ	519	香港	517
15	日本	504	ポーランド	516	台湾	516

文部科学省「OECD生徒の学習到達度調査(PISA)の調査結果」

ポイントは… 学ぶ意欲をいかに養うか

学力低下の根拠として挙げられているPISAの国際学力調査は、資料の活用力や、論理的に自らの考えを組み立て表現する力などが評価されるテストである。そのため、それ以前に行われていた暗記や計算力を中心とした国際学力調査とは大きく性質が異なっており、1980年代にそうした国際調査で日本が高得点をとっていたことと単純に比較することはできない。日本の学校教育では、暗記や計算力が重視されていたため、PISAのような出題形式に対応しにくいという根本的な問題がある。それでも「確かな学力」を育成するため

の取り組みの結果、2015年に比べて科学的リテラシー、数学的リテラシーは引き続き世界トップレベルに位置している。また、読解力は順位を下げているが、これはコンピューター使用型調査に慣れていないことの影響と考えられている。これらの理由から、PISAの結果が学力が低下している根拠にはならないという声もある。大学の授業についていけない学生が増加していることも、大学全入時代が訪れつつある状況の中で、以前は大学に入れなかった学力の生徒も進学できるようになったことが一因となっており、大学生全体の学力が低下していることを証明しているわけではない。これらについて十分な検証が行われないまま、「ゆとり教育が」批判されていることに対し、疑問を投げかける人も少なくない。

2018年のPISAの質問調査によると、日本の子どもたちに特徴的なことは、まず他の参加国・地域と比べ、失敗することを恐れている子どもが多いことである。約8割の生徒が、自分が失敗すると他の人の目を気にするという。次に、コンピュータを使って宿題をする頻度がOECD加盟国中最下位となっているように、学校外でのデジタル機器の活用状況がチャットやゲームに偏る傾向があることが挙げられる。日本の子どもは日常的にデジタル機器に触れ、使いこなしているにもかかわらず、学校での学習と家庭での学習が、効率的に結び付けられていない実態が浮かび上がった。ICT（➡情報・通信❷）を活用した学習環境整備のためにも、こうした調査結果の活用が期待される。新型コロナウイルス（➡巻頭特集）の影響で1年延期となった8回目のPISA調査は2022年に実施された。この結果は2023年末に発表される予定である。

ゆとり教育で削減した学習内容を復活させ、授業時間を増やすだけでは、日本の教育が抱えている問題の根本的な解決にはならないだろう。テストの点数など数字で示される学力低下の問題だけでなく、子どもたちが学ぶ楽しさをいかに実感できるかといった教育の本質的な部分も重要である。知識や技能の習得や活用とともに、それらを学ぶ意欲をいかに養っていくかが求められている。

入試出題例

子どもが「確かな学力」を身につけるために、学校全体としてどのような取り組みをしたらよいと考えるか。[800字]　　　（愛媛大／教育／2017）

「確かな学力」とは、文部科学省の学習指導要領でも挙げられている指針で、知識や技能に加えて、学ぶ意欲や、自分で課題を見付け、自ら学び続け、主体的に問題を解決する力である。単なる暗記で終わらせず、得た知識をどう生かすかを考えなければならない。子どもが主体的に判断し、行動するにはどのような工夫が必要か、自分の経験も踏まえて論じよう。

関連用語

❶生徒の学習到達度調査（PISA）

PISAはProgramme for International Student Assessmentの略称。2000年から3年間隔で行われている。2022年の調査では特に数学的リテラシーを中心に、科学的リテラシー読解リテラシーの3分野を調査した。暗記問題や計算力を問う問題はなく、資料を読み取り、自ら推論し、論理的に表現する力が問われるのが特徴。また、生徒の解答結果に応じて出題を変える多段階適応型テスト手法が導入された。

❷全国学力テスト

正式名称は「全国学力・学習状況調査」。児童・生徒の学力・学習状況を把握することにより、教育および教育政策の成果と課題を検証し、改善を図るねらいがある。一方で、この調査が過度の学力競争を招き、学校が調査結果に振り回されているという批判もある。科目は国語と算数（数学）の2教科（3年に1度程度の頻度で理科、中学では英語も加わる）。

3 教育の情報化

ICT（情報・通信❷）の進歩に伴い、教育の分野でも情報化が急速に進んでいる。とくにこの数年は**オンライン教育**を中心にさまざまな可能性が模索された。

解説　2020年から、小学校でプログラミング教育が必修となった。論理的に考える力を養うこと、身近な生活や社会におけるコンピューターの役割を理解すること、などがねらいとされている。コンピューターを使いこなす力、それによって取得できる情報の選択・活用能力を養うことは現代人にとって必須であり、その技能を身につけるための環境整備は重要である。

　具体的な例を挙げると、学校現場では、一人一台の情報端末配備、電子黒板や無線LAN環境整備、**デジタル教科書（❶）**・教材の活用等が計画されている。文部科学省は、学校教育分野、社会教育分野における情報化を推進すべく、2016年以降ICTを効果的に活用した新たな「学び」や、それを実現する「学びの場」を形成していくためのプランとして「教育の情報化加速化プラン」を策定し、さまざまな取組を実施している。

　とりわけ、2019年度以降文部科学省がとくに力を入れているのが、「**GIGAスクール構想**」（❷）である。義務教育を受ける児童生徒のために、1人1台の学習者用PCと高速ネットワーク環境などを整備する5年間の計画である。その目的は子どもたち一人一人の個性に合わせた教育の実現を目指している。また、教職員の業務を支援する「統合系校務支援システム」の導入で、教員の働き方改革につなげる狙いもある。

　GIGAスクール構想による教育の質的変化は「校内LANの整備」「学習者用PCの充実と普及」「学習と校務のクラウド化」「ICTの活用」の4点となる。このような教育の質的変化によって、「『一斉学習』において生徒と先生、双方向型の授業が可能になること」「生徒の理解度やニーズに合わせた『個別最適化学習』が可能になること」「『協働学習』において生徒が主体的・対話的に学習できるようになること」「教員の負担軽減」などの教育環境の変化が期待される。

　このような変化を実現するためには、効果的なICT活用授業を目指したシステム・機器などの整備が求められるが、**新型コロナウイルス（➡巻頭特集）**の流行を契機にGIGAスクール構想の計画は前倒しされ、多様なオンライン教育が積極的に展開されることになった。

●教育用コンピュータ
1台当たりの児童生徒数

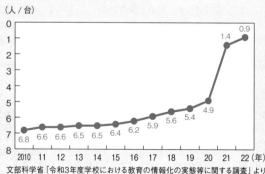

（人／台）

文部科学省「令和3年度学校における教育の情報化の実態等に関する調査」より

「手段」が「目的」になっていないか

　教育分野での**ICT**活用によって授業の双方向性が高まり、子どもの関心・意欲を高めて主体的な学習を促し、知識・理解を深めるなどの効果が期待できる。ICTを活用した授業は活用しない授業と比べて学力が向上するというデータもある。情報化社会の進展に伴い子どもに必要な**情報リテラシー**（情報・通信❻）もより高度化せざるをえない。

　ただし、教育の情報化は教育の本来の目的達成に向けた支援策の一つにすぎない。パソコンやインターネットを用いた効率的な学習支援や、視聴覚に訴えるわかりやすい教材提示などがその一例である。ところが、教師にも子どもの間にも、ICTの活用技術の習得だけに目が向けられる傾向がある。公立の高校でも、幾ばくかの経済的な支援はあるにせよ、新入生全員に情報端末の購入をさせて、**GIGAスクール構想**の「１人１台端末」を利用した学習が始まっている。ただし、全国一斉に始まった小中学校と比べると、端末の整備費用をだれが負担するかなど都道府県ごとに異なるルールが設けられているため、端末自体のスペック（能力）不足や通信環境の不備など新たな課題も出ている。また、教職員のICT能力の向上やセキュリティー対策も課題である。

　ツール（道具）を用いて何をなすのかを問うことなく、ただ道具を使いこなすことだけが目標とされてはならない。「子どもに身につけさせたいことや考えさせたいことは何か」といった、教育の原点に立ち返った視点が、教育の情報化を考える際にも求められる。

<table>
<tr><td>入試
出題例</td><td>学校教育にインターネットを用いることの功罪について、あなたの考えを1000字以内（句読点を含む）で述べなさい。[1000字]
（東京学芸大／国際教育専修／2022）</td></tr>
</table>

　まずインターネットを活用した授業の経験を思い出し、そうした授業を具体的事例として、どのような学習効果につながったのか、またはつながらなかったのかを論じたい。メリットについては書きやすいだろうが、デメリットに対する視点も重要になるだろう。

関連用語

❶デジタル教科書
従来の教科書の内容に、動画や音声などを加え、編集などの機能を備えたパソコン用教材を指す。教師が電子黒板等で提示して指導する指導者用デジタル教科書と、児童・生徒が個々の情報端末で用いる学習者用デジタル教科書とに分かれる。

❷GIGAスクール構想
2019年12月に文部科学省が発表した構想。"GIGA"は、"Global and Innovation Gateway for All"の略。「児童生徒向けの１人１台端末と、高速大容量の通信ネットワークを一体的に整備し、子どもたちを誰一人取り残すことなく、公正に個別最適化された創造性を育む教育を、全国の学校現場で持続的に実現させる構想」のこと。

4 留学

世界全体で他国への留学生数が増加している中、日本から海外への留学生数は近年増加傾向にあった。**新型コロナウイルス（➡巻頭特集）**感染症拡大による留学先の受け入れ困難な状況や渡航制限がこの傾向にストップをかけた。

解説 内閣官房発表の資料によれば、世界の留学生数は2020年で560万人となり、2000年から約3.5倍増加したとある。日本人による海外留学は、2000年以降の景気低迷による家計の悪化・TOEFL（**❶**）へのスピーキングテスト導入に伴い留学に必要なスコアが得られにくくなったことなどが原因として一時減少傾向にあったが、近年は緩やかに増加傾向にあり、2018年度は11万5,146人と過去最高を記録した。しかし、2019年以降の新型コロナウイルス感染症拡大の影響により、2020年度の日本人留学生数は1,486人と大きく減少し、前年比98％減となった。2021年度は約1万999人と少し回復傾向をみせたが、以前の水準とは大きく差が広がったままだ。新型コロナウイルス感染症が終息する中で、留学生数を回復させるための取り組みが必要とされる。

ポイントは… 留学の意義をどう捉えるか

　高額になる留学費用や、海外生活に伴うさまざまな不安や危険、4月に始まる日本国内の学年度と海外の学年度とのズレ、早期化する就職活動におけるハンディなどを考えれば、そうしたマイナス要素を上回るメリットが考えられなければ、留学という選択には至らないだろう。

　留学者減少の理由として、近年のICT環境の充実に伴い、あえて国外に出なくても国際感覚や語学の習得が可能になっていることや、リスクを回避し積極的な冒険を敬遠しがちな若者の「草食化」などが指摘されている。

　こうした状況を改善するために、文部科学省は2013年に留学促進キャンペーン「トビタテ！留学JAPAN」を開始した。また、2018年6月に閣議決定された「第3期教育振興基本計画」の中で、2025年をめどに日本の海外留学生数を大学生12万人、高校生を6万人にすることを目指している。具体策としては、留学生の経済的負担を軽減するための寄附促進、給付を含む官民が協力した新たな奨学金の創設、地域や高校、大学等における留学情報の収集・提供等の強化、**就職・採用活動開始時期（❷）**の変更などによって、留学しやすい環境整備を促進することなどが示されている。

関連用語

❶TOEFL（トーフル）
Test of English as a Foreign Languageの略称で、英語能力を判定する国際的なテスト。2006年から、「読む」「聞く」「話す」「書く」の4技能統合型の試験となり、難易度が高まった。

❷就職・採用活動開始時期
2017年卒業の学生から、多くの企業の就職選考開始時期が、従来の8月開始から2か月早まり、6月開始となった。海外の大学の多くは5〜6月が卒業時期であり、学業生活全般への影響も懸念されている。

5 キャリア教育

近年、一人一人の子どもの勤労観・職業観を育むキャリア教育が重視され、小・中・高校の各段階において子どもの発達段階に応じた取り組みが進められている。

 解説　子どもにとって望ましい勤労観・職業観や職業に関する知識や技能を身につけさせ、一人一人がその個性に応じて主体的に進路を選択する能力・態度を育てることは、学校教育の中でも重要な役割の一つである。社会が急激に変化し価値観が多様化している今日、自らの**キャリア（❶）**を主体的に形成していくために、キャリア教育の必要性がいっそう強調されるようになった。

　キャリア教育とは、2011年の中央教育審議会による定義では、「一人一人の社会的・職業的自立に向け、必要な基盤となる能力や態度を育てることを通して、キャリア発達を促す教育」とされる。学校卒業時の「出口指導」が主だった従来の進路指導にとどまらず、児童・生徒の将来にわたってのキャリアの発達・充実を目指す教育を意味している。キャリア教育で育成すべき「基礎的・汎用的能力」として、**人間関係形成・社会形成能力**、**自己理解・自己管理能力**、**課題対応能力**、**キャリアプランニング能力**の四つを示している。

ポイントは… キャリアに対する多様な価値観の育成

　キャリア教育の本質は「働くこと」「学ぶこと」「生きること」が乖離(かいり)せず重なり合っていることとされる。そのための手段としては、中高生のボランティア活動や職業体験、大学生らの**インターンシップ（❷）**が一般的だが、各教科の学習や学校行事、ホームルーム、さらにクラブ活動・生徒会活動などもキャリア教育の機会となる。

　子どもが将来の職業や生き方について考える際に、自分の成育環境や学校文化の影響を受けずにはいられない。キャリア教育を通じて、保護者や教師以外の複数の大人と関わりながら、それまでの自分の人生観や職業観がまだ未熟で一面的なものだと気づき価値観が揺さぶられることは、新たなキャリア意識形成の第一歩になる。

Q キャリア教育が重視されるのはなぜ？

A 「職業選びがいっそう難しい時代になってきたから」といえます。
　ニートやフリーターの増加だけでなく、せっかく就職しても短期間で辞めてしまう若者の増加が、キャリア教育の必要性を高めた背景と考えられます。

関連用語

❶キャリア
一般的には経歴や職歴を指すが、職業だけでなく、私生活も含めたその人の経験や能力などの総体を意味する。

❷インターンシップ
学生が企業で実際に就業体験できる制度。学生にとっては企業や仕事のイメージや適性を明確にでき、企業側も優秀な学生の確保につながるメリットがある。

巻頭特集
1 国際
2 政治・経済
3 環境
4 科学・技術
5 情報・通信
6 教育
7 医療・健康
8 福祉
9 社会

6 生涯学習

自己の充実・啓発や生活の向上のために、自己に適した手段や方法で生涯を通じて自ら行う学習。

解説　生涯学習が重視されるようになった背景には、情報化や産業の高度化に対応するため、絶えず新しい知識や技能を学び続けていかなくてはならない現代社会の状況がある（❶）。また、社会の成熟化に伴い生き方や価値観が多様化する中で、学ぶ時期や手段、学びたい内容が一人一人異なるようになったことも生涯学習のニーズの高まりにつながっている。仕事上の必要だけでなく、自身の見識を高めるためや、心の豊かさや生きがいを見いだすためなど、学ぶ目的もさまざまである。

　生涯学習には、職業に関する知識・技能の習得のほか、趣味・教養、資格の取得、芸術・文化活動、スポーツ活動、地域活動、ボランティア活動など、幅広い内容が含まれる。

ポイントは… 生涯学習を促進するために

　日本でも生涯学習に対する人々の意欲が高まっているが、生涯学習を促進するためには、大学や自治体、図書館などの公共サービスの充実が不可欠である。また、日本の**リカレント教育**（❷）の場合、これまでは定年後の高齢者や専業主婦などが中心であり、働き盛りの社会人が大学に入学するケースは少なかった。その理由には、日本の労働時間の長さ、高額な学費、学位・資格の取得が給与や待遇に反映されにくい労働環境などが挙げられる。生涯学習を知的消費だけに終わらせないためには、学ぶことが社会参加や生活の向上につながるような社会的な仕組み作りが必要だろう。

入試出題例　学習者が英語学習を進学のための一過性のものではなく、生涯学習として捉えるためにはどのような効果的かつ現実的な方法が考えられるか。以下のキーワードを全て用いてまとめよ。
小学校教育、中学校教育、高等学校教育、大学教育、大学卒業後から10年間
[1200字]　　　　　　　　　　　　　　　　　　　　　　（琉球大／法文／2017）

　グローバル化の進む現代は、英語を必要とする機会は増えると思われる。ただし、英語はあくまでも手段である。何のために英語を学ぶのかという目的を持っていないと、中途半端に終わるおそれがある。主体的に学び続けるための動機を具体的に考えてみよう。

関連用語

❶生涯学習の始まり
1965年にユネスコの成人教育に関する会議で生涯教育の考え方が提案されたことがきっかけ。日本では、1990年に生涯学習振興法が制定された。

❷リカレント教育
一度社会に出た人が、大学などの高等教育機関で再び受ける教育のこと。1970年代にOECDが生涯教育構想の一つとして提唱して広まった。

7 競技スポーツと健康スポーツ

競技スポーツとは、記録や勝負を重視し、より高いレベルの大会での勝利を目指す競技者（アスリート）のスポーツを指し、健康スポーツとは、健康の維持・増進と体力向上のために日常生活の中で楽しみながら体を動かすスポーツをいう。

 解説　競技スポーツは勝利や記録によって達成感を指向するスポーツ、健康スポーツは体の生理的な健やかさを求め、生きるうえでの爽快感を味わうスポーツともいえる。競技スポーツと健康スポーツは切り離された存在ではなく、競技スポーツの底辺拡大に健康スポーツが重要な役割を担う一方、競技スポーツの観戦は多くの人たちの楽しみや刺激にもなっている。50年以上続いた「体育の日」は狭義の身体教育を意味する「体育」の語が見直され、2020年より名称が「スポーツの日」に変更された。

ポイントは… クオリティ・オブ・ライフの向上へ

　JOC（日本オリンピック委員会）やJOC加盟競技団体に所属する選手らは、国立スポーツ科学センターと連携し、国際競技力の向上への取り組みを進めている。その成果もあって、2016年のリオデジャネイロオリンピックで日本選手団は当時過去最多の41個のメダルを獲得した。2021年の東京オリンピックでは、58個のメダルを獲得し、記録を更新した。

　日本では、日常生活の中で気軽に楽しめるスポーツ文化がなかなか定着しない傾向があり、スポーツは学校教育の中で完結する人も多かった。しかし近年では、スポーツは健康の維持・増進と体力の向上に役立ち、人との交流を深め、**クオリティ・オブ・ライフ**（生活の質）を高めるとの認識から、すべての世代の国民がスポーツに取り組むことが勧められるようになってきた。こうした健康スポーツの考え方は、一人一人のライフスタイルや年齢、性別、体力、興味などに応じて気軽にスポーツに親しむことに価値を置く**生涯スポーツ**の視点と共通する。2011年に制定された**スポーツ基本法**では、すべての人がスポーツを楽しむ「**スポーツ権**」や**障害者スポーツ（❶）**の推進などが盛り込まれている。また、2015年にはスポーツ振興を目的として**スポーツ庁**が設置された。

> **Q** なぜ中学校で武道やダンスが必修なの?
>
> **A** 2006年に改正された教育基本法で日本の伝統文化の尊重やダンスを通じた表現力の育成などが重視されたためです。
> これを受けて2008年に改訂された学習指導要領で必修になりました。

関連用語

❶障害者スポーツ
障害を持つ人が行うスポーツで、既存のスポーツを障害の状況に応じて修正したものが多く、アダプテッド・スポーツ（障害者に合わせたスポーツ）ともいう。

障害の種類によって、ろう者、身体障害者、知的障害者、精神障害者の四つのグループに分けられる。障害者スポーツ最高峰の大会であるパラリンピックは、オリンピックと同じ年に同じ場所で開催されている。

巻頭特集
1 国際
2 政治経済
3 環境
4 科学技術
5 情報・通信
6 教育
7 医療・健康
8 福祉
9 社会

教育の自由と強制

「教育憲法」とも呼ばれ憲法に準ずる性格を持つ**教育基本法**が2006年に全面改正され、その後、**教育関連3法（❶）**の改正や学習指導要領の改訂にも影響を及ぼした。また、学校教育への競争原理の導入など、教育の世界に大きな変化が生じつつある。

教育基本法の改正

　教育基本法は、戦前の教育勅語の反省を踏まえて、憲法が保障する個人の尊厳を基盤に、教育の目的を個人の「人格の完成」に置き、教育の機会均等、行政権力による教育への「不当な支配」の禁止など、**平和・民主教育の原則**を定めたものだった。しかし、制定後60年近くがたち、社会の変化に対応しきれていない不十分な部分が指摘されだした。また、いじめや不登校、学力低下、学級崩壊などの学校内の深刻な諸問題だけでなく、家庭や地域の教育力の低下、社会全体に見られる命の軽視や公共心の希薄化など、近年の教育をめぐるさまざまな問題に対処するために、教育基本法が大幅に改正されることになった。

　主な改正点は「**公共の精神**」を尊ぶことや「**伝統や文化の尊重**」のほか、「我が国と郷土を愛する態度を養う」といういわゆる**愛国心条項**が追加されたことである。これは旧教育基本法が「個人の尊重」や自由主義的教育に偏り過ぎていたという批判を受けたものとされる。

　しかし、教育の諸課題の原因を教育基本法に求めるのは筋違いとの批判もある。また、「教育基本法改正の次のねらいは憲法改正」と警戒する声がある一方で、「教育の政治的中立などありえない」と発言する政治家もいる。人づくりの最前線である教育が特定の価値観によってゆがめられたり、政治的に利用されたりしないよう注視していく必要がある。

競争原理の導入

　学校は、社会の急激な変化に対応しきれず旧態依然で硬直化しているとの批判がある。そうした状況に風穴を開けるために、各地で大胆な教育改革が試みられている。公立の小・中学校での**学校選択制**の導入や、進学塾の協力による夜間塾の開講、民間からの**校長公募制**などがその例である。こうした施策の根底には、自由な競争原理を教育の世界に取り込むことで学校に刺激を与えて活性化し、教育内容と子どもの学力を向上させようといったねらいがある。

　しかし、例えば学校選択制については、小・中学校の学区と密接に結びついていた地域コミュニティの崩壊が起きたり、不人気校に子どもが集まらなくなることで**学校間格差（❷）**が生じたりする問題が起

●教育をめぐる主な動き

1983 ▶	全国で校内暴力が多発
1984 ▶	臨時教育審議会設置
1989 ▶	教員の初任者研修制度実施
1999 ▶	国旗国歌法制定
2002 ▶	学校完全週5日制実施
2004 ▶	学力低下やゆとり路線への批判が強まる
2006 ▶	教育基本法改正
2007 ▶	教育関連3法改正
2009 ▶	教員免許更新制度開始
2013 ▶	体罰が社会問題となる
2019 ▶	GIGAスクール構想開始
2022 ▶	教員免許更新制度廃止

きている。教育の機会均等や平等性の原則が揺さぶられ、競争原理が露骨に学校に持ち込まれることを懸念する声も強い。

教育に強制は必要か

教育基本法の改正に伴い教育関連３法も改正され、教育の管理・統制の強化が進んでいる。**教員免許更新制度**（2022年度、教員の質の向上と負担軽減等を目的に廃止）の導入や、国の地方教育行政への管理強化も進められてきた。

教育には、「教える・教えられる」といったタテの関係が存在し、そこには一定の強制力が働く。教室の中にも、一定のルールや秩序はやはり不可欠だろう。「友達感覚」の教師がやがて子どもから「ナメられる」ケースはそのことを物語っている。

ただ、そのことと、自由な教育実践を阻害するような権力による強制や介入とは、区別して考える必要がある。教育の管理・統制の強化は教師を萎縮させ、むしろ学校現場の活力を削ぐ方向につながりかねない。

 読んでみよう！

『学校から言論の自由がなくなる』
土肥信雄ほか（岩波ブックレット）

「職員会議で多数決はダメ」ってなぜ？ 都立高校の校長の教育委員会への異議申し立ては、教育現場での管理強化の実態をまざまざと伝えている。

『教育幻想』
菅野仁（ちくまプリマー新書）

人と人とのつながりに着目して教育のさまざまな問題を捉え直し、自由と秩序のバランスの上に少しでも「マシな」解決の道筋を考えてみたい。

入試出題例

課題文（森巣博『越境者的ニッポン』）は、オーストラリアに移住した著者の息子の経験をもとに、目指すべき教育の姿と理想の教師像、教育と愛国心などについて述べた文章である。著者の考えについてどう思うか自由に述べよ。[字数制限なし] （明治学院大／国際／2010）

日本の常識は世界の非常識？ 世界各国に共通する普遍的な教育理念は存在するのだろうか。教育の理想については、できるだけ広い視野に立って俯瞰的に考えられるようにしたい。

関連用語

❶教育関連３法
学校教育法、教育職員免許法、地方教育行政法。

❷学校間格差
学校選択制が導入されると、地域の伝統校や、施設・設備が充実した学校に人気が集まりがちになる。その一方で、本来入学するはずの子どもを他校に奪われた学校は、児童生徒や学級、教員の数だけでなく予算も削減され、学校全体の活気が停滞するなど大きな影響を受ける。

●公立学校に在籍する日本語指導が必要な外国籍の児童生徒数（静岡大/2022）

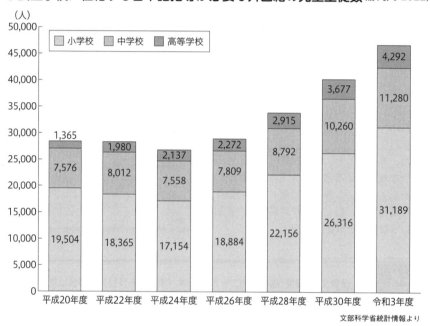

文部科学省統計情報より

───────────────────────────────

用 語 解 説 資料中の用語を確認しよう！

●児童生徒…学校教育法の条文や文部科学省の公文書では原則小学生を「児童」、中学・高校生を「生徒」と表記・呼称している。

●日本語指導…日本語で日常会話が十分にできない児童生徒、もしくは日常会話ができても学年相当の学習言語が不足し、学習活動への参加に支障が生じている児童生徒に対する指導。

資料から読みとる　資料から読みとれる内容を確認しよう！

○全体から
・日本語指導が必要な児童生徒数は、平成20年から平成24年まで**減少傾向**にあった。
・日本語指導が必要な児童生徒数は、平成26年以降は**増加傾向**にある。

○小学校・中学校・高等学校の比較から
・日本語指導が必要な児童生徒は**小学校が最も多い。**
・平成20年から令和３年にかけて、日本語指導が必要な児童生徒のうち**高等学校の生徒が占める割合が増加している。**

資料から考える　資料をもとにした意見の例を確認しよう！

日本語指導が必要な外国籍の児童生徒数について考えよう！

> 日本語指導が必要な児童生徒の公立学校での受け入れは、減らすべきだ。

例1　Aさんの意見

　日本語指導が必要な児童生徒の増加は、教員の多忙化をますます加速させる原因となり、その対応のために、他の児童生徒の学習活動が妨げられる場合もあります。そのため、日常会話や学習活動への参加に支障が生じる児童生徒はできる限り家庭教育や、専門の教育機関で日本語指導を行い、公立学校での受け入れを減らすべきです。

> 日本語指導が必要な児童生徒の増加を前提とした、公立学校への支援策を考えるべきだ。

例2　Bさんの意見

　日本の労働力人口減少を解決するためには、外国人労働者を積極的に受け入れる必要があり、日本語指導が必要な児童生徒の増加は避けられません。両親が外国人労働者の場合、家庭教育で日本語指導を行うことは難しく、経済的にも私立や専門学校へ通わせることができない場合も多いため、増加を前提とした公立学校への支援策を考える必要があります。

巻頭特集

1 国際

2 政治・経済

3 環境

4 科学・技術

5 情報・通信

6 教育

7 医療・健康

8 福祉

9 社会

7 医療・健康

Key Word

感染症　　医療崩壊　　臓器移植
遺伝子診断　　生殖医療　　再生医療
生活習慣病　　現代の病　　終末期医療

医療技術の進歩

　近年の医療技術の進歩には目を見張るものがある。新たな研究や技術開発によって革新的な治療法や新薬が次々に生み出され、従来の治療では回復が難しかった患者を救うことができるようになっている。例えば、**再生医療**の進歩は、有効な治療法がまだない病に苦しむ人々に大きな希望を与えている。とりわけ、iPS細胞などの万能細胞を用いた再生医療の可能性に対する期待は大きい。

　また、**生殖医療**は、子どもが欲しくても自然妊娠できなかったカップルに、親になる希望を与えた。**遺伝子診断**によって、自分の将来の病気の可能性を予測して、その予防に努めることもできるようになった。2013年には、遺伝子検査によって乳がんになる可能性がきわめて高いと診断された女優が、がん予防のために乳房を切除したニュースもあった。

　このような医療技術の進歩によって、多くの人の命や健康が守られていることは事実である。そのおかげで、自分が望む生活や生命の質（クオリティ・オブ・ライフ）を高めることも可能になっているといえよう。ただし、バイオテクノロジー（生物工学）の応用や先端医療には、安全性への懸念とともに、人間の尊厳を脅かすおそれもあることに注意が必要である。

新たな重い課題

新たな医療技術は、さまざまな可能性を切り開く一方で、私たちに重い課題も突きつけている。例えば、脳死者からの**臓器移植**や再生医療、生殖医療は、人間の命や人権に関わる倫理的な問題を抱えている。このような生命倫理の問題には唯一絶対の正解はなく、それぞれの国や社会で、医学、法律、倫理、宗教などさまざまな視点から議論を重ねたうえで合意形成を図る必要がある。

また、新たな技術が用いられる際の高額な医療費負担の問題や、十分な医療の提供ができなくなる**医療崩壊**といった問題もある。人々の健康を守るべき医師自身が、過酷な労働環境で倒れるような状況は、何としても改善されねばならない。

さらに、新型コロナウイルスなどの未知の**感染症**の発生が、今後も予測される。パンデミック（世界的大流行）が起こった際に、その社会がパニックに陥らないような体制の整備が必要である。

誰もが通る道

かつては「成人病」と呼ばれていた脳卒中やがん、心臓病や糖尿病などは、現在では「**生活習慣病**」と呼ばれ、誰もがかかる可能性がある病気として予防や早期発見が重視されている。健康な生活を維持するために、若いときから食生活や運動など、自らの生活習慣のあり方に気を配ることが重要である。

また、近年、花粉症に代表されるさまざまなアレルギー疾患や、仕事や人間関係のストレスなどから鬱症状を示す人が増加しており、これらも**現代の病**として、誰にでも発症する可能性がある。こうした症状に関する基本的な知識とその対症療法は、まだ正しく知られていない面もあり、今後も啓発活動が必要である。

すべての人が迎える「死」については、若いうちは自分の問題として意識することは少ないかもしれない。しかし、自分の親や祖父母などの家族も、そしてやがては自分自身も、「死」を免れることはできない。だからこそ私たちは、限りある人生を精一杯生き抜いていくのである。大切な人生の最期をどこでどのように迎えたいのか、**終末期医療**のあり方や、命に関する自己決定権の問題とも関連づけて考えてみたい。

1 感染症

感染症とは、ウイルスや細菌などの病原体が人の体内に侵入し増殖することで引き起こされる疾患である。多くの種類があるが、**新型コロナウイルス**(➡巻頭特集)による感染症は、2020年以降に世界的な大流行となった。

解説

紀元前のエジプトのミイラに、結核や天然痘に感染した痕跡がみられるように、人類の感染症との闘いは今に始まったことではない。14世紀のヨーロッパでは「黒死病」と呼ばれるペストが大流行し人口が激減した。また、幕末の日本ではコレラが流行し、100万人都市の江戸で約3万人の死者が出た。1918〜19年にはスペインインフルエンザ(スペインかぜ)が猛威を振るい、世界中で約5000万人が亡くなっている。

こうした感染症に対して、以前は検疫と感染者の隔離以外に対処法はなかったが、現在では細菌の増殖を防ぐ抗生物質やウイルスに対する免疫(抵抗力)をつくるワクチンを開発し、感染拡大を防ごうとしている。だが、抗生物質に耐性を持つ細菌や、**新型コロナウイルス**のように人が免疫を持たない新しいウイルスの出現もあって、感染症は現代においてもなお、大きな脅威となっている。現代社会のグローバル化や都市部での集住、人の動きの活発化などの要因が、感染症の拡大を加速させていると考えられる。

ポイントは… 感染症の拡大を防ぐためには

感染症対策の3本柱は、命を救う医療、感染拡大を抑える保健所などの公衆衛生、集会中止や休校など社会的な予防である。日本は**「感染症法」**(❶)で医療機関の対処法などを定めている。新型コロナウイルスは2020年には指定感染症に指定され、感染者を診察した医師には保健所や行政機関への報告義務があり、緊急で必要な場合には、入院(無料)や隔離措置がとれるようになっていた。

個人で行う感染症の予防には、接触・経口感染、飛沫感染、空気感染といった感染経路の遮断と、ワクチンの予防接種が有効である。感染症の拡大を防ぐためには個人で行う予防以外に、社会全体に対して強制力を伴う市民生活への行動規制を求めれることもある。強権的な政治手法で感染症対策を国民に強行してきた国もあるが、日本では「自粛」という形ではあったが、移動や商業活動などで事実上の制限措置が行われた。こうした行動規制は私権の制限につながるという批判もある。

読んでみよう！

『感染症の日本史』
磯田道史(文春新書)

ウイルスによるパンデミックに直面した私たちにとって、感染症の歴史に学ぶべき点は少なくない。歴史学者である筆者が、さまざまな感染症の史実から得られる教訓や知恵を紹介している。

関連用語

❶感染症法
この法律では感染症予防のための諸施策と患者の人権への配慮を含む感染症対策がとられている。2022年には、病床や発熱外来の確保が課題となった新型コロナウイルス禍の反省から、感染症医療の提供を公的医療機関などに義務づけることなどの改正がなされた。

2 医療崩壊

医療を求める人に対して、医療従事者や病床数、医薬品などの不足が生じ、十分な治療ができない状態を指す。

解説 近年、産婦人科や小児科、外科、救急医療を中心に医師不足が深刻化している。その背景には、国の医療費抑制政策による医師養成数の削減、医療の高度化や高齢者の増加による医師の仕事量の増大がある。また、24時間受け入れ態勢を取らなければならない過酷な労働環境、**医療過誤（❶）**による訴訟リスクが高い現場を避けたいという医師の心理なども影響していると考えられる。

これにより、地域医療を支える公立病院で産婦人科や小児科などが廃止されたり、病院自体が閉鎖されたりするケースが増加した。最近では、特に夜間や休日の救急患者が医師の確保ができず、病院への搬送に時間を要する例も増えている。また、厳しい労働環境を敬遠して退職したり病院を移る医師や看護師が増えることで、残された医療従事者の労働環境はさらに悪化している。医療現場での長時間過重労働は業務遂行能力の低下や医療過誤の一因となり、質の高い医療の提供を困難にするばかりか、医師や看護師不足を加速させるという悪循環にもつながっている。こうした状況は、2020年以降の**新型コロナウイルス（➡巻頭特集）**の感染拡大の際に顕著になった。

ポイントは… 医師不足と労働環境の改善に向けた取り組み

医療崩壊の解決には医師や医療スタッフの増員に加えて、労働環境の改善が不可欠である。国はこれまでの方針を見直し、2008年より大学医学部の入学定員の拡大を推進。医師不足が深刻なへき地・地方の病院や救急医療などの診療科で医療を担う人材の育成も行っている。

さらに、診療報酬の引き上げや産婦人科、小児科、救急医療などの勤務医の負担軽減対策も実施している。また、2018年の診療報酬改定では、医療現場の負担軽減のための在宅医療の推進や、**ICT（➡情報・通信❷）**を活用した遠隔医療について提言され、オンライン診療などが実用化している。

読んでみよう！

『日本の医療の不都合な真実』
森田洋之（幻冬舎新書）

病院数も病床数も世界一多いという日本でなぜ「医療崩壊」が生じるのか。財政破綻で市内にひとつしかない病院がなくなってしまった北海道夕張市で地域医療に従事した筆者が、日本の医療の問題点を指摘する。

関連用語

❶医療過誤
患者の取り違え、手術や投薬のミスなど、医療側の過失による事故。医師の超過勤務による業務遂行能力の低下のほか、医療スタッフ同士の連携不足、患者や家族への説明不足などの原因が考えられる。

＊臨床研修制度
新人医師に指定病院で2年以上研修することを義務づけた制度。実施研修医の希望が都市部に集中し、地方の医師不足の一因になったことから、2010年度より約5年ごとに見直しが行われている。

巻頭特集
1 国際
2 政治経済
3 環境
4 科学技術
5 情報通信
6 教育
7 医療健康
8 福祉
9 社会

3 臓器移植

病気や事故で心臓や肝臓などの臓器の機能が低下し、ほかの治療では回復が見込めない場合に、他者の健康な臓器を移植すること。画期的な救命治療である反面、他者からの臓器提供がなければ成り立たないものであり、人の生死をめぐる重い問題を抱えている。

解説　臓器移植には、生きている人をドナー（臓器提供者）とする**生体移植**と、亡くなった人をドナーとする**死体移植**がある。

生体移植は、腎臓や肝臓など一部を摘出してもドナーの生命に影響がない臓器が対象。ドナーは原則としてレシピエント（移植希望者）の親や兄弟姉妹などの親族に限られ、移植手術を行う病院の医師がドナー候補の適否を決定する。

死体移植は、1997年に制定された**臓器移植法**により、心臓死に加えて**脳死（❶）**後の臓器の移植が可能となり、移植できる臓器が定められた（Q&A参照）。2010年施行の**改正臓器移植法**では提供の制限が緩和され、本人が生前に拒否の意思表示をしていない限り、15歳未満の子どもであっても、家族の承諾があれば脳死下での臓器の提供が認められるようになった。死体移植の場合、脳死・心臓死の判定は医師が行うが、ドナーの家族への臓器提供に関する説明や意思確認、移植希望者の登録・選定などの手続きは、厚生労働省認可の日本臓器移植ネットワークが担っている。

いずれの移植でも、ドナーやドナーの家族、レシピエントに対して、医師や移植コーディネーターによる**インフォームド・コンセント（❷）**が行われ、慎重に治療が進められる。

ポイントは… 脳死と人の死をめぐる問題と、法改正後の新たな課題

日本では脳死後の移植が欧米諸国に比べてはるかに少ない。その背景には、脳死を人の死とすることについて賛否が二分していることと、諸外国に比べて脳死移植に高い制限が設けられていたことが挙げられる。

日本では、臓器移植を前提とした場合に限り脳死を人の死と認められており、当初臓器提供には本人の生前の書面による同意と家族の承諾の両方が求められ、年齢は15歳以上とする制限が設けられていた。制限の高さから臓器提供が進まず、海外に渡って移植手術を受けるケースが増加した。その後、国際的に渡航移植の規制が強まり（❸）、国内での解決が急務となったことから、改正臓器移植法で子どもの臓器移植を可能にするなど規制を緩和した。しかし、心臓が

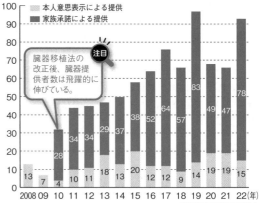

●脳死下臓器提供数の推移と意思表示

臓器移植法の改正後、臓器提供者数は飛躍的に伸びている。

※2022年12月31日現在
日本臓器移植ネットワークHP資料より

動く脳死状態を死と認めるか否かは、個人の死生観や宗教観等によって異なる。医学的、法的には解決されたとしても、広く社会的合意を得るのは容易ではない。

　改正法が施行されて以降、脳死による臓器提供件数は増加しているが、レシピエントの数に対するドナーの数を人口100万人当たりに換算すると、日本の脳死ドナー数は2021年時点で0.62人にすぎない。欧米諸国の10～50人、韓国の8.5人などと比べて、まだまだ少ないのが現状である。本人の臓器提供の意思がきちんと尊重されるよう、日本臓器移植ネットワーク(JOT)などは、インターネットによる意思登録や**臓器提供意思表示カード・シール(④)**、保険証や運転免許証の意思表示欄で「臓器提供をする・しない」の意思を表明し、家族と共有することを推奨している。しかし、2021年に内閣府が行った調査では、既に意思表示をしていると回答した人は10.2％にとどまり、臓器移植医療に関する情報提供の不十分さも指摘されている。

　また、法改正により新たな課題も生まれている。本人の意思が不明な場合に臓器提供の可否を判断しなければならない脳死者の家族の精神的負担や、それをサポートする移植コーディネーターの育成の問題といった課題である。また、脳死判定を行う医師の負担増への対策も急がれている。2022年８月の臓器移植法に関するガイドラインの改訂では、新たに15歳未満で臓器提供に関する意思表示が困難な障害を有する者や虐待を受けた児童への対応について詳細に記載された。

　臓器移植は遠い世界のことではなく、誰にでもドナーやレシピエントになる可能性がある身近な問題である。私たち一人一人がこの問題について深く考え、意思決定することが求められている。

Q 脳死後と心臓死後で、移植できる臓器に違いはあるの？

A あります。
脳死後は肺、心臓、肝臓、すい臓、腎臓、小腸、眼球の移植が可能ですが、心臓死後はすい臓、腎臓、眼球の移植に限られます。心臓が止まった後、急速に機能が衰える臓器は移植が難しいため、心臓死後より脳死後の方が移植できる臓器は多くなります。

関連用語

❶脳死
呼吸を司る脳幹を含めた脳全体の機能が失われ、回復できなくなった状態。脳死の判定は臓器移植法に定められた判定基準に従い、医師2名以上で行われる。人工呼吸器で心臓を動かしている間は、臓器の機能をある程度維持することができるが、やがて停止する。「深い昏睡」「瞳孔の散大と固定」「脳幹反射の消失」「平坦な脳波」「自発呼吸の停止」の5項目の検査を6時間以上間隔を置いて2回行い、すべての項目に当てはまった場合、脳死と判定される。成人より回復力が強く、判定に時間がかかる6歳未満の子どもの場合は、2回の検査の間隔を24時間以上あけるなどの措置がとられる。

❷インフォームド・コンセント
医師が患者に治療方針などについての十分な説明を行い、理解を得たうえで合意を得ること。患者は自己決定権を持ち、理解できない点があれば、医師に対して何度でも説明を求めることができる。

❸イスタンブール宣言
2008年に国際移植学会が採択した宣言。臓器売買や渡航移植の原則禁止、自国での臓器移植の推進などが提言されている。翌年に世界保健機関(WHO)が同様の指針を明らかにしたこともあり、以降、日本人の移植渡航は減少している。

❹臓器提供意思表示カード・シール
死後、自分の臓器を提供する意思の有無を示すもの。新しい運転免許証や健康保険証などの裏面に臓器提供の意思の有無を示す欄が設けられるようになっている。日本臓器移植ネットワークなどが配布しているカードもある。

巻頭特集
1 国際
2 政治経済
3 環境
4 科学技術
5 情報通信
6 教育
7 医療・健康
8 福祉
9 社会

4 遺伝子診断

個人が持っている遺伝子の情報を解析し、病気の診断や発病の予測などを行うこと。

解　説　2003年に解読完了が宣言された**ヒトゲノムの塩基配列(❶)**は、生命の設計図ともいわれている。ヒトゲノム解読によって、遺伝子の変異が糖尿病・がんなどに重大な影響を及ぼすことが明らかになり、遺伝子診断が行われるようになった。遺伝子診断には、すでに発病している病気の根本的な原因を特定するために行う「確定診断」、潜在的な発症可能性を予測する「発症前診断」、妊娠中の胎児の遺伝病を調べる「**出生前診断**」、体外受精によって培養された受精卵の遺伝子を調べる「着床前診断」などがある。また、個人の遺伝情報に応じた適切な治療や投薬を行う**オーダーメイド医療(❷)**の実現に向けた研究も進められている。

ポイントは… 遺伝子診断の問題点

　遺伝子情報は生涯変化することがないため、究極の個人情報といえる。もし遺伝子診断によって発病が予測され、その情報が流出すれば、保険契約や就職などで差別されるといった事態が懸念される。また、胎児の病気などが事前にわかってしまうことで「**命の選別**」につながる倫理的な問題も見過ごせない。国や医療団体はガイドラインを定めるなどしてこれらの問題に対応しているが、それだけでなく、診断に関する十分な説明を行って合意を得る**インフォームド・コンセント**や診断前後のカウンセリングも重要である。

入試出題例　課題文(西山深雪『出生前診断』)と、新型出生前診断受検者の検査結果、および陽性例の確定診断結果と妊娠帰結について、図と表から読み取れたことを踏まえて、新型出生前診断について、あなたの考えを述べよ。[400字]

(岡山大／医／2016)

　新型出生前診断は、母親の血液を検査することで、胎児の染色体の異常が高い確率でわかる。そのため、検査で陽性となり、その後の確定診断で染色体異常と判定された妊婦の9割以上が人工妊娠中絶を選択していることから、「命の選別」との批判が出てる。

関連用語

❶ヒトゲノムの塩基配列

ヒトゲノムとは、ヒトが持つすべての遺伝子の情報を指す。ゲノムの本体であるDNAは、アデニン、チミン、シトシン、グアニンと呼ばれる4種類の塩基から成り、ヒトの遺伝情報は約30億個のDNAの塩基対で構成されている。2022年4月、アメリカのヒトゲノム研究所などからなるチームがヒトゲノ

ムの「完全」解読論文を発表した。

❷オーダーメイド医療

患者一人一人の体質に合わせた効果的な治療や、副作用の少ない投薬を行うことができ、患者の負担や費用が軽減できるとされている。

5 生殖医療

医学的な理由等により自然妊娠ができない夫婦に行われる医療のこと。生殖補助医療（ART：Assisted Reproductive Technology）とも呼ばれている。

解説 生殖医療には、①人工的な方法で精子を女性の体内に注入する「**人工授精**」、②体外に取り出した精子と卵子を受精させ、受精卵を母体に戻す「**体外受精**」、③体外受精の一種で、顕微鏡下で精子を卵子に直接注入する「**顕微授精**」などがある。いずれの場合も、夫婦以外の精子・卵子を使うことが認められている（❶）。また、④第三者に受精卵を移植するなどして子どもをもうける「**代理母出産**」という方法もある。生殖医療技術の発展は、不妊の悩みを抱える夫婦に多くのメリットをもたらす。一方、代理母出産においては「遺伝上の親」「生みの親」「法律上の親」がそれぞれ異なるケースが発生するなど、親子関係をめぐる新たな課題も生まれている。また、生殖医療で生まれた子どもの「知る権利」や親子関係のケアなども、今後対応すべき課題である。

巻頭特集
1 国際
2 政治経済
3 環境
4 科学技術
5 情報通信
6 教育
7 医療健康
8 福祉
9 社会

ポイントは… 生殖医療をめぐる法整備の遅れ

日本では、生殖医療の実施条件や生まれた子どもの親子関係に関する法整備が遅れている。日本産科婦人科学会が営利目的による卵子（精子）提供や代理母出産を禁じるなど、一定のルールを設けてはいるが、これを無視して代理母出産を行った結果、親子関係が認められず出生届が受理されない事例が相次いだ（❷）。代理母による引き渡し拒否、代理母ビジネスの誕生など、懸念は尽きず、子どもの福祉を優先しながら親の「子どもを持つ権利」をどこまで認めるのか、早急かつ

Column
各国の代理母出産の状況

アメリカでは代理母出産を認めている州もあるが、ヨーロッパではほとんどの国が、金銭の授受を伴う代理母出産を禁止している。日本は日本産科婦人科学会の指針で禁止されているが、法的には禁じられていないため、代理母出産を行う医師も出ている。

なお、夫婦の受精卵を代理母に移植して出産する場合はホストマザー、代理母が卵子も提供する場合はサロゲートマザーという。

慎重な議論が求められるなか、2021年3月に**生殖補助医療法**（生殖補助医療の提供及びこれにより出産した子の親子関係に関する民法の特例に関する法律）が施行された。しかし、代理出産のあり方については未だ検討が続いている。

関連用語

❶「受精」と「授精」
「受精」とは精子が卵子に自然に出会う生理作用そのものを表すが、「授精」は人の手を介して精子を卵子に注入する方法を指す。よって、人工授精や顕微授精は、「授」の字を使う。

❷特別養子縁組
現在、国内では分娩した女性を母とする1962年の

最高裁判所の判例があるため、代理母出産によって生まれた子どもが遺伝上の親子であっても、法的には親子と認められていない。代理母出産によって生まれた子どもを依頼夫婦の実子とするには、特別養子縁組を行う必要がある。特別養子縁組は、原則として六歳未満の子について、子の利益のために特に必要があると認められる場合など一定の要件のもとに、家庭裁判所の審判を経て成立する。

6 再生医療

病気やけがでダメージを受けたり失われたりした身体の組織や臓器を、特殊な細胞を使って再生・修復する最先端の医療。

解説　再生医療は、人工的に**幹細胞（❶）**を作ることができるようになったことで、新たな道が開かれた。幹細胞には、受精卵を使った**ES細胞（胚性幹細胞）**や、皮膚などの体細胞に数種類の遺伝子を導入して作られる**iPS細胞（人工多能性幹細胞）**がある。ES細胞は、体のあらゆる組織の細胞に分化できる万能性に優れている一方、人として生まれる可能性のある受精卵を破壊して作るため、倫理的、宗教的な問題がある。また、他人のES細胞から作った組織や臓器を移植した場合に拒絶反応が起こる問題も指摘されている。これに対しiPS細胞は、ES細胞同様、さまざまな組織の細胞に分化できる能力を持ちながら、受精卵を用いずに作られるため倫理的な問題は少ない。また、患者自身の皮膚から作れば拒絶反応のリスクが少ないため、再生医療実現の「本命」として世界的に注目されている。

ポイントは… iPS細胞の実用化に向けた課題

iPS細胞には、再生医療への活用のほか、難病の疾患メカニズムの解明と治療や予防の開発、あるいは新薬開発への応用など、さまざまな期待が寄せられている。2014年9月にはiPS細胞を用いた世界初の手術が行われたが、将来、どんな患者に移植しても安全な品質を担保するiPS細胞の「標準化」など、実用化に向けた臨床研究が進められている。（❷）

iPS細胞は倫理的な問題を比較的回避してはいるが、iPS細胞から精子や卵子を作ることは可能であり、今後は幹細胞から生殖細胞を作ることについて倫理面での議論を早急に行っていく必要がある。

News

山中伸弥京大教授がノーベル医学・生理学賞を受賞

（朝日新聞 2012年10月9日）

iPS細胞の作製に世界で初めて成功し、再生医療の実現に向け新しい道を開いた点が評価された。日本のノーベル賞受賞者では19人目で、医学・生理学賞では1987年の利根川進博士以来、25年ぶり2人目。

関連用語

❶幹細胞
分裂したときに自分と同じ細胞を作ることができる能力（自己複製能）と、1個の細胞から複数の異なった細胞を作ることができる能力（多分化能）をあわせ持った特殊な細胞のこと。

❷iPS細胞バンク
iPS細胞の作製には時間がかかるため、健康で移植しても拒絶反応が起こりにくい白血球型を持つ人の細胞からiPS細胞を作製し、冷凍保管しておく試み。山中教授が所長を務める京都大学iPS細胞研究所は、2013年より「iPS細胞ストック計画」を始動させた。

7 生活習慣病

心身の負担になる生活習慣の積み重ねによって引き起こされる病気の総称。かつては加齢によって発症すると考えられていたため、「成人病」と呼ばれていた。

 生活習慣病に起因するがん、心臓病、脳卒中は日本人の死因の上位を占め、年間死亡者数の５割以上を占める。その前段階でかかりやすい生活習慣病に、肥満症、高血圧症、脂質異常症、糖尿病などがあり、自覚症状が出にくく、合併するとより深刻化する可能性がある。

40代以降での発病が多いが、近年は生活習慣の変化から生活習慣病予備軍となる若年者が増え、20代から30代で発病する**生活習慣病の低年齢化（❶）**が社会問題となっている。

ポイントは… 生活改善への取り組み

生活習慣病の予防には、食生活の偏りや乱れ、喫煙や飲酒、運動不足や睡眠不足、ストレスの蓄積といった発症の引き金となる生活習慣を改善するとともに、定期的な健康診断で自身の健康状態をチェックすることが重要になる。国民の健康推進と医療費抑制のため、国や自治体も生活習慣病の予防に重点を置いた対策を推進しており、2008年からは**メタボリック症候群（❷）**に着目した特定健康診査や特定保健指導が実施され、2017年度実績から実施率を公表するなど、受診率向上に向けた取り組みが進められている。

入試出題例

「生活習慣的」な要因が発症や進行にかかわる病気を生活習慣病と呼ぶが、その予防には、一次予防・二次予防・三次予防の３つがある。一次予防・二次予防・三次予防のうち、あなたが最も重要であると考える予防を選び、なぜその予防が重要であると考えられるか説明せよ。[字数指定なし]

（滋賀大／教育／2016）

一次予防・二次予防・三次予防は、「予防医学」の用語である。一次予防は健康増進、二次予防は早期発見・治療・重症化の防止、三次予防は再発防止やリハビリテーションのことを指す。このうち大切なのは「病気にかからないこと」といってよいだろう。そのためには、食生活や睡眠などの日常生活に注意し、適度な運動をすることなどが考えられる。具体例を挙げながら健康的な生活に必要なことをまとめるとよい。

 関連用語

❶生活習慣病の低年齢化
低年齢化の要因には、朝食の欠食や夜食の摂取、スナック菓子や清涼飲料水の過剰摂取、日常の運動機会の減少、夜間に及ぶネットの利用などによる睡眠不足や過度なストレスなどが指摘されている。

❷メタボリック症候群
内臓脂肪型肥満に加えて、高血糖・高血圧・脂質異常症のうち二つ以上をあわせ持った状態のこと。脳卒中や心臓病の要因となる動脈硬化の危険度が高まる。食べ過ぎや運動不足などの改善によって予防は可能。

巻頭特集
1 国際
2 政治・経済
3 環境
4 科学技術
5 情報・通信
6 教育
7 医療・健康
8 福祉
9 社会

8 現代の病

ストレスの増大やアレルギー原因物質の増加、環境汚染など社会環境の変容とともに、「現代病」ともいわれる鬱病(❶)やアレルギー疾患を発症する人が急増している。

解 説

厚生労働省の調査によると、1996年には43万3千人だった鬱病など気分障害の患者数は2020年には119万4千人にのぼる。近年は20〜30代の比較的若い世代を中心に、従来の鬱病とは異なる新たな鬱症状を示す患者も発生している。また、最近では日本人の約2人に1人がアトピー性皮膚炎や花粉症、喘息など何らかのアレルギー疾患を有するまでになっている。低年齢化も進んでおり、小児では特に食物アレルギーによる**アナフィラキシー(❷)**が問題視されている。

ポイントは… 鬱病、アレルギー疾患の予防・治療対策

鬱病の発症メカニズムは徐々に解明されつつあり、副作用が少なく効果の高い新しい抗鬱薬の開発が進められている。国も積極的な鬱病対策を行っており、予防から治療、社会的な支援に至るまで、さまざまな取り組みを実施している。アレルギー疾患については、国が2001年より食品のパッケージにアレルギーの原因となる物質(アレルゲン)の名称を表示することを義務化、病因の解明や治療法などについての民間研究の支援も行っている。2015年には「アレルギー疾患対策基本法」も施行された。また、日本学校保健会は学校向けに小児アレルギー疾患に対するガイドラインをまとめ、活用を呼びかけている。

入試 出題例

小学校に入学した児童の中に、食物アレルギーの子どもがいることがわかった。子どもが原因となる食物を摂取した場合、激しいアレルギー反応により、死亡することがある。養護教諭として、あなたはこのような状況にならないために、どのようなことを行うか。具体的に述べよ。[600字] (千葉大／教育／2015)

児童がどんなアレルギーを持っているか確認し、給食の献立・配膳などについて担任と連携して対応することが第一である。また、周囲の児童にも食物アレルギーに対する理解を促す必要がある。さらに、不測の事態でアレルギー反応が起きたときの体制(緊急用の薬品の用意や医療機関との連携)を整えておくことも大切である。事故が起きないように予防することと、起きたときのための備えの両面から考えるとよいだろう。

関連用語

❶鬱病
抑鬱気分、意欲の低下、集中力の欠如、睡眠障害、疲れやすいなどの症状が長く続き、日常生活に支障をきたす。過度のストレスがもとで脳内の神経伝達物質の機能に異常が生じ、発症するとする説が有力。

❷アナフィラキシー
食物や虫刺、薬物などが原因で起こる急性アレルギー反応。じんましんや呼吸困難などの症状が現れる。重症になると血圧低下を伴うアナフィラキシーショックという危険な状態に陥り、死に至ることもある。

9 終末期医療

回復の見込みがない末期状態の患者に行われる医療。ターミナル・ケアともいう。

延命を中心とした従来の医療とは異なり、終末期医療は患者や家族の意思を尊重し、肉体的な苦痛と死への恐怖を和らげる**緩和ケア**を行うことで、患者と家族に残された期間の**クオリティ・オブ・ライフ（❶）**を高めることを重視している。緩和ケアは医師や看護師、薬剤師、カウンセラーなどによるチームで行われ、ケアを提供する医療施設は**ホスピス**、患者の自宅でケアを行う場合は在宅ホスピスと呼ばれる。2014年の「生命倫理に関する意識」調査では**尊厳死（❷）**は84％、**安楽死（❸）**は73％の人が「認める」と回答しており、終末期医療に対する考えも多様化している。

ポイントは… 終末期の迎え方をめぐる数々の課題

　国は「人生の最終段階における医療・ケアの決定プロセスに関するガイドライン」を策定しているが、具体的な内容に欠け、法的拘束力もない。そのため、医療現場は人工呼吸器などによる延命措置を行わないことや、すでに行っている延命措置を中止することを、いつどのように決め、何を基準に合法・非合法の判断をすればいいのか、という問題に直面している。個人が終末期の医療・ケアについての意思表明を事前に書面で示しておく**リビング・ウィル**についての国民の意識向上や医療機関の対応の改善、病名や余命の告知も含めた**インフォームド・コンセント**の確立など、課題が山積している。

入試出題例

　図1は我が国の死亡場所別に見た死亡数・構成割合の年次推移を、図2は終末期の療養場所に関する希望を、図3は自宅で最後まで療養することが困難な理由を示したものである。図1、図2、図3から読み取れることと、終末期の人が在宅で療養するために必要な支援について述べよ。[各300字] (島根大／医／2016)

　終末期を在宅で過ごすためには、訪問医療はもちろんだが、介護用品の用意から患者や家族の精神的なケアまで幅広い支援が必要になる。誰が、何を必要としているのか配慮しながら、個々のケースに応じた臨機応変の対応が求められる。

関連用語

❶クオリティ・オブ・ライフ（QOL）
生命または生活の質。人が人としての尊厳を保ち、自分らしく快適な生活を送ることを重視する考え方。

❷尊厳死
末期状態での過剰な延命治療を拒否し、人間としての尊厳を保ちながら死を迎えること。リビング・ウィルで生前の意思を医師に提示することが勧められている。

❸安楽死
回復の見込みがない患者を苦痛から解放するため、本人の希望に従って医師が人為的に死なせること。薬剤投与などによる積極的安楽死と延命治療の中止による消極的安楽死がある。日本はどちらについても合法と定めた法律はなく、前者は原則的に刑事犯罪として扱われる。

巻頭特集

1 国際

2 政治経済

3 環境

4 科学技術

5 情報通信

6 教育

7 医療健康

8 福祉

9 社会

脳死は人の死か。安楽死や代理母出産は認められるべきか。遺伝子診断に規制は必要ないのか。生命倫理（**バイオエシックス**）は、こうした生命のあり方をめぐる諸問題について、医療・生物学・法律・宗教・哲学など広い視点から考えていく。

医療技術やバイオテクノロジーのもたらす倫理的問題

　医療技術や**バイオテクノロジー（生物工学・生命工学）**（➡科学・技術❻）の急速な発達によって、人間の生と死のあり方に大きな変化が生じている。これまでの社会慣習や法律では対応できない倫理的問題が山積しており、私たちはそれらに正面から向き合い、新たな社会規範を形成していく必要に迫られている。

　生命倫理のテーマは、人工妊娠中絶や**代理母出産**、着床前診断などの生命の誕生に関わる問題（➡医療・健康❹・❺）、人間らしい死に方を求める**尊厳死**や**安楽死**などの**終末期医療**の問題（➡医療・健康❾）、**脳死**と**臓器移植**をめぐる問題（➡医療・健康❸）、バイオテクノロジーの発達による遺伝子操作や**クローン技術**に関する問題（➡科学・技術❻）、医療における患者の**自己決定権（❶）**の問題など、広い範囲に及ぶ。また、人間以外の生命についても、実験動物の扱いや、**遺伝子組み換え作物**（➡科学・技術❻）による遺伝子汚染の問題などがある。

科学的問いと倫理的問い

　科学の問いが事実に基づく原理の究明であるのに対し、倫理の問いは社会道徳に基づく価値の判断である。医療技術の発達は人体の仕組みの究明をもたらすが、「脳死は人の死なのか」という倫理的問いへの答えを導き出してくれるわけではない。そのため、生命倫理で扱われる課題は、医療や生物工学に関わる専門家だけでなく、さまざまな分野から幅広く声を集めて検討していく必要がある。ただし、事実についての正確な理解がなくては、その価値判断もできない。事実を正しく理解したうえで、自らの価値観や社会状況と照らし合わせて判断していくことが求められる。こうした姿勢は生命倫理に限らず、価値判断を伴うすべての社会的課題に当てはまる。

●**生命倫理のプロセス**

- 科学的理解
- 社会への影響評価
- 価値の判断

社会的合意形成

法整備

　生命倫理の根底にあるのは、生命の尊厳とは何か、人がよりよく生きるとはどういうことか、という根源的な価値の問いかけである。それは専門家や政府に決めてもらうものではなく、私たち一人一人が考え、判断していかなければならないものである。

社会的合意形成に向けて

　倫理的問題は一人一人考え方が異なり、科学的問いのように唯一の正解があるというものではない。しかし、社会的合意形成は必要不可欠であり、「人それぞれ」ではすまない問題である。例えば、人間のクローン製造や安楽死の是非について、倫理的判断は人それぞれ異なるので、社会的合意は必要ないということになれば、実際にそうした事件が起きた場合、担当する裁判官の倫理観しだいで被告人の有罪・無罪が決まってしまうことになる。

　価値の判断は一人一人異なっているが、一定の社会規範がなければ、人間の社会は成り立たない。そのためには、さまざまな角度から問題を検討し、考えを深め、積極的に発言することで、社会的合意を形成していく必要がある。

 読んでみよう！

『はじめて学ぶ生命倫理』
小林亜津子（ちくまプリマー新書）

 生命の始まりや終わりは誰が決めるのか。具体例を挙げながら、語りかけるような文体で生と死をめぐる問題を提起する生命倫理の入門書。

『ゲノム編集を問う』
石井哲也（岩波新書）

 ゲノム編集とは、遺伝情報を削除したり書き換えたりする新技術で、遺伝子組み換えよりも精密な改変が可能である。農業や医療分野での可能性と問題点を探る。

入試出題例

　近年、クローン技術など生命操作に関わる技術が大きく進歩したが、同時にそれは人間をどのように捉えればよいかという問題を投げかけている。このことを踏まえ、人間の尊厳とこれからの医療のあり方について、あなたの考えを述べよ。[600字]　　　　　　　　　（広島大／歯／2012）

　20世紀半ばまで、医療の目的は患者の生命を延長することと考えられてきた。しかし、医療技術と生物工学の発達に伴い、ただいたずらに生命を延長するのではなく、患者の自己決定権やクオリティ・オブ・ライフ（生活の質）といった、生命の尊厳を考慮した医療のあり方が求められるようになった。具体例を挙げながら、そうした医療のあり方について論じよう。

関連用語

❶自己決定権
自らにとって重大な決定を自分自身で判断する権利のこと。安楽死やインフォームド・コンセントといった医療問題で患者の自己決定権が注目されることが多い。

❷心身二元論（物心二元論）
物質世界と精神世界とを分け、互いに独立したものと見なす思想。17世紀の哲学者デカルトによって唱えられ、近代の機械論的自然観の基礎となった。近代医学もまたこの考え方に基づいており、人体をいくつもの「部品」から構成される機械として捉える。そうした医療のあり方は、病気やけがの治療で大きな成果をもたらしたが、患者の尊厳という視点に欠けていた。現代の医療はその反省から、心身の相関性や生命の尊厳を重視するようになった。

巻頭特集
1 国際
2 政治経済
3 環境
4 科学技術
5 情報通信
6 教育
7 医療健康
8 福祉
9 社会

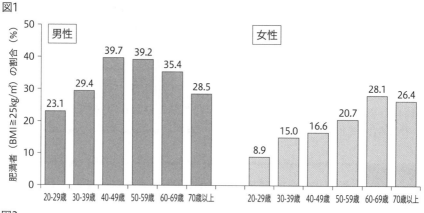

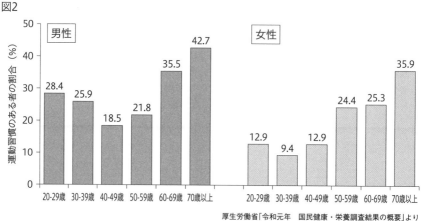

●図1：肥満者（BMI≧25kg/m²）の割合（%）／図2：運動習慣のある者の割合（%）（岡山大/2022）

図1

図2

厚生労働省「令和元年　国民健康・栄養調査結果の概要」より

| 用 語 解 説 | 資料中の用語を確認しよう！ |

●**BMI（体格指数）**…肥満度を表す国際的な標準指数。体重（kg）÷身長（m）²で算出され、男女ともに25以上が肥満である。

●**運動習慣**…1回30分以上の運動を週2回以上実施し、1年以上継続していること。

資料から読みとる 〉〉 資料から読みとれる内容を確認しよう！

○全体から
- ・40〜49歳の男性が、最も肥満者の割合が**高い**。
- ・20〜29歳の女性が、最も肥満者の割合が**低い**。
- ・男女ともに運動習慣のある者の割合が最も高い年代は、**70歳以上**である。

○図１と図２の比較から
- ・男性で肥満者の割合が高い世代では、**運動習慣のある者の割合が低い**。
- ・女性は若い世代に比べ上の世代の方が肥満者の割合が高い傾向にあり、また運動習慣のある者の割合も高い傾向にある。

資料から考える 〉〉 資料をもとにした意見の例を確認しよう！

肥満と運動習慣について考えよう！

> 生活習慣病の予防のため、若い世代のうちから運動習慣をつけるべきだ。

例1 Aさんの意見

　生活習慣病に起因するがん、心臓病、脳卒中は日本人の死因の上位を占めています。特に肥満は糖尿病や脂質異常症、高血圧など多くの生活習慣病のもととなりますが、近年、食生活の乱れや運動不足によりその低年齢化が問題視されています。健康に長生きをするために、若いうちから意識的に運動習慣をつけるべきです。

> 世代や性別に合った対策を考える必要がある。

例2 Bさんの意見

　男女ともに中高年世代は家庭や仕事での役割が大きく、ほかの世代と比較して運動習慣を維持する時間の確保が難しいです。また、女性は男性と比較して運動習慣が肥満の割合に及ぼす影響が少なく、年齢が上がるほど肥満者の割合が増える傾向にあります。そのため運動習慣だけにこだわらず、世代や性別の事情・特性に合わせた対策を考える必要があります。

巻頭特集
1 国際
2 政治・経済
3 環境
4 科学・技術
5 情報・通信
6 教育
7 医療・健康
8 福祉
9 社会

8 福　祉

Key Word

超高齢社会　　社会保障制度　　医療保険制度
公的年金制度　　高齢者の生活
介護をめぐる問題　　ヤングケアラー　　児童福祉

増大する社会保障関係費

　現在、日本の一般会計の歳出の第1位は社会保障関係費であり、全体の約3割を占めている。世界でも例のない速さで**超高齢社会**となった日本においては、年金や医療の財政負担が今後も増大することが予測され、深刻な財政危機の中でそれらの費用をいかに捻出するかが大きな課題となっている。

　日本の**社会保障制度**は、憲法第25条の生存権思想を基本理念として作られている。社会保障関係費の中で最も大きな割合を占めるのは、医療、年金、雇用、介護、労災など、各種の社会保険の給付に用いられる費用である。1980年代に年金部門が医療保険を上回った後は、一貫して年金部門の全体に占める割合が増大している。

　日本では高齢化が今後も進むことが予測される一方、近年の少子化の影響もあって15〜64歳の生産年齢人口の割合が縮小しており、社会保障を経費面で支える勤労世代の負担が増している。こうした状況のもとで、従来の**公的年金制度**や**医療保険制度**が維持できるかどうか、難しい局面を迎えている。制度自体への国民の不信感は、年金保険料の未払い問題などの形で表れている。今後も憲法第25条第1項にある「健康で文化的な最低限度の生活」をすべての国民に保障していくためには、北欧のように持続可能な福祉制度が求められ、社会保障の制度設計上でも抜本的な改革が急務である。

ノーマライゼーションの理念

　近年、社会のあり方について、健常者中心の社会のあり方を是とするのではなく、障害者や高齢者など社会的に不利な立場に置かれがちな人が、ほかの人たちと同じように生活し活動できる社会が普通であるとする「**ノーマライゼーション**」の考え方が国際社会における社会福祉の基本理念として定着してきている。日本では、1993年にノーマライゼーションの思想に基づいて障害者基本法が一部改正され、同法の2004年改正では、障害を理由とした差別禁止項目が追加された。また2016年には「障害者差別解消法」が施行された。この間、**ユニバーサルデザイン**や**バリアフリー**といった言葉も徐々に認知度を高めてきた。

　しかし、法律面での整備がいくら進んでも、人々の心の中のバリアフリーを実現することなしには、ノーマライゼーションは理念だけで終わってしまう。障害者や**高齢者の生活**がどのようなバリア(障害)に悩まされているのかを理解するとともに、そのような人たちへの無理解や偏見、差別をなくしていく必要がある。また、社会全体で子どもを育てることの重要性を思えば、児童虐待や育児放棄(ネグレクト)、日常的に家族の介護やケアを担っている**ヤングケアラー**の問題など、**児童福祉**に関する身近な問題に関心を払うことも必要だ。

広く「福祉」の視点を

　高齢者や障害者、児童、失業者など、社会的に不利な立場にある人々は「社会的弱者」と呼ばれる。「社会保障は社会的弱者を支えるためにある」ともいわれる。

　社会的弱者の置かれる状況は多様である。さまざまな不安を抱えながら生活している人に対して、個々の事情に応じた適切な支援を継続することは、すべての人が幸せに生きられることを目指す福祉の理念そのものである。**介護をめぐる問題**にしても、介護を必要とする人の状況は実に多様であり、一人一人のニーズに応じたきめ細かな支援が柔軟に展開されることが重要である。

　近年、福祉は「行政によって与えられるもの」といった考え方ではなく、国民一人一人が「自ら選ぶもの」という考え方が生まれている。学校・職場・地域社会など、暮らしのさまざまな場面で、「福祉」の視点が求められているのである。

巻頭特集
1 国際
2 政治・経済
3 環境
4 科学・技術
5 情報・通信
6 教育
7 医療・健康
8 福祉
9 社会

1 超高齢社会

総人口に占める65歳以上の人口の割合（高齢化率）が21％を超える社会のこと。

解説 日本の高齢化率は高度経済成長期以降、上昇を続けている。1970年に7％超（高齢化社会）、1994年には14％超（高齢社会）、2007年には21％を超えて超高齢社会に突入しており、2065年には約40％に達すると予測されている。65歳以上の老年人口が増加する一方で、年少人口（0〜14歳）と生産年齢人口（15〜64歳）は減少し続けており、2016年には高齢者1人を2.2人の現役世代（15〜64歳）で支えていたのに対し、2065年には高齢者1人を現役世代1.3人で支える社会になると予測されている。

超高齢社会の到来に伴う課題の一つは高齢者介護である。2000年に**介護保険制度**が導入されて以降、介護保険を利用する人が年々増加し、介護サービスを担う人材の不足や、介護保険制度の財政逼迫（ひっぱく）は深刻である（➡福祉❻）。高齢者が高齢者を介護する**老老介護**も増えている。また、支えられる側である高齢者が増加し、支え手である現役世代が減少することにより、**社会保障制度**全体の財政悪化も課題となっている（➡福祉❷・❸・❹）。さらに、高齢者が増加したにもかかわらず、高齢者が安心して暮らせる生活環境の整備も立ち遅れている（➡福祉❺）。具体的には、買い物や通院に不可欠な移動手段の整備、高齢者を狙った犯罪の防止、社会的孤立への対策などが課題である。また、65歳を超えても健康を保ち、就労や社会参加を望む人の意欲や能力を生かせる制度設計も必要である。

ポイントは… 国の超高齢社会対策

国は、高齢社会対策の基本理念として、すべての国民が生涯にわたりその能力や経験を生かして社会参加ができ、地域の中で健康で充実した暮らしを営むことができる社会の構築を掲げている。2018年の**高齢社会対策大綱（❶）**では、「就業・所得」「健康・福祉」「学

●高齢化の推移と将来推計

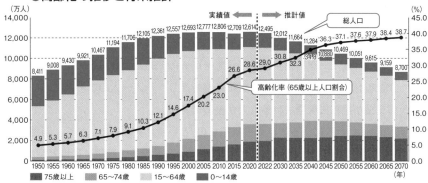

※2020年までは総務省「国勢調査」、2022年は総務省「人口推計」（令和4年10月1日確定値）、2030年以降は国立社会保障・人口問題研究所「日本の将来推計人口（令和5年推計）」の出生中位・死亡中位仮定による推計結果

内閣府「令和5年版高齢社会白書」より

習・社会参加」「生活環境」「研究開発・国際社会への貢献等」「全ての世代の活躍推進」の六つの分野別の基本的施策を展開するとしている。

　就業に関しては、厚生年金の支給開始年齢の引き上げに伴い、2012年の**高年齢者雇用安定法（❷）**の改正では、60歳の定年に達した従業員の希望者全員を65歳まで雇用することが企業に義務づけられた。さらに2021年の改正では、定年制の廃止や65歳から70歳までの就業機会を確保するための努力義務が新設された。**労働力人口**（15歳以上のうち休業者を含む就業者と失業者の合計）が減少する中、高齢者の雇用が進めば、その豊富な知識や経験を生かし、高齢者が経済社会の重要な支え手となることが期待される。また、就労の機会の確保は、高齢者の健康維持、生きがいや社会での居場所・役割の創出にもつながる。

　超高齢社会に伴うさまざまな問題は、国や自治体、企業、国民など、社会全体で取り組むべき課題である。2025年には第1次ベビーブームに産まれた団塊世代が後期高齢者となり、国民の3割が高齢者となることが予測されている。このことから生じるとされるさまざまな社会問題（2025年問題）への実効性のある対策が早急に必要である。豊かな長寿社会を実現するためには、それぞれの努力が求められる。

入試出題例

　『高齢社会白書』（平成27年版）によれば、今日、高齢者夫婦のみの世帯と高齢者単独世帯の割合を合わせると、高齢者がいる世帯全体の半数を超えている。高齢者だけで暮らしていると、さまざまな問題があるが、それらの問題に対してあなたができることは何だと思うか。また、地域社会として取り組むべきことは何だと思うか、具体的に答えよ。[600字]（東洋大／社会／2016）

　高齢者を孤立させないことが大切で、そのためにできることは何かを考えてみよう。見守りや生活のサポートは個人でできることだが、そのほかにも高齢者のサークルや地域社会への参加のバックアップなど、さまざまなことが考えられる。ただし、高齢者一人一人望むことは異なるので、画一的にならないよう、きめ細かな対応が望まれる。

│関│連│用│語│

❶高齢社会対策大綱
1995年に成立した高齢社会対策基本法をもとに政府が推進すべき高齢社会対策の指針として定めたもの。何度かの見直しを経て、2018年には新大綱が決定された。

❷高年齢者雇用安定法
これにより、企業は①定年の引き上げ、②定年後の継続雇用制度の導入、③定年制度の廃止のいずれかの措置を講じなければならないとされた。2012年の改正では、継続雇用制度の対象となる高齢者を企業が設けた基準により限定することができなくなった。

＊平均寿命
その年に生まれた子どもが平均で何歳まで生きるかを予測した数値。厚生労働省の2021年簡易生命表によると、日本人の平均寿命は男性81.47歳、女性は87.57歳。過去最高を更新した2020年を下回る結果だが、世界のトップクラスに位置している。

＊高齢化率の地域間格差
高齢化率の全国平均は29.5％（2022年）。東京、大阪、愛知を中心とした三大都市圏で低く、それ以外の地域で高い傾向がある。市町村別で見るとさらに大きな格差が生じている。

巻頭特集

1 国際

2 政治経済

3 環境

4 科学技術

5 情報通信

6 教育

7 医療・健康

8 福祉

9 社会

2 社会保障制度

病気や傷害、失業、老齢などにより安定した生活を送ることが困難になった場合に、私たちの生活を保障し、セーフティネットの機能を果たすのが、社会保障制度である。

解説 日本の社会保障制度は、「**社会保険**」「**社会福祉**」「**公的扶助**」「**保健医療・公衆衛生**」の四つに分類される。「社会保険」は、病気や災害などによって生活困窮に陥ることを予防する機能を持つ。民間保険との違いは、強制加入であること、公的機関が保険者となること、所得に応じて保険料の減免等があることなどである。「社会福祉」とは、児童福祉、障害者福祉、老人福祉等の各種福祉サービスのことであり、保育所サービス、放課後児童クラブ、児童養護施設、老人福祉施設、障害者の地域生活支援事業などがその具体例である。「公的扶助」とは、生活に困窮している人に対し、最低限度の生活を保障する制度のことであり、**生活保護**制度がこれに該当する。「保険医療・公衆衛生」とは、人々が健康に生活できるように予防や栄養改善、環境整備などを行う制度である。

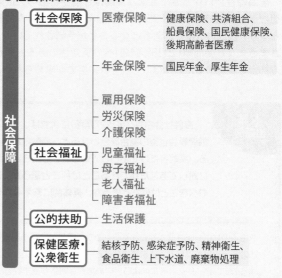

●社会保障制度の体系

社会保障
- 社会保険
  - 医療保険 —— 健康保険、共済組合、船員保険、国民健康保険、後期高齢者医療
  - 年金保険 —— 国民年金、厚生年金
  - 雇用保険
  - 労災保険
  - 介護保険
- 社会福祉
  - 児童福祉
  - 母子福祉
  - 老人福祉
  - 障害者福祉
- 公的扶助
  - 生活保護
- 保健医療・公衆衛生 —— 結核予防、感染症予防、精神衛生、食品衛生、上下水道、廃棄物処理

ポイントは… 社会保障財政と今後の課題

　国が社会保障のために国民に給付する費用を「社会保障給付費」という。急速な高齢化に伴い社会保障給付費は年々増加傾向にあり、2020年度には新型コロナ対策も含め132兆円を突破した。このうち年金に関する給付が約4割、医療が約3割を占める。また、児童・家族関係給付が1割に満たない一方、高齢者関係給付は6割以上を占めており、現役世代・子育て世代に不公平感を持たせる一因となっている。社会保障の財源構成では社会保険料が約4割、公費（税支出）が約3割を占める。公費のうち、国の支出を見ると、国の一般会計予算の約3割を社会保障関係費が占めている。

　社会保障制度が直面している課題として、少子高齢化がある。現在の日本の社会保障制度は、現役世代の拠出する保険料や税を財源として高齢者への給付に充てているため、現役世代が減少し、高齢者が増加していくと、保険料を上げるか公費負担を増やすか、あ

るいは給付水準を引き下げなければ財政を維持できなくなる。こうした状況を背景に、これまで高齢者中心だった社会保障を、「子ども・子育て支援」を加えた「全世代対応型」へとシフトする動きが強まっている。

　また、世帯構造の変化が社会保障のニーズを高めている。疾病や失業、子育てや介護などの生活上のリスクに直面したとき、かつては家族で支え合うこともできたが、単独（一人暮らし）世帯や世帯主が65歳以上の高齢世帯の増加に伴い、家族による生活保障機能には期待できなくなった。

　さらに、労働・雇用環境が変化し、いまや３人に１人以上が非正規雇用である。非正規労働者は、低所得であることに加え、社会保険加入率も低く、生活上のリスクが大きいにもかかわらず、必要なときに必要な保障が得られない状況にある。社会保険料が支払われないことで社会保障財源にも悪影響が及ぶうえに、将来は大量の無年金者が生まれることが予測される。今後、労働環境の変化に合わせた社会保障制度の充実は急務である。

入試出題例

　日本における格差是正と社会保障について書かれた文章（井手英策『18歳からの格差論―日本に本当に必要なもの』）を読み、「『人間に共通して必要なサービス』を所得の多い、少ないにかかわらず提供する」という著者の主張に対し、想定される反論を挙げたうえで、あなたの考えを述べよ。[400字]

（大阪府立大／地域保健／2017）

　筆者の主張に対しては、「高所得者に提供する必要はないのではないか」という意見がまず考えられる。実際、所得の高い高齢者が介護保険サービスを利用する際の自己負担は2018年から引き上げられた。そのような対応について賛成か反対かを明確にし、説得力のある論を展開しよう。

関連用語

＊社会保障と税の一体改革
少子高齢化、非正規雇用の増加などの社会・経済状況の変化を踏まえ、社会保障の充実や安定財源確保を目的として政府が進めている一連の改革。給付は高齢世代中心、負担は現役世代中心という現状を見直し、給付・負担両面で世代間の公平を確保する「全世代対応型」の制度を目指す。その実現のため、消費税率を10％に引き上げ、増分全額を社会保障の財源とするとしていた。その後2017年、政府は増収分の一部を幼児教育無償化に使用するとして、これまでの方針を変更した。衆議院解散総選挙に勝利後、この内容を含む政策を閣議決定した。

＊所得再分配
市場を通じて配分された所得の格差を是正するため、社会保障制度や税制などを通じて、個人間・世帯間で所得を移転させること。高所得者から低所得者への再分配は「垂直的再分配」と呼び、生活保護はその代表例である。「水平的再分配」には、公的年金制度による現役世代から高齢世代への再分配などがある。所得再分配に寄与する税制としては、高所得者であ

るほど税負担が高くなる累進課税制度がある。

＊生活保護受給者の増大
生活保護受給者は、2008年のリーマンショック以降増え続け、2015年をピークにやや減少傾向だが、2022年も依然として200万人を超えている。不況による失業者の増加、非正規雇用による不安定就労や低賃金労働の増加、無年金・低年金の高齢者の増加などが要因と見られる。受給者増への危機感から、不正受給への厳格な対処や給付水準引き下げを論じる声がある一方、本来生活保護が必要な世帯のうち２割程度しか実際に受給できていないことを問題視する声もある。批判もある中、政府は2013年度より段階的に給付額を引き下げ、2018年度にも引き下げを実施したが、2023年度は引き下げを見送る方針を決定している。

＊認定こども園
０～５歳の子どもを受け入れて教育・保育を一体的に行う施設で、幼保一元化の要請に基づき、2006年からスタートした。2015年からの子ども・子育て支援新制度でも、その普及促進が図られている。

3 医療保険制度

あらかじめ保険料を拠出し、病気やけがなどにより治療が必要になったときに、医療費の一定部分について保険から給付を受ける制度。

解説

日本の医療保険制度は、全国民が公的医療保険に加入する**国民皆保険**を基盤としており、職域保険と地域保険に大別される。職域保険には、民間企業の社員などが加入する「健康保険」、公務員や教員が加入する「共済組合」、大型船舶乗組員が加入する「船員保険」があり、これらに該当しない人（農業者、自営業者、無職者など）はすべて地域保険である「国民健康保険」に加入する。また、75歳以上（障害者は65歳以上）になると「**後期高齢者医療制度**」（**❶**）が適用される。

医療費の7割は保険で給付され、3割は自己負担となるが、未就学児は2割、70歳以上は2割（高所得者は3割）、75歳以上は1割（一定以上の所得がある者は2割、高所得者は3割）の自己負担である。また、保険診療に伴う1か月の自己負担額が一定額（所得に応じて異なる）を超えると、超えた分の金額が払い戻される高額療養費制度が設けられている。

ポイントは… 国民医療費の増加と医療保険財政の逼迫

2020年度の国民医療費は総額42.97兆円（前年度比3.2%減）、国民所得に対する比率は8.02%であった。一人当たりの国民医療費は、全体平均では34万600円だが、75歳以上の高齢者では90万2,000円に上り、高齢者ほど高額の医療費がかかっている。保険料収入が増える見込みがない中、高齢化の進行により医療費が増大し続けており、財政は逼迫している。この状況を踏まえ、国と都道府県は医療費適正化計画において生活習慣病対策や在院日数の短縮など、医療費抑制の取り組みを進めているが、それにより入院が長期に及ぶ患者が退院や転院を迫られるケースも発生している。2015年5月には、国民健康保険の財政基盤強化などを盛り込んだ医療保険制度改革法が成立し、制度の見直しが進められている。

読んでみよう！

『沈みゆく大国アメリカ〈逃げ切れ！日本の医療〉』
堤未果（集英社新書）

健康保険証一枚で「いつでも、どこでも、誰でも医療が受けられる」日本の「国民皆保険」。TPPなどグローバル化の動きや規制緩和の傾向が、日本の医療・保険制度にどのような影響を及ぼすのかを伝えている。

関連用語

❶後期高齢者医療制度
2008年4月から始まった制度。2021年現在被保険者数は約1815万人。保険料は2年ごとに改定される。主な問題点としては、健康保険から分離されたために75歳以上の被用者は傷病手当金等を受けられず、保険料が全額自己負担となったうえ、被扶養者にも保険料負担が生じたことや、保険料を年金か

ら天引きされ負担感が大きいこと、「後期高齢者支援金」による現役世代の負担増加などがある。

＊国民健康保険組合
同業種の従事者300人以上で組織される公法人。医師、薬剤師、弁護士、食品販売業、土木建築業、理容美容業等が設立している。

4 公的年金制度

年金とは、老齢・障害・死亡などにより失う所得の保障をするために、定期的・継続的に給付される金銭のこと。このうち国が運営するものを公的年金という。

解説 日本の公的年金には、20歳以上60歳未満の全国民が加入する**国民年金**（基礎年金）、会社員・公務員が加入する**厚生年金**の二つがある。いずれも加入者が老齢、障害、死亡などに直面したときに、給付を受けることができる。公的年金の特徴として、全国民に加入が義務づけられ全国民が給付を受ける「国民皆年金」であること、保険料を払うことによって給付を受ける「社会保険方式」を採用していること、現役世代が払う保険料で高齢者の生活を支える「**賦課方式**」（❶）を基本としていることが挙げられる。なお、2015年までは公務員が加入するのは**共済年金**だったが、厚生年金に一元化された。

ポイントは… 公的年金制度の課題

少子高齢化により、年金を受給する高齢者の人口が増える一方で、保険料を納める現役世代が減少し続けており、このままでは年金制度が破綻するおそれが生じてきた。年金制度への不信・不安が広まるにつれ、保険料の未納も大きな問題となっている。保険料を払いたくても払えない低所得者の増加も深刻である。

また、公的年金の制度設計は当初、非正規雇用などの多様な就労形態や、女性の社会進出、家族形態の多様化などを想定していなかったため、現状との隔たりが拡大している。厚生年金の短時間労働者への適用拡大や**第3号被保険者制度**（❷）の見直しなどが進められている。

●公的年金制度の体系

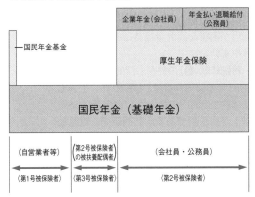

関連用語

❶賦課方式と積立方式
賦課方式はインフレによる悪影響を受けないというメリットがあるが、少子高齢化が進むと現役世代の負担が重くなる。これに対し積立方式は、現役の間に積み立てた保険料を高齢になったら自分で受け取る方式であり、少子高齢化の影響を受けにくいが、インフレの影響を受けやすい。日本では現在、賦課方式を基本としながら、積立金も活用する方式をとっている。

❷第3号被保険者制度
もともとサラリーマン世帯の専業主婦などを想定して導入された。第3号被保険者の約99％は女性であり、保険料の負担なしに基礎年金を受給できる。一方、会社員や公務員として働く女性（第2号被保険者）は、自分で保険料を負担しなければならない。共働き世帯や生涯未婚者などの増加とともに、専業主婦を優遇しているのではという批判の声が高まっている。

巻頭特集
1 国際
2 政治経済
3 環境
4 科学技術
5 情報通信
6 教育
7 医療・健康
8 福祉
9 社会

5 高齢者の生活

高齢化率の上昇に合わせて、高齢者が安心して暮らせる生活環境の整備が求められている。日常生活上の不便さの解消と同時に、高齢者をめぐるトラブルへの対策も急務である。

解説 高齢になると社会的地位や役割の喪失、心身機能の低下、配偶者や友人の死など、さまざまな喪失体験を経て生活も変化する。その中で高齢者がいかに自尊心を保ち、生きがいを見いだし、充実した老後を過ごせる社会を築くか、大きな課題になっている。

心身機能の低下などにより「被害者」や「弱者」になりやすいのも高齢者の特徴である。例えば、介護が必要になった高齢者が虐待の被害に遭うことがある。また、交通事故の被害に遭う高齢者も多い（❶）。高齢者の安心・安全を確保する方策が求められている。

ポイントは… 具体的な生活課題

近年、地域の商店街の衰退などにより、食料品や日用品の買い物に困る人が増え、**「買い物弱者」「買い物難民」**などと呼ばれているが、車の運転やインターネットの利用が困難な高齢者は特にその影響を受けやすい。

特殊詐欺（❷）の被害も深刻化しており、2021年の認知件数は14,4981件、被害総額は約282億円であった。被害者は65歳以上が約9割である。訪問販売、電話勧誘による消費者トラブルも増加している。

犯罪被害に遭う高齢者が増える一方で、高齢者による万引きが増加している。犯行に至った理由として「孤独」を挙げる高齢者が多かったほか、**認知症（❸）**や生活困窮が背景にあるケースも見られる。

●特殊詐欺の認知件数

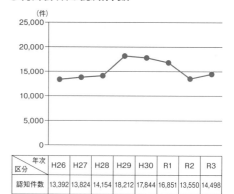

年次 区分	H26	H27	H28	H29	H30	R1	R2	R3
認知件数	13,392	13,824	14,154	18,212	17,844	16,851	13,550	14,498

警察庁「令和3年における特殊詐欺認知・検挙状況等について」より

関連用語

❶高齢者の交通事故
2021年の交通事故死者数全体に占める65歳以上の割合は57.7%となった。

❷特殊詐欺（振り込め詐欺）
電話などを利用し、現金を預金口座に振り込ませるなどの方法で金銭をだまし取る詐欺。オレオレ詐欺、還付金等詐欺などの手口がある。

❸認知症
主なものに、アルツハイマー型認知症や脳血管性認知症がある。症状としては記憶障害や判断力の障害などが知られているが、周辺症状として幻視・幻覚・妄想や徘徊、排泄障害、暴力・暴言などがある。介護者にとって大きな負担になるため、行政や地域と一体になった取り組みが求められる。

6 介護をめぐる問題

介護が必要な高齢者は増加し続けており、介護現場の人材不足や、介護と仕事の両立の問題など、高齢者の介護をめぐり解決すべき課題が山積している。

巻頭特集

1 国際

2 政治経済

3 環境

4 科学技術

5 情報通信

6 教育

7 医療健康

8 福祉

9 社会

解説 国は「**介護の社会化**」(**❶**)を進めるため、2000年から**介護保険制度**を導入した。介護保険では、40歳以上の国民が保険料を納め、サービス利用者は原則として利用料の1割(高所得者は2〜3割)を負担する。介護保険サービスの利用を希望するときは、まず市区町村に要介護認定を申請し、必要な介護の程度についての認定を受ける。

介護保険サービスには、在宅介護サービス(利用者の自宅で行う介護、**デイサービス**や**ショートステイ**など施設に通所あるいは一時的に入所して受ける介護)、施設サービス(介護老人福祉施設[特別養護老人ホーム]などに入所して受ける介護)などがある。

ポイントは… 「介護の社会化」への課題

介護保険サービスの利用数は増加しているが、家族介護者の負担軽減が実現しているとはいえない。介護保険を利用してもなお仕事との両立が難しく、家族の介護のために仕事を辞める人は多い。また、一人暮らしの高齢者や、要介護者も介護者も高齢者である**老老介護**も増加しており、施設入所に頼らざるをえない場合も多い。

介護現場の人材確保も不可欠であるが、賃金水準が低い、時間的・肉体的負担が大きいなどの理由で離職者が絶えない。**介護報酬**(**❷**)は改善されつつあるが、介護職員の十分な待遇改善には至っていない。また、家族の介護のために仕事を辞める「**介護離職者**」は年間約9〜10万人に達しており、2015年9月に発表されたアベノミクス「新3本の矢」では、「介護離職ゼロ」が掲げられた。弾力的な介護休暇の取得をはじめとした対策が行われており、菅政権、岸田政権もその政策を引き継いでいる。

Q ケアマネージャー(介護支援専門員)とはどのような職業?

A 介護を必要とする人に、適切な介護サービス計画(ケアプラン)を作成する、介護支援の専門職です。

介護保険の給付によって介護サービスを利用するには、ケアプランを作成してもらう必要があります。

関連用語

❶介護の社会化
介護を社会全体で支えていこうという考え方。背景には、高齢化率の上昇、家族形態の変化、女性の社会進出などにより、これまで「家族の問題」とされてきた介護を家族だけが担うことが困難となっていることが挙げられる。

❷介護報酬
介護サービスを提供した施設や事業所に支払われる報酬。原則、報酬の1割は利用者の自己負担、9割は介護保険から支払われる。3年に1度改定されるが、2017年は「日本1億総活躍プラン」の特例として月額平均1万円相当の待遇改善が実施された。

7 ヤングケアラー

親などの大人に代わり、家事や病気や障害のある家族・親族の看護や介護を日常的に担っている18歳未満の子どものこと。

解説 2020年度に厚生労働省が文部科学省と協力して行った調査では、公立中学2年生の5.7%（約17人に1人）、公立の全日制高校2年生の4.1%（約24人に1人）が「世話をしている家族がいる」と回答し、1学級につき1〜2人の**ヤングケアラー**が存在している可能性があることがわかった。この調査では他に、世話をしている家族が「いる」と回答した中高生のうち、約1〜2割が平日1日7時間以上を世話に費やしていることや、世話を始めた年齢は中学2年生は平均9.9歳、全日制高校2年生は12.2歳であることもわかった。しかし、自分がヤングケアラーだと自覚している人は2％程度に過ぎず、知らず知らずのうちに大きな負担を抱えて生活している子どもが存在していることがわかった。

ポイントは… ヤングケアラーへの支援が当たり前の社会を

障害や病気のある家族の世話に限らず、家計を支えるために労働をしたり、アルコールやギャンブル依存症の家族に対応したりなど、ヤングケアラーにはさまざまなケースがある。このような状況下では生育途上にある子どもの休息や睡眠の時間が削られ、自分の時間や友人との時間が充分に取れない、学校生活が疎かになるなどの問題が生じる。また、ヤングケアラーには、自分が担っているさまざまなケアを自分の家族だけの問題として、他者に相談したり頼ったりせずに自分一人の責任で抱えようとする傾向がある。

 読んでみよう！

『15歳からの社会保障』
横山北斗（日本評論社）

人生は何が起こるかわからない。生活する中で困りごとを抱えた時に思い出してほしいのが「**社会保障制度**」。この本では、10代から40代の登場人物10人のエピソードを通して、さまざまな社会保障制度が紹介されている。

どの子どもたちも子どもらしい時間を過ごし、その家族も安心して暮らせる社会の実現に向け、ヤングケアラーとその家族を社会全体で自然に寄り添い支えられるような体制づくりが求められており、2023年4月に設立された「こども家庭庁」を中心に支援が進められている。

関連用語

＊アダルトチルドレン（Adult Cildren ＝AC）
虐待や育児放棄、過度な抑圧などによって家庭的トラウマ（心的外傷）を負ったまま生きづらさをかかえる大人。

＊きょうだい児
障害や難病のある兄弟姉妹をもつ子どものこと。ヤングケアラーとなるケースが多く、近年支援団体が設立された。

8 児童福祉

子どもが家庭や学校で良好に成長できるように支援することが、児童福祉の基本的な役割である。「児童福祉法」では、児童を18歳未満の者としている。

解説　従来、児童福祉は障害児やひとり親家庭の児童など、特別な支援を要する児童とその家族を対象としていた。しかし近年、少子化や核家族化、地域社会における人間関係の希薄化などにより、家族だけでの子育てが難しくなっている。こうしたことを背景に、児童福祉に「次世代育成支援」という視点が導入され、保育サービスの整備、地域子育て支援、**ワーク・ライフ・バランス（➡社会❸）**などを含めた総合的な施策により、社会全体で子育てを支える体制作りが進められている。

ポイントは… 児童福祉における課題

児童福祉において深刻な課題の一つが、児童虐待である。2000年に児童虐待防止法が制定されたが、その後も**児童相談所（❶）**における虐待相談件数は増加の一途をたどっている。行政は、育児の孤立化を防ぐための全戸訪問や、育児不安を軽減するための相談体制の整備、通報義務の徹底など早期発見・早期対応のための体制強化、子どもの保護・支援のための一時保護や**社会的養護（❷）**体制の拡充など、さまざまな施策を進めている。

読んでみよう！

『「なんとかする」子どもの貧困』
湯浅誠(KADOKAWA　角川新書)

「貧困とはお金だけの問題ではない」と言う筆者の、「ではどうするか」という、問題に取り組む実践家としての主張が、豊富な事例とともに述べられている。

また、子どもの生まれ育つ家庭の所得格差が広がっており、経済的な理由で十分な教育を受けられず、結果として大人になっても安定した仕事に就けないなど、**貧困の連鎖**も問題となっている。日本の**子どもの貧困率（❸）**は先進国の中でも高い値を示しているが、ひとり親家庭は特に貧困率が高くなっており、経済的支援の拡充が求められる。

保育所に入れない**待機児童**の解消も課題である。2017年4月時点での待機児童の数は2万6,081人であったが、「待機児童ゼロ作戦」等の施策により、認可保育所の設置・運営への規制緩和や、家庭的保育事業やファミリー・サポート・センター事業等が進められ、2022年4月には2,944人まで減ったが、保育の質の低下を指摘する声も多い。

関連用語

❶児童相談所
児童福祉法に基づいて都道府県や指定都市に設置される行政機関。相談対応のほか、専門的見地に基づく調査や判定、児童の一時保護などを行う。

❷社会的養護
保護者のない児童、または保護者が育てることが不適当であるとされる児童に対して提供される養育のこと。家庭的養護（里親、養子縁組など）と施設養護

（入所型児童福祉施設）に大別される。

❸子どもの貧困率
国民の年収を順に並べて、真ん中の人の半分未満で暮らす世帯の一員である子どもの割合。厚生労働省の「2019年国民生活基礎調査」（大規模調査）では、日本は13.5%（2018年）で、経済協力開発機構（OECD）の加盟国など36か国の平均12.8%（2017年）を上回っている。

巻頭特集
1 国際
2 政治経済
3 環境
4 科学技術
5 情報通信
6 教育
7 医療健康
8 福祉
9 社会

ノーマライゼーション

高齢者や障害者など社会的に不利な状況に置かれがちな人々が、施設などに隔離されたり排除されたりせず、他の人々と同じように生活できる社会こそが普通（ノーマル）であるとする考え方。また、そうした**共生社会**を実現するための取り組みを指す。

思想の系譜

　ノーマライゼーションの理念の原点は、1950年代、デンマークの知的障害者の子を持つ親たちの会が、市街地から隔離された障害者施設の中で人間の尊厳が軽視され、多くの人権侵害が行われている状況を改善しようと始めた運動にある。この運動に触発され、デンマークにおける新たな福祉政策や法案作成にあたって「ノーマライゼーション」の言葉を用いたのは、社会省の行政官だったバンク・ミケルセンであった。「障害はハンディキャップではあっても、アブノーマルではない」と言い、「ノーマライゼーションは、障害者を障害のない人と同じにすることを目的とするのではなく、彼らができるだけノーマルな生活を送れるようにすることを目指すもの」だと説いた。そのためには、障害者をその障害とともに地域社会で受容することが基本となり、障害者個人のニーズに合わせた援助・教育・訓練などを、他の市民と平等な条件で提供することが求められる。

　介護サービスを受けながらの自立的生活が可能であれば、自宅や**グループホーム（❶）**での生活を保障することが、本人の**クオリティ・オブ・ライフ**（生活の質）の向上にもつながる。

ノーマライゼーションの展開

　ノーマライゼーションを進める際には、障害の有無にかかわらず、すべての人の基本的人権を保障することが前提となる。また、効率や経済性、能力主義に偏らず、政府や地方公共団体、企業が人間の尊厳に十分配慮した政策や雇用方針を採用することもノーマライゼーションを支えるうえで重要である。

　国連の国際障害者年（1981年）の行動計画で、すべての人の平等な社会参加が強調された頃から、ノーマライゼーションが障害者福祉の基本的理念として各国で認知され始めた。2006年には、教育や雇用などあらゆる分野で障害者に健常者と同じ権利を保障することを求める**国連障害者の権利条約**が採択された。日本では、心身障害者対策基本法が1993年に改正され**障害者基本法**となった際に、

●ノーマライゼーションの8原則
（スウェーデンのベンクト・ニリエによる）

1　1日を普通のリズムで生活できる
2　1週間を普通のリズムで生活できる
3　1年を普通のリズムで生活できる
4　あたりまえの成長過程をたどれる
5　自由と希望を持ち、周囲もそれを認め、尊重してくれる
6　男性と女性の両方が住む世界にいる
7　平均的経済水準を保障される
8　普通の地域の普通の家に住む

障害者の自立や社会参加への支援強化が打ち出された。2005年には、保護から自立支援への政策転換を目指す**障害者自立支援法**が成立したが、この法律では障害者にも1割の費用負担が求められ、障害が重く所得が低い人ほど負担が重くなるため廃止を求める声が上がり、負担軽減などの法改正がなされた。2012年6月には同法に替わり、地域社会における障害者の日常生活の支援を目的とした**障害者総合支援法**が成立した。また2013年6月には、障害のある人に「**合理的配慮(❷)**」を行うことなどを通じて「共生社会」を実現することを目指す「**障害者差別解消法**」が成立した。

　高齢者福祉の分野でも、**介護保険制度**の整備や、在宅介護サービスやグループホームの拡充など、高齢者を一般社会から排除しないための取り組みが進められている(➡福祉❻)。しかし、寝たきりや重度の認知症の人など、地域社会で自立した生活を送ることが困難なケースもある。また、介護老人福祉施設(特別養護老人ホーム)の供給不足など超高齢社会の進行に伴う問題もクローズアップされている。なお、**バリアフリー(❸)**や**ユニバーサルデザイン**の発想は、ノーマライゼーションを具現化するものとしてきわめて重要である。

 読んでみよう!

『**感じて歩く　ルポエッセイ**』
三宮麻由子(岩波書店)

4歳で視力を失った著者が白杖片手に街を歩くことを通して、障害の有無を超えて誰もが歩きやすい=生きやすい社会とは何かを考える。

『**障害者とともに働く**』
藤井克徳・星川安之(岩波ジュニア新書)

「労働」の根源的な性格は、障害の有無に関わらずすべての人に共通する。「よりよく生きる」可能性を広げるために欠かせない「労働に備わる不思議」な力を感じ取れるだろうか。

入試出題例

　社会における障害者の立場を考察した課題文を読んで、(1)社会的弱者とはどのような人のことだと考えるかを述べよ。(2)バリアフリーやユニバーサルデザインはなぜ必要で、それを実践することでどのような社会が作られるのか。あなたの考えを述べよ。[(1)200字、(2)600字]

(大分大／教育福祉科学／2010)

　老いや障害を自分とは遠い話題と捉えている高校生にとっては、それらを自分に関わる問題として受け止めにくい。そのため、文章を書いてもきれいごとや「他人事」にとどまりがちである。日頃から新聞などで、社会保障や社会福祉に関する問題をチェックしておきたい。

|関|連|用|語|

❶グループホーム
認知症の高齢者や障害者が地域で自立した生活を営めるように、専門スタッフのサポートを受けながら少人数で共同生活を送る居住施設を指す。制度的には「共同生活介護」「集団生活型介護」とも呼ばれる。

❷合理的配慮
障害のある人から、社会にある障壁(バリア)を取り除くために対応を必要としている意思が伝えられた際に、負担が重すぎない範囲で対応すること(事業者においては、その対応に努めること)。障害の特性や場面・状況に応じて方法は異なる。

❸バリアフリー
障害者や高齢者が日常生活を営むうえで支障となる障壁(バリア)を取り除く(フリー)こと。

資料から考える
—— 入試に出た資料をチェック! ——

●図1：地域別食料品アクセス困難人口の推移（65〜74歳）／図2：地域別食料品アクセス困難人口の推移（75歳以上）(長崎大/2022)

図1

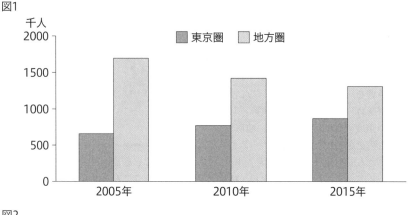

図2

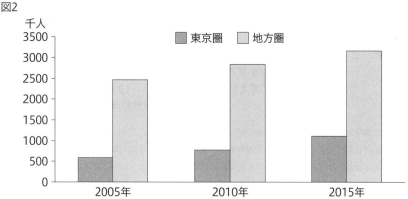

農林水産政策研究所「食料品アクセス困難人口の推計結果」より

用語解説　資料中の用語を確認しよう！

●**食料品アクセス困難人口**…店舗まで500m以上かつ自動車利用困難な高齢者のこと。「買い物弱者」「買い物難民」(→福祉5)とも呼ばれる。

●**東京圏と地方圏**…東京圏は東京、埼玉、千葉、神奈川。地方圏は東京圏、愛知、岐阜、三重、大阪、京都、兵庫、奈良を除く地域のこと。

資料から読みとる 〉〉 資料から読みとれる内容を確認しよう！

〇全体から

・東京圏に比べ地方圏で食料品アクセス困難人口が**多い**。

・東京圏の食料品アクセス困難人口は**増加傾向**にある。

・2005年から2015年にかけて、東京圏の75歳以上食料品アクセス困難人口は**2倍近く増加**している。

〇図１と図２の比較から

・65歳～74歳の食料品アクセス困難人口は地方圏で**減少傾向**にあるが、75歳以上では**増加傾向**にある。

資料から考える 〉〉 資料をもとにした意見の例を確認しよう！

地域別食料品アクセス困難人口について考えよう！

> 買い物弱者・買い物難民が増加している背景から考えることが重要。

例1 Aさんの意見

> 　超高齢社会の日本では、今後も総人口に対する高齢人口の割合が増加すると予測されており、このことから買い物難民・買い物弱者も同様に増加すると考えられます。高齢者や、今後高齢者となる国民全員が安心して生活できるよう、誰もが歩いてアクセス可能な範囲に食料品販売店舗を増やしたり、宅配サービスを充実させたりする必要があります。

> 買い物弱者・買い物難民の増加に備える必要がある。

例2 Bさんの意見

> 　食料品アクセス困難人口の増加は単に高齢者の増加だけでなく、都市圏への人口集中による地方圏の人口減少に伴う商店街の衰退などが背景にあります。今後も都市圏への人口集中が続けば、買い物弱者・買い物難民はより増加していくと考えられるため、地域活性化に向けた対策が必要です。

巻頭特集

1 国際

2 政治経済

3 環境

4 科学技術

5 情報通信

6 教育

7 医療・健康

8 福祉

9 社会

現代社会の特質

　現代社会は、光の当て方によってさまざまな姿を示す。それぞれがまったく異なるように見えても、どれもが現代の社会の特質を表した結果と見ることができる。例えば、**ボランティア活動**の活性化は、社会における損得抜きの新たな人間相互の結びつきを期待させるが、その一方で、近所づきあいもなく孤立しがちで、最悪の場合は孤独死につながるような無縁社会もまた、特に都市部で多く見られる希薄な人間関係のあり方に帰因するものと捉えることもできよう。

　東日本大震災やその後のさまざまな自然災害を経て、私たちは改めて**防災**の重要性に気づいた。具体的な防災計画を立てる際に、地域住民の置かれた生活環境や、個々の家庭の事情を知ることは重要である。ただし、個人情報に関して、プライバシーへの配慮に欠ける不適切な情報の収集・管理があれば、それは**管理社会**どころか監視社会へつながりかねないものとして警戒されるだろう。そうした心配は**マイナンバー**制度に対しても共通する。

　このように考えていくと、現代社会の特質を示す各キーワード自体に、すでに光と影、あるいはメリットとデメリットが内在しているとも解釈できる。それぞれの課題は互いに関連し、影響し合うといった複雑な構図を示している。そこでは、**ダイバーシティ**（多様性）をいかに保障していくかという課題にも関わっている。

解決の難しい諸課題

　現代社会においては、その解決策を見いだすのが困難なテーマが少なくない。第一に、**雇用をめぐる環境の悪化**と**格差社会**の進行の問題である。近年ようやく個人の主体的な生活の質を重視する**ワーク・ライフ・バランス**の考え方が広まりつつあるものの、景気のよしあしや非正規雇用の拡大といった雇用形態の変化は、誰かの努力で改善へ向かうような単純な問題ではない。第二に、現代社会に残るさまざまな差別の問題である。男女雇用機会均等法制定からすでに30年を経たが、男女差別のない**男女共同参画社会**が実現したといえるかどうか。第三に、少子高齢化を背景に多くの地域が人口減少に直面していることである。人口減少は今後も続くと予想され、中には過疎が進行し社会的な共同生活の維持が困難で存続が危ぶまれる「限界集落」に転じた地域も見られる。都市部でも入居者が減り商店が撤退した団地などで「買い物難民」が生じている。日本各地のそれぞれの自治体の特性に応じた**地域活性化**が模索されている。

　もっとも、それぞれの課題は一朝一夕に解決できるものではない。たとえ困難ではあっても、粘り強い取り組みが重要である。

若い世代への期待と可能性

　少子化が進む中で大切に育てられてきた**現代の若者**の特徴を表すキーワードも多様である。ゆとり教育を受けた「ゆとり世代」や、近年では出世など人より突出することを敬遠し、穏やかな暮らしを望む草食系の「さとり世代」の登場が話題となっている。2022年には成人年齢が18歳に引き下げられたが、次の社会を担う若者がこれからの人生を健康に生きていくためにも、食の安全性と食が支える健康への意識を高めるなど、**食育**の役割はより重要になっている。

　若年層を中心とした**日本語**の乱れは、いつの世でも指摘されてきた。だが、不適切とされた言葉遣いが、時間の経過とともに受け入れられるようになることは珍しくない。また、日本のマンガやアニメ、音楽などは、国内だけでなく世界の若者たちにも厚く支持されており、**日本文化の広がり**に伴う経済効果への期待も高まっている。未来の社会を築いていく若い世代の潜在的なエネルギーは、なお大きなものがある。

1 少子化

出生率の低下によって、1980年代以降子どもの数は減り続け、2005年には日本の人口は減少に転じた。人口の減少は社会基盤を揺るがしかねないため、対策が急がれる。

解説 1970年代の後半から低下し続けてきた日本の**合計特殊出生率(❶)**は、2005年には過去最低の1.26まで低下した。その後やや回復して、2015年は1.44となったが、再び低下傾向にあり、近年は1.3前後で推移している。

少子化の要因としてまず挙げられるのは、晩婚化・未婚化である。日本人の平均初婚年齢は上昇傾向にあり、2021年は男性が31歳、女性が29.5歳で、平成に入ってから男女とも2歳以上上昇している。その背景には、女性の就業機会の増加などによってライフスタイルが多様化し、結婚や出産に対する意識も変化したことがある。たとえ結婚しても仕事と育児の両立の困難、子育てにかかる経済的負担などの理由から、子どもを生まない、あるいは1人しか生まないという選択をするケースも多い。

少子化が社会に与える影響は大きい。まず挙げられるのは、15〜64歳の**生産年齢人口**(労働力の中核となる年齢層)の減少である。これは**労働力人口(❷)**の減少に直結しているため、日本の経済成長率の低下が懸念される。また、平均寿命が延びている現在、総人口に占める高齢者の割合が増加しているため、減少する労働力人口では年金などの社会保障、介護保険や医療保険などの制度を維持することが困難になるという問題も生じる。さらに、子どもの減少により若者を対象にした商品・サービスの市場が縮小し、国内市場全体に悪影響を及ぼすおそれもある。少子化は単に子どもの数が減るだけでなく、日本という国や社会の存立基盤そのものに関わる問題なのである。

ポイントは… 子育てしやすい環境の整備

女性が子どもを生むか生まないか、また何人生むかは個人の選択に委ねるべきことであり、行政が関与することではない。しかし、経済力や環境が整えば子どもが欲しいという夫婦も多い。したがって、少子化対策としては、子どもを生みやすく育てやすい環境を整備することが必須である。国は1990年代半ばから少子化対策を開始し、育児休業制度の整備や保育所の充実などの子育て支援を進めてきた。2003年には、母親が働きやすい労働環境の整備、地域の子育て支援の充実、小児医療体制の充実、不妊治療の支援などを盛り込んだ**少子化社会対策基本法**と、**次世代育成支援対策推進法(❸)**を制定した。また、数回にわたって**育児・介護休業法**を改正し、短時間勤務制度の義務化や子どもの看護休暇の拡充、父親の子育て参加支援などを規定した。さらに、2012年に成立した**子ども・子育て関連3法(❹)**に基づき、「待機児童の解消」「幼保一元化に基づく『認定こども園』の普及」「地域の子育て支援の充実」などを目標とした「子ども・子育て支援新制度」が2015年4月にスタートした。2017年には雇用保険法も改正され、育児休業が最長で2年まで延長された。また、2019年からは幼児教育・保育の無償化が始まった。さらに、2023年4月か

らは「子ども家庭庁」を設立し、少子化や子どもに関する行政を一元化している。このような国の方針を受けて、企業も子育てに配慮した支援策の整備を進めつつある。

　日本だけではなく、多くの先進国でも少子化は大きな問題である。さまざまな対策によって一定の成果を上げた国もあるが、それをそのまま日本に持ち込んでも、文化的な違いもあり、必ずしも効果があるとはいえない。子どもを生み育てる世代が何を求めているかを的確につかみ、きめ細かで弾力的な対策ができるようにするとともに、家事や子育てに男女の区別なく積極的に関われるように、社会全体で取り組んでいくことが大切である。

News

「少子化」身近な問題に
（読売新聞 2015年10月31日）

　「少子化」をテーマにして、新聞記者が高校で出前授業を行った。生徒が子育て負担の大きさに気づいたり、自分の意見を持ち表現できるようになってきたりしたという。政治参加への第一歩ともいえよう。

●出生数と合計特殊出生率の推移

第1次ベビーブーム（昭和22〜24年）最高の出生率 2,696,638人

4.32

ひのえうま

1.58

第2次ベビーブーム（昭和46〜49年）最高の出生率 2,091,983人

2.14

1.57

平成17年 最低の合計特殊出生率

1.26

1.45

令和3年 最低の出生数 811,622人

1.30

注目

子どもの出生数も合計特殊出生率も減少している。合計特殊出生率が回復しても、出生数は減少傾向にある。

（万人）300 250 200 150 100 50 0

出生数

1947 50 55 60 65 70 75 80 85 90 95 2000 05 10 15 20 21（年）

合計特殊出生率 5 4 3 2 1

▨ 出生数
━ 合計特殊出生率

厚生労働省「人口動態統計」（2021年）より

関連用語

❶合計特殊出生率
1人の女性が生涯に生むと推定される子どもの平均人数を示す値。2.07人を下回ると、現在の人口を維持できないといわれている。

❷労働力人口
働く意思と能力を持つ人の数。15歳以上の人口のうち、就業者・休業者・完全失業者の合計。

❸次世代育成支援対策推進法
仕事と子育ての両立を目指して2003年に成立した。地方自治体と企業に、労働者が仕事と子育てを両立できるようにするための支援策や数値目標を盛り込んだ行動計画を策定し、都道府県労働局に届け出ることを義務づけたもの。

❹子ども・子育て関連3法
社会全体で子ども・子育てを支援する新しい仕組みを構築するための法律。①質の高い幼児期の学校教育・保育の総合的な提供、②保育の量的拡大・確保、③地域の子ども・子育て支援の充実、の三つを目的としている。

＊移民受け入れ
減少する労働力人口や消費人口を補うために、移民を受け入れるべきだという意見がある。しかし、文化摩擦をはじめとする理由で反対する人も少なくない。

2 ダイバーシティ

LGBT（性的少数者）をはじめ、社会的な少数者であっても差別を受けることなく、自由・平等に暮らしていくことができる社会の構築が、各国で模索されつつある。

解説　**ダイバーシティ**は「多様性」と訳されるが、ある集団の中に異なる特徴・特性を持つ人がともに存在することをいう。具体的には、個人の固有の外面の属性（国籍、人種、性、年齢、障害の有無など）や内面の属性（経歴、価値観など）にかかわらず、互いの多様な違いを尊重し受容し合うことを意味している。人種や国籍、性別、年齢、障害の有無、宗教、性的指向、価値観などの多様性から、キャリアや経験、職歴、働き方といった職業生活における多様性まで、幅広いジャンルで用いられている。

近年では、**LGBT（性的少数者）（❶）**や外国人、障害者たち、性別や出自はもちろん、どのような宗教を信仰する人であれ、差別を受けることなく、自由・平等に暮らしていくことができる社会の構築が、各国で模索されつつある。

また、「**生物多様性**（➡環境8）」は、「人間至上主義」ではなく、生態系そのものを尊重し他の生物種の生存にも目を向ける態度を意味している。生態系の破壊等により、生物種の大幅な減少に対する懸念が深刻化しており、そのため、生物の多様性を包括的に保全するとともに、生物資源の持続可能な利用を目指し、国際的な枠組みとして、1992年に「**生物多様性条約**」が地球サミットで採択されている。

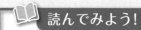
読んでみよう！

『未来の授業 SDGsダイバーシティBOOK』
佐藤真久監修（宣伝会議）

それぞれ性格や考え方、興味のある分野が異なる4人が主人公となり、SDGsやダイバーシティについて読者と一緒に学んでいく。

ポイントは… 多様性に寛容な社会の構築

カナダのトルドー首相は、かつてTwitter（ツイッター）上でカナダへの難民に対し、"Diversity is our strength"（多様性は我々の強みである）と歓迎の意味を込めた発信をし、多民族国家の政治的指導者として人々の「多様性」を肯定的に受け止めている。しかし一方では、難民や移民の受け入れに消極的で自国中心主義に陥りがちな政治家も存在し、こうした人の中には、多様性に嫌悪感を示す人もいる。実際にLGBTを認めない国もあるし、ヨーロッパの国の中には「移民排斥」「難民受け入れ拒否」といった公約で国民からの支持を伸ばしている政治家も少なくない。日本でも、「**夫婦別姓**」という一つのテーマだけでも、あからさまに抵抗感を示す政治家もいる。

ただし、価値観が多様化する現代においても、「何をしても許される」といった価値の相対化を無条件に受け入れることはできない。基本的人権の保障などに対しては、国境を越えた共通性・普遍性が求められる。国際連合で採択された**SDGs**（持続可能な開発目標）

でも、「誰一人取り残さない」といった理念や目標17の「パートナーシップで目標を実現しよう」といった内容に、共通性・普遍性を持った多様性への支持が込められている。

　日本という社会は画一性を求める意識が強く、多様性には非寛容な傾向があると言われる。これまで政治家も実際、多様性を認める社会の実現には後ろ向きであった。国際化が進む現代社会において、基本的には多様性が保障される寛容な社会を築いていくことへの合意形成が、今、日本でも求められているのではないだろうか。

　さらに、ダイバーシティの促進は、「寛容」を促すだけでなく、「受容」の一歩でもある。今まで自分と異なると思っていた人が、お互いのダイバーシティを認め合うことで、実際には多くの共通点を持っていることに気づくかもしれない。このように違いや共通点を認識することで、私たちは今までの視点を改め、差別を助長する誤解や偏見を減らすだろう。

　ダイバーシティーが認められていない社会は、誰かが差別や偏見に苦しみ、本来の自分を押し殺さなくてはならない状況を意味する。そのような社会は、「誰もが生きやすい社会」とは言えず、環境や時間の変化次第で自分自身が問題の渦中に巻き込まれる可能性もある。自分や周りの多様性に気づき認め合うことが、誰もが生きやすい社会を実現する第一歩になるはずである。

入試出題例

　「学級が児童・生徒の多様性を認め合える場になるには、どのような方法や工夫が考えられるか、あなたの考えを1200字以内（句読点等を含む）で述べよ。[1200字以内]

（東京学芸大／教育支援専攻／2022）

　例えば、「笑顔いっぱい」「給食をのこさず食べる」など教室の前に掲げられている学級の目標。このような目標は、何ら問題がないように思えるが、児童・生徒一人一人の多様性に反する場合もあり、「多様性を認め合える場を保障することは意外に難しい」ことに気づかされる。学級をどうするかと考える前に、ほかの児童・生徒と異なる自分の多様性（外面、価値観など）に目を向けてみよう。それがマイノリティなものであったとき、どうすれば受け入れてもらえるのか、自分の問題として考えることからスタートしたい。

関連用語

❶LGBT（性的少数者）

LGBTとは、Lesbian（レズビアン＝女性同性愛者）、Gay（ゲイ＝男性同性愛者）、Bisexual（バイセクシャル＝両性愛者）、Transgender（トランスジェンダー＝心と体の性が異なる人）の頭文字をつなげた略語。いわゆる性的少数者（セクシュアルマイノリティ）の総称。Queer／Questioning（クィアまたはクエスチョニング＝性的指向・性自認が定まらない人）を加えて、LGBTQと言う場合もある。

3 ワーク・ライフ・バランス

仕事と生活（家庭）の調和を図り、好循環による相乗効果を期待する考え方。政府による「**働き方改革（❶）**」実施宣言以降、注目されるようになった。

解説 日本において長時間労働（「働き過ぎ」）や過労死は社会問題になっている。「働き過ぎ」などによるメンタルヘルスの不調を訴える社会人も多い。厚生労働省の調査によれば令和3年度に「精神障害」に係る労災認定を受けた件数は年間600件を超えており、年々増加傾向にある。政府は2007年に「**ワーク・ライフ・バランス憲章**」を策定し、「国民一人一人がやりがいや充実感を感じながら働き、仕事上の責任を果たすとともに、家庭や地域生活などにおいても、子育て期、中高年期といった人生の各段階に応じて多様な生き方が選択・実現できる社会」を目指すべきであるとしている。

ポイントは… ワーク・ライフ・バランス実現のための取り組み

　ワーク・ライフ・バランスの実現には、**男女共同参画社会（❷）**の構築が欠かせない。かつては「男性は仕事、女性は家庭」という考え方が主流であったが、人々の生き方が多様化し、女性の社会進出が進む現代では、性別に関係なく互いに対等な立場で能力を発揮することが求められるようになった。1986年に**男女雇用機会均等法**が制定されたが、職場・家庭において男女の固定化された「役割分担意識」は根強く、男女格差のない社会の実現を目的に、1999年に**男女共同参画社会基本法**が施行された。2001年には内閣府に男女共同参画局が設置され、多くの地方自治体に男女共同参画を推進する部署が設けられた。

　しかし、男女共同参画が進んでいる北欧諸国と比べると、日本の女性の労働力率は低く、女性管理職の数も少ない。日本人女性の労働力率は、30代後半を谷間とするM字カーブを描いており、これは女性が結婚・出産・子育ての時期に離職し、子育てが一段落したところで再び就職することが多いためである。2000年代まではこの傾向は顕著であり、国は20世紀中にM字カーブの解消に成功した欧米諸国を参考に、2007年に男女雇用機会均等法を改正し、妊娠・出産による不利益を被ることがないように定めた。また、企業でも、**ポジティブ・アクション（❸）**を導入し、男女格差をなくすための取り組みを行った。

　こうした取り組みの結果、2020年代には女性のM字カーブはかなり緩やかな状態まで改善したが、男性と比べると依然大きな差がある。

　ワーク・ライフ・バランスを実現するためには、「役割分担意識」に基づいた不平等を改善するため、家庭においては、両性の積極的な家事・育児への参加が欠かせない。しかし、2021年の育児休業取得率は、女性の85.1％に対して男性は14.0％であった。政府は2021年に育児・介護休業法を改正し、2022年から企業に従業員の育児休業取得を促す取り組みを義務化し、有期雇用労働者の育児・介護休業の取得要件も緩和した。

　さらに、長時間勤務を緩和するために**ワークシェアリング（❹）**の導入、有給休暇の積極的な利用も求められる。政府は「**働き方改革**」を推進するため、2018年に働き方改革関連法を公布し、2019年4月の**労働基準法**改正では、「年10日以上の年次有給休暇が付与さ

れる労働者」に対して、「年次有給休暇の日数のうち年5日については、使用者が時季を指定して取得させる」ことが義務付けられた。また、**テレワーク**（➡情報・通信❶）の積極的な導入もワーク・ライフ・バランスの実現に向けた効果が期待されている。

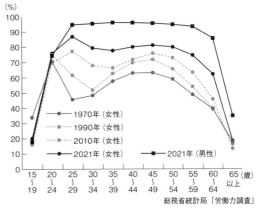

● **年齢階級別労働力率**

凡例:
- 1970年（女性）
- 1990年（女性）
- 2010年（女性）
- 2021年（女性）
- 2021年（男性）

総務省統計局「労働力調査」

巻頭特集
1 国際
2 政治・経済
3 環境
4 科学・技術
5 情報・通信
6 教育
7 医療・健康
8 福祉
9 社会

> **入試出題例**
>
> 課題文は、2020年までに女性管理職を30%にまで引き上げるという政府の目標について書かれた社説である。この政府目標に対するあなたの考えを述べた上で、女性管理職を増やすための方策をあなたなりに記述せよ。
> [800字]
> （宮崎公立大／人文／2015）
>
> 日本で女性管理職が少ない原因の一つとして、出産・育児などで就業の継続が難しくなることが挙げられる。子育て中の女性の就労については社会的な支援・整備なども必要だが、男性の積極的な家事・育児への参加も欠かせない。行政や企業、各家庭で取り組むべきことをまとめよう。

関連用語

❶働き方改革
労働者が「個々の事情に応じた多様で柔軟な働き方を、自分で『選択』できるようにする」ための改革。2017年に制定された「働き方改革実行計画」によりスタートした。

❷男女共同参画社会
男女が対等な立場で協力し合い、それぞれの意欲や希望に応じて、地域・家庭・職場などあらゆる場で活躍できる社会のこと。

❸ポジティブ・アクション（アファーマティブ・アクション）
積極的差別是正措置のことで、日本では主に女性の不利な立場を改善する取り組みを指す。採用時の女性比率を高めたり、女性の管理職候補者対象の研修の充実化を図ったりするといった措置。

❹ワークシェアリング
「ワーキングシェア」ともいう。労働者1人当たりの労働時間を短くし、総労働時間を小分けにすることで、より多くの人に雇用の機会を与えるねらいがある。

4 雇用をめぐる環境

バブル崩壊や世界同時不況などの社会情勢の変化は、雇用環境にも大きな影響を与えた。非正規労働者の増加や若者の高い失業率・離職率などが問題となっている。

解説 これまで日本の雇用の基本システムとなっていたのが、終身雇用と**年功序列型賃金（❶）**である。新卒時の一括採用を含めたこのような雇用形態を「メンバーシップ型雇用」ともいう。しかし、バブル経済の崩壊とその後の長期不況、さらに経済のグローバル化の中で雇用環境は大きく変化しつつあり、欧米で主流の、仕事の範囲を明確にし、より専門性の高い人材を採用する「ジョブ型雇用」に注目が集まっている。

経済が低迷する中、企業は生産調整や不採算部門の縮小・閉鎖などを検討せざるをえなくなり、人員削減などの**リストラ（❷）**が行われた。また、経済のグローバル化に伴い国境を越えた投資や貿易が活発化し、熾烈な国際競争に巻き込まれた日本企業は、人件費を抑制するために工場の海外移転などを進めた。

また企業は、正社員の新規採用を控え、契約社員や派遣社員、パートタイマーなどの非正規労働者を増やすことで人件費の抑制を行ってきた。非正規労働者を労働力の調整に用いる傾向は現在も続いており、雇用不安を生む大きな要因となっている。一方、正社員は**成果主義**の導入により、残業代を抑制された状況のもと短期間で成果を上げることを求められ、サービス残業の増加など労働環境の悪化が問題となっている。

このような環境の変化は、特に若者の雇用に影響を与えている。2022年の15〜24歳の完全失業率は3.5％であり、全年齢よりも高い。若年層での非正規労働者の割合も依然として高い。また、正社員になっても実際の仕事の内容や給与などが希望と異なるために早々と離職してしまう人も多く、2019年春の大卒者では、約3割が就職後3年以内に辞めている。さらに2022年の**ニート（❸）**の数は57万人、フリーターは約132万人と報告されており、若者の雇用の改善は大きな課題である。

総務省が発表した2023年4月の最新版「完全失業率」は2.6％と、ここ数年の平均値と同程度で、大きくは変わっていない。**新型コロナウイルス（➡巻頭特集）**まん延による景気悪化の影響は受けているが、経済活動の再開も始まっており、少しずつ落ち着きを取り戻してきている。

ポイントは… 雇用対策と「働き方改革」

厚生労働省は、未就職者を短期雇用した企業への補助金支給や、ハローワークでの就職相談を行うほか、**ワークシェアリング**による雇用の拡大を提唱している。同時に、離職者や未就労者を対象にした職業訓練の充実や**セーフティネット（❹）**の整備も進めている。

若者の雇用環境の悪化については、求人と求職のニーズのミスマッチが指摘される。例えば次ページのグラフからわかるように、若者に対する大企業の**求人倍率**は1前後で推移しているが、一方で中小企業の求人倍率は3倍以上であり、中小企業に限っていえば人手不足である。中小企業と学生とのマッチングを支援するため、政府は2012年に策定した

「若者雇用戦略」の中で、インターンシップの促進や、学生とハローワークの連携強化などを対策として掲げている。さらに2015年には「**若者雇用促進法**」が施行された。また、雇用のマッチング以外にも、キャリア教育の充実や、非正規労働者への職業訓練など、若者が自ら職業人生を切り開いていけるような施策を推進している。

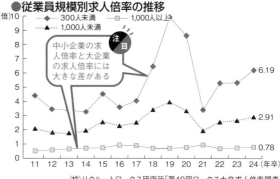

●従業員規模別求人倍率の推移

中小企業の求人倍率と大企業の求人倍率には大きな差がある

（株）リクルートワークス研究所「第40回ワークス大卒求人倍率調査」

　雇用をめぐる環境の変化とともに、働く側の意識も変化している。企業が職業能力や経験を重視しているのに対して、若者は良好な人間関係やプライベートの充実を重視する傾向がある。出世を望まない社員も以前より増えている。価値観やライフスタイルが多様化する現代、とくにコロナ禍後は、**ワーク・ライフ・バランス**（➡**社会❸**）に力点をおいた「**働き方改革**」（➡**社会❷**）が進められている。各人が個々の能力を最大限に生かしながら働くためには、働く側にも一人一人の個性や特徴に応じたキャリアデザイン（自分の職業人生のプランを自ら構想し決定すること）を設計することが求められる。

|関|連|用|語|

❶年功序列型賃金
年齢や勤続年数に応じて給与が上昇する賃金体系。

❷リストラ
リストラクチャリング（restructuring）の略語。企業が体質強化のため部門や事業を再構築するのが本来の意味だが、日本では「人員削減」を指すことが多い。

❸ニート（NEET）
「Not in Employment（雇用）, Education（教育）or Training（訓練）」の略語。15〜34歳の若者で、就業、就学、職業訓練を行っていない人のこと。

❹セーフティネット
病気やけが、失業などで生活が困窮した際に、憲法第25条の「健康で文化的な最低限度の生活を営む権利」を保障するためのさまざまな社会保障制度のこと。失業保険や生活保護などを指す。

巻頭特集

1 国際

2 政治経済

3 環境

4 科学技術

5 情報・通信

6 教育

7 医療・健康

8 福祉

9 社会

5 格差社会

国民の階層間の格差が大きく、その階層を移動することが困難な社会のこと。バブル経済崩壊後の経済状況の中で、特に所得格差が拡大し、大きな社会問題になっている。

解説 「格差社会」という場合、特に経済面の格差を指すことが多い。つまり、富裕層と貧困層に二極化した社会である。バブル経済崩壊後の雇用環境の変化によって増加した非正規労働者は、**派遣切り（❶）**に代表される不安定な雇用や低賃金のため、正社員との間で賃金格差が広がっており、いくら働いても貧困から抜け出せない**ワーキングプア（❷）**層が増え続けている。特に若者がワーキングプアの状態にあると将来の展望を持てないため、結婚や出産に消極的になる傾向がある。それによって、少子化の進行や、税収の減少による国や地方自治体の財政悪化、日本経済の縮小や成長力の低下など、さまざまな問題が生じるおそれがある。

また、格差があるのは正社員と非正規労働者の間だけではない。大都市と地方の格差、大企業と中小企業の格差、世代間の格差なども拡大している。

ポイントは… 機会の確保

資本主義社会は自由競争を基本原理としているため、格差が生じるのは仕方がないという主張がある。しかし、格差社会の最大の問題は、格差の固定化と再生産である。低賃金の非正規労働者がなかなかその状態から抜け出せなかったり、貧困層の家庭に生まれた子どもが十分な教育を受けられず、貧困層から抜け出す機会を得ることができなかったりする状況は、決して放置してはならない。

格差に苦しむ人たちに対しては、失業保険や生活保護など**セーフティネット（➡社会❸）**としての社会保障を充実させることが重要だが、それ以上に大切なのは、貧困を脱するための多くの機会が与えられることである。奨学金による教育支援や、再チャレンジ可能な雇用環境の整備など、さまざまな分野で機会が保障されることが求められる。

Column ジニ係数

社会の所得格差を把握するための指標に「**ジニ係数**」がある。係数の範囲は0〜1で、値が0に近いほど所得格差が少なく、1に近いほど所得格差が大きいことを表す。0.4を超えると社会が不安定化するおそれがあるとされている。日本のジニ係数は、先進国の中では低い方だったが、1990年代から上昇傾向（格差拡大を表す）にある。

関連用語

❶派遣切り
派遣社員の派遣契約を打ち切ることだが、広くパートタイマーやアルバイトなどを含めた非正規労働者との契約の打ち切りのこともいう。

❷ワーキングプア
フルタイムで働いているにもかかわらず、生活の維持が困難、あるいは生活保護基準にも満たない収入しか得られない就労者。

6 地域活性化

人口減少による過疎化や、少子高齢化に伴う住民の年齢構成の変化によって、多くの地域が、人口や税収の増加を狙う地域活性化の必要性に迫られている。

解 説　地方から都市への人口流入が長く続き、地方の過疎化が進んだ日本では、今後も少子高齢化や人口減少により、地域がさらに衰退することが予想される。これまですでにさまざまな地域活性化策が採られてきたが、東京一極集中は是正されず、むしろ進行してきた。そこで、2014年度から、安定した雇用の創出と、それによる地方の人口増加、子育て世代への支援強化などの施策によって人口減少に歯止めをかけ、地域経済の成長に結び付けようとする「**地方創生**」への取り組みが始まっている。

ポイントは… 若い世代の受け入れ

　地域活性化のカギのひとつは、若い世代が「ここに住み続けたい」と思えるような環境を整えていくことにある。地理的には不便な地域でも、徳島県神山町のように、静かで豊かな自然環境や職住近接を背景に、自由度の高い**テレワーク**(➡情報・通信❶)が可能なIT環境が整えられた結果、多くの企業が設置したサテライトオフィスで働く若者が増えた事例がある。

Column

震災復興とまちづくり

　東日本大震災で被災した各地で、防潮堤の建設や、新たなまちづくりとして商業地・居住地の高台移転などが進められている。

　しかし多くの地域はもともと人口減少や産業の衰退などが進んでいたので、巨額の公的資金を用いてインフラ整備を行っても、若い世代を中心に人は戻らず、思うような地域活性化には結びつかないと懸念する声もある。

　他にも行政に期待されることは少なくない。地域外の人材を積極的に受け入れ、多様な地域協力活動を行ってもらう「**地域おこし協力隊(❶)**」の制度はその例である。地域活性化のために働く隊員がその後、定住・定着してくれれば、地域社会にとって一石二鳥にもなる。あるいは、「シャッター通り」につながる空き店舗等の有効利用や、私立大学の公立化など、学生減に悩む地方大学の振興・支援策の検討も必要だろう。

　地域社会が新たな住民の受け入れに消極的なケースもあるが、外から流入する若い世代による地域活性化なしでは、地域社会の存続自体が難しく、都市部では生活に必要なインフラ整備が不十分になり、地方では「**限界集落(❷)**」化していく可能性が大きい。一方で、将来的に防ぎ得ない人口減少を前提にして、生活上必要な都市機能と居住区域を一定範囲に集めた「**コンパクトシティ**」による街づくりを進めている自治体もある。

　いずれにせよ、それぞれの地域の特性を活かし、その地域ならではの地域活性化ができるかどうか、まさに生き残りをかけたチャレンジになる。

関連用語

❶地域おこし協力隊
人口減少や高齢化が著しい地域で、通常1〜3年の期間、地方自治体の委嘱を受けた人がその地域で生活し、さまざまな地域協力活動に従事する。

❷限界集落
65歳以上の高齢者が人口の半数を超え、医療を含めた最低限の社会インフラが維持できない困難な状況にある集落を指す。

巻頭特集
1 国際
2 政治・経済
3 環境
4 科学・技術
5 情報・通信
6 教育
7 医療・健康
8 福祉
9 社会

7 マイナンバー

2016年1月に「行政・税金に関する事務の効率化」などを目的に「マイナンバー制度」がスタートした。しかしその認知度は低迷し、普及はなかなか進まず、政府はさまざまな手段を使って「マイナンバーカード」の取得を後押し続けている。

解 説 「**マイナンバー制度**」は、外国人を含め住民票を持つ者すべてに、社会保障と税の分野で共通する12桁の識別番号（マイナンバー）を割り当てる制度で、これは、住所や生年月日などの身分証明にもなる基本情報だけでなく、その人の所得や資産など行政機関や民間企業の持つ個人情報を、「情報提供ネットワークシステム」を通じて、効率的に収集・管理・活用していこうとする仕組みである。この制度によって、個人の所得や資産をより正確に把握したうえで、それに応じた適切な社会保障給付が可能になると期待されている。そのほか、各種の行政手続きに必要な添付書類が省略できること、災害時の本人確認や医療情報の継続的管理に役立つことも、制度導入によるメリットとされる。政府は2022年度末までにほぼすべての国民にマイナンバーカードが普及することを目標としてきたが、2023年6月末時点での国民への普及率は、全人口の約70%に留まっている。

現行のマイナンバーカードに組み込まれたICチップには空き領域があり、2021年から健康保険証としての利用が可能となった。今後、運転免許証などの機能も組み込ませることが予定されている。さらに、各自治体などでさまざまな行政サービスに利用することも可能だが、扱う情報の範囲が広がるほど利便性が増す反面、情報流出や不正利用への懸念も高まる。

●マイナンバーカード

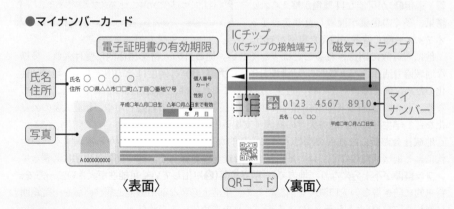

ポイントは… プライバシーなど基本的人権を守れるかどうか

政府の目標とは裏腹に国民のマイナンバーカード取得はなかなか進まず、そのため政府は、カードを作ればキャッシュレス決済で利用できる「マイナポイント」がもらえるといったさまざまな特典を用意して、取得を後押ししている。しかし、政府の思惑通りに普及が

進まなかった背景には、自分の個人情報などを国家に管理される**「管理社会」**に対する国民の不安感や警戒心もあるのではなかろうか。

従来の「管理社会」という用語は、**官僚制（❶）**というしくみと結びつけて批判的な文脈で用いられることが多かった。だが、現代の管理社会は、官僚制だけでは説明できない複雑な構造を示す。例えばICTの進歩によって、行政・企業が大量の個人情報を一元的に処理・管理できるようになったが、そこでは「管理―被管理」または「支配―従属」といった関係が、従来ほどあからさまには強調されない。そのため、人々は行政や企業によって管理・支配されていることに気づきにくい。

管理社会は、行政の効率化や治安の維持といった目的のうえでは効果的だろう。しかし、そうした目的だけが優先されれば、息苦しさを覚える**「監視社会」**と化し、自由や基本的人権がないがしろにされるおそれも強まる。

近年、駅や商店街、公園など多くの人が集まる場所に防犯カメラが設置されるようになった（街頭防犯カメラシステム）。高速道路や主要幹線道路でも、全国で約1,800か所に通過車両のナンバープレートを読み取る監視カメラが設置されている（Nシステム）。こうしたシステムが防犯や犯罪捜査に一定の役割を果たしている。

だが、こうした新しいシステムによって、人々のプライバシーが侵害されたり個人情報が漏洩する事件はあとを絶たない。マイナンバーカードについても同様で、導入まもなく、行政の誤入力などシステム管理上の不満が明らかになった。管理する側の都合で、私たちのプライバシーが侵害されたり、自由や基本的人権が損なわれたりすることがないよう、セキュリティの確保や、人権侵害を防ぐ対策が欠かせない。

入試出題例

課題文（読売新聞2015年9月4日）にあるように、国内に住むすべての人に番号を割り振る共通番号制度、いわゆる**マイナンバー制度**が始まる。これにより私たちの生活も変化することになるが、何故マイナンバー制度の導入が必要なのか、説明せよ。[600字]　　　　　　（国士舘大／政経／2016）

マイナンバーの使用者のメリット・デメリットはしばしば話題になるが、ここでは「導入の必要性」について問われていることに注意したい。マイナンバー制度導入の目的としては、行政機関や地方公共団体などの「行政の効率化」、利用者は個人のポータルサイトである「マイナポータル」から地方公共団体がもつ自分の個人情報を閲覧でき、必要なお知らせを受け取れ、添付書類の削減など行政手続きの簡素化も期待される「国民の利便性の向上」、所得や他の行政サービスの需給状況が把握しやすくなり、必要な人に適切な公的支援がなされる「公平・公正な社会の実現」の三つのポイントを掲げている。

|関|連|用|語|

❶官僚制（ビューロクラシー）

大規模な組織を効率的に運営するための管理運営形態で、ドイツの社会学者ウェーバーが定義づけた。組織の構成員の役割や上下関係は明確に定められ、ピラミッド型の指揮・命令系統、専門性の重視、文書主義と規則万能主義などを特徴とする。官僚制は、縦割りのセクショナリズム（組織内で各部門が協力せず、自部門の権限や利害を優先する傾向）や形式主義、秘密主義、事なかれ主義に陥りやすく、個人の自主性を妨げ、人間性を抑圧するシステムにもなりうる。

8 防災

東日本大震災や熊本地震は、私たちが自然災害の多い国に住んでいるという事実を改めて突きつけた。天災にいかに備えるか、一人一人が考える必要がある。

解説

日本は地理的・気候的な条件から自然災害が発生しやすく、昔から地震や火山の噴火、台風、豪雨などの災害に何度も見舞われてきた。そのため政府は1961年に災害対策基本法を制定して以来、自治体とともに積極的に防災に取り組んできた。防災体制の整備に伴い、自然災害による被害は減少傾向にあったが、1995年の阪神・淡路大震災、そして2011年の東日本大震災では多数の死者や行方不明者を出し、人々は自然災害の脅威を改めて思い知らされた。その後も火山の噴火や洪水被害などが相次ぎ、2016年には熊本地震が発生した。国民の防災意識が高まる中、政府は駿河湾から四国沖に延びる海溝である「南海トラフ」を震源とする巨大地震や首都直下型地震の被害予想を発表しており、火山噴火や水害対策を含めた防災体制の強化を進めている。

ポイントは… ハードとソフトの両面からの取り組み

阪神・淡路大震災以降、「**減災**」の取り組みが進められている。防災が「被害を出さないための取り組み」であるのに対し、減災は「災害による被害を想定し、被害を最小限に抑えるための取り組み」を指す。

「防災」「減災」のためには、防潮堤やダムといったハード面の対策だけでなく、災害発生時の情報提供の仕組みや避難方法の確立など、ソフト面の対策も合わせた取り組みが不可欠である。近年各自治体では**ハザードマップ（❶）**を作成し、予想される災害や被害の規模についての注意喚起や、避難経路の整備を行っている。国や自治体が行う「公助」だけでなく、個人が普段から災害に備える「自助」の意識を高めておくことが重要である。

Q 「災害弱者」とは、どのような人のこと？

A 危険を知らせる情報を受け取ることが困難な人、または災害時に危険を察知して適切な行動をとるのが困難な人のことです。

防災行政上は「災害時要援護者」といい、具体的には高齢者、障害者、乳幼児、傷病者、外国人などを指します。東日本大震災ではこうした多くの人々が犠牲となったため、災害弱者対策の観点からも防災を見直すことが求められています。

関連用語

❶ハザードマップ
自然災害により予想される被害を地図上に表したもの。災害の発生予測地点、被害の規模とその範囲、避難経路と避難場所などが示されている。

＊惨事ストレス
災害で惨惨な状況に遭遇して生じるストレス反応。恐怖や無力感、自責の念などから心身に不調をきたし、PTSD（心的外傷後ストレス障害）になる場合もある。

9 ボランティア活動

ボランティア活動は、何かの問題の解決や改善のために「自発的に」「無償で」行うものとされるが、日本では動員や強制を伴う場合でもボランティアと呼ぶことが多い。

解説　東日本大震災では、多くの**災害ボランティア（❶）**が被災地で活動したことが報じられたが、現代の日本では、社会福祉、まちづくり、教育、芸術文化、環境保全などさまざまな分野でボランティアが活躍している。ボランティア活動をする人を支援する組織としてボランティアセンターがあり、情報の収集やコーディネート業務などを行っている。ボランティアの大半は主婦や定年後の高齢者だが、ボランティア休暇を認める企業も増えてきた。なお、近年は行政や企業がコスト削減のために、ボランティアの力を借りることを前提として計画を立てることが増えている。また、経費や報酬が支払われる有償ボランティア、受験や就職で有利になることを見越したボランティア、学校の教育課程に組み込まれている義務化されたボランティアなど多様な活動があり、これらはボランティア本来の趣旨に沿わないという意見もある。

ポイントは… 何のためにやるか、何を得るか

　ボランティアで得るものは、その活動をすることで感謝される喜び、達成感、仲間との連帯感、新たな考えや価値観を知るなど精神的なものが中心である。その意味で、ボランティア活動は相互利益で成り立っており、「やらせてもらう」という姿勢が不可欠である。新たな体験をし、「やってよかった」と思えることが、最大の報酬といえるだろう。

入試出題例　課題「ボランティア」　ボランティアの経験の有無にかかわらず、あなたの考えを述べよ。［字数指定なし］ （弘前大／医／2016）

　問われていることが漠然としている設問では、自分で論点を見つけて論を組み立てる必要がある。どのような問題提起、結論にするかを明確にしておかないと、曖昧でわかりにくい内容になってしまうので注意しよう。経験したことがある人は、それを軸にして具体的に論じるとよい。経験がない人は、メディアで取り上げられたボランティアに対する意見、なぜ自分がやったことがないかなどを自由に論じるとよい。

関連用語

❶災害ボランティア
被災地で活動するボランティア。1995年の阪神・淡路大震災では、多くのボランティアが全国から駆けつけたため、「ボランティア元年」と呼ばれている。

＊青年海外協力隊
ODA（政府開発援助）の一環として、開発途上国に技術・技能を持った20歳以上の者を1～2年間ボランティアとして派遣する制度。69歳まで応募可能だが、46歳以上は海外協力隊と呼ばれる。

10 成人年齢

2015年6月に**公職選挙法(➡政治・経済❶)**が改正され、選挙権年齢が「20歳以上」から「18歳以上」に引き下げられた。2016年夏の参議院議員選挙から適用され、約240万人の18、19歳の若者が新たに有権者となった。選挙権年齢が拡大するのは70年ぶりである。

解説 2015年の公職選挙法改正によって、選挙権年齢が18歳に引き下げられた。また、民法改正によって**成人年齢(❶)**も2022年4月から18歳に引き下げられた。ただし少年法においては18・19歳は特定少年として扱われ、20歳以上の成人とは異なる刑事手続が適用され、20歳未満の者の飲酒禁止も変わっていない。今後飲酒・喫煙、公営競技の許容年齢なども、選挙権や民法の成人年齢に合わせて引き下げるべきかどうか、意見が分かれている。

ポイントは… 10代の若者の意識はどうか

成人年齢引き下げは、急速な少子高齢化を背景に、若い世代の社会参加や政治参加が進むことへの期待や、国際的にも18歳成人が主流という事情があった。

選挙権年齢が18歳に引き下げられた直後の参議院議員選挙では比較的高い投票率を記録したが、その後の国政選挙では投票率が落ち込み、若者の政治離れ解消には必ずしも結びついてはいないようだ。

2018年に実施された日本財団の意識調査では、17～19歳の約6割が成人年齢の引き下げに賛成しており、その理由としては、

Column 政治的中立性

授業で主権者教育を行う場合、いかに「政治的中立性」を確保することができるかについて、多くの高校教員が悩んでいる。2015年のNHKの調査では、授業で現実の政治を扱う際に、「政治的中立性」を担保できるかどうかについて、戸惑いや不安を「感じている」という答えが70%に達した。その理由としては、「中立性を判断する基準が曖昧」「保護者や政治家など、教室外からのクレームが心配」といった声が寄せられている。

「大人としての自覚が持てる」「責任感が芽生える」といったものが多かった。一方、引き下げ反対派は「無責任な大人が増えそう」「大人としての自覚を持てない人が多そう」という意見が目立った。それぞれの意見のなかで、「大人としての自覚が持てるかどうか」「責任ある行動がとれるかどうか」が「成人」の分かれ目にあると見ることができよう。

ところで、成人年齢が引き下げられても、「飲酒、喫煙は20歳から」といった現行のルールは維持されているが、ローンやクレジットカードの契約は保護者の同意なしに可能になった。このことから、新たな消費者トラブルの発生も懸念されている。

関連用語

❶成人年齢
成年(大人)に達したと見なされる年齢で、国によって14～21歳とばらつきがある。1989年に国連で採択された「児童の権利に関する条約」(子どもの権利条約)では、18歳未満を「児童」と定義している。

11 食育

一人一人が安全な食品を選ぶための知識を身につけ、伝統的な食文化を受け継ぎ、健全な食生活を実現して健康に暮らせるよう、食について学ぶ取り組みのこと。

解説 現代の社会環境や家庭環境の変化は、食生活にも大きな影響を与えており、朝食の欠食に代表される不規則な食事や偏食によって栄養バランスが崩れた結果、体調への悪影響や、肥満・**生活習慣病**(➡医療・健康❼)の増加が指摘されている。また、食の好みの変化や外食が増えたことで、地域ごとの食の特徴や旬の食材を味わうといった機会が減少しつつある。これは食事だけの問題でなく、その土地の農業や水産業とも関わる問題である。さらに、食事は単に栄養を補給するだけでなくコミュニケーションの機会でもあるが、近年では子どもの**孤食(❶)**が問題視されている。

ポイントは… 一人一人が食について考える

国は2005年に**食育基本法(❷)**を制定し、「食事バランスガイド」をはじめとした食育や健康に関するさまざまな情報を提供している。また、学校や自治体でも、給食に郷土料理を取り入れたり、農業体験をさせたりするなどの食育の取り組みを行っている。

「食育」という言葉は子ども向けのような印象を与えるが、実際はすべての世代に関わる言葉である。食事のバランスや健康はもちろん、食料自給率、食文化、食の安全などさまざまな方面に関心を持ち、得た知識を積極的に食生活に取り入れることが大切である。

> **入試出題例** 特に子供のうちに健全な食生活を確立するための食育の取り組みは重要である。内閣府「第3次食育推進基本計画」を読んで、望ましい食習慣を身に付けるためのあなたの考える子供のころからの食育推進のプランを述べよ。なお、次の語群(食育の推進、健康長寿、日本型食生活、食農教育、学校給食、地産地消、郷土料理、食文化の継承 など21語)から7つ以上使用し、記述すること。[1000字] (琉球大/農/2017)
>
> 食生活と健康な生活は密接な関係を持っているが、その重要性を理解しなければ効果的な実践はできない。ただ必要だからと押しつけるのではなく、子どもの食の好みとのバランスも取りながら進めることが重要となる。

関連用語

❶孤食
一人で食事をすること。「個食」とも書く。子どもの孤食の場合は、栄養バランスの偏りや心理面に与える影響が懸念されている。

❷食育基本法
正しい食生活や農林水産物・食品産業などへの理解、

安全な食品の選び方、食への感謝の気持ちなど、食に関して総合的に学ぶことを求めている。

＊スローフード運動
標準化・画一化された食ではなく、その土地の伝統的な食文化や食材の価値を見直し、豊かな食生活を継承していこうとする運動。

巻頭特集

1 国際

2 政治経済

3 環境

4 科学技術

5 情報通信

6 教育

7 医療・健康

8 福祉

9 社会

12 現代の若者

いつの時代も、大人たちから「今どきの若者は……」と見られてしまう若者だが、現代の日本の若者の価値観や意識には、どのような特性があるだろうか。

解説 2014年に日本・韓国・中国・アメリカの4か国を対象として行われた**高校生の生活と意識に関する調査（❶）**によると、自分自身に対する評価では、「人並みの能力がある」「体力には自信がある」「勉強が得意な方だ」「希望はいつか叶うと思う」などのポジティブな項目についての評価が4か国中最も低かった。逆に、「自分はダメな人間だと思うことがある」「自分の将来に不安を感じている」「周りの人の意見に影響される方だ」などといったネガティブな項目については高かった。さらに、体験活動において「体の不自由な人、お年寄りなどの手助けをした」という割合や、親子関係において「親（保護者）を尊敬している」「どんなことをしてでも自分で親の世話をしたい」という回答の割合も他の3か国に比べて低いという結果になった。

また、2018年に行われた**我が国と諸外国の若者の意識に関する調査（❷）**によると、「学校に通う意義」について、日本の若者の回答で割合が高かったのは「一般的・基礎的知識を身に付ける」「学歴や資格を得る」「自由な時間を楽しむ」「友達との友情をはぐくむ」であった。一方、「仕事に必要な技術や能力を身に付ける」は諸外国平均から目立って低く、特に差が見られた。これは、本来は学びの場である学校においても、知識や技術の習得より、他者から見られる自分を意識し、友人関係への配慮を最重視していると読み取ることができる。

これらの調査結果からは、将来の明るい展望を持つことができず、挑戦よりも安定を求める消極的な傾向が見て取れる。また、一人になることを恐れ、誰かとつながることを求めて人間関係に過剰に気を遣い、自分の個性を主張することなく、身の丈に合った幸せを求める若者像が浮かんでくる。

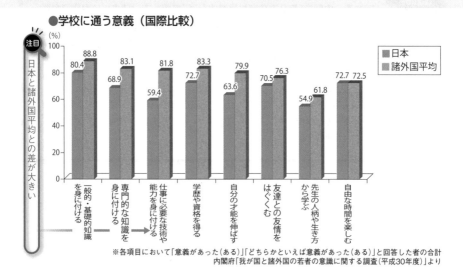

●学校に通う意義（国際比較）

注目
日本と諸外国平均との差が大きい

■日本　■諸外国平均

一般的・基礎的知識を身に付ける　80.4／88.8
専門的な知識を身に付ける　68.9／83.1
仕事に必要な技術や能力を身に付ける　59.4／81.8
学歴や資格を得る　72.7／83.3
自分の才能を伸ばす　63.6／79.9
友達との友情をはぐくむ　70.5／76.3
先生の人柄や生き方から学ぶ　54.9／61.8
自由な時間を楽しむ　72.7／72.5

※各項目において「意義があった（ある）」「どちらかといえば意義があった（ある）」と回答した者の合計
内閣府「我が国と諸外国の若者の意識に関する調査（平成30年度）」より

時代を反映する若者像

　若者たちの行動や心理は、その時代の状況と無関係ではない。現代の若者の場合は、子どもの頃からずっと不況が続いてきたため、将来に期待せず、内向きであるといわれる。2021年に実施された「コロナ禍を経験した高校生の生活と意識に関する調査」においても、「自分の将来に不安を感じている」と回答した割合が諸外国と比較して最も大きかったことからもその傾向が読みとれる。一方で、物が豊富にあり、飢えることがない社会であることから、何かに貪欲になることが少なく、現状維持や安定を求める傾向が強い。また、子どもの頃からインターネットやスマートフォンに親しんでいるため、情報に関するスキルは高く、情報の発信も活発に行っている。しかし、インターネットを介して多くの人とつながっていても、その人間関係は希薄であり、表面的な結びつきにとどまることが多い。このような状況にある若者たちは、誰とでも気軽にコミュニケーションができる一方で、一歩踏み込んだ深い友人関係は築きにくくなっているともいわれている。さらに、「KY(空気が読めない)」という言葉が一時期流行したように、他人の感情や場の雰囲気への同調性や社交性に重きを置く傾向が強いが、それは周囲と異なることを恐れるためだともいえるだろう。

　ただし、このような若者像はあくまで傾向として見られるものであり、個々の若者の実態のすべてではもちろんない。いつの時代も、若者には何かしら批判的なレッテルが貼られてきたが、そのように固定された枠に収まらないのもまた若者である。一面的な見方にとらわれずに、自分らしく生きるとは何かを考えることも大切だろう。

> **入試出題例**
>
> 若者たちは昔から年長者たちの批評の対象になってきた。「最近の若者は○○である」という言い方は、すでに古代ギリシャの文献にあるそうだ。こうした年長者の言葉には、思わず反論したくなるようなこともあるだろうし、「なるほど」とうなずいてしまうこともあるだろう。最近あなたが気になった若者に対する批評にはどのようなものがあるか。実例をひとつ挙げ、それについて考えるところを記述せよ。[1200字]　(鹿児島大/法文/2016)

　「若者の○○離れ」をはじめとして、若者を一言で論じる言い方はさまざまである。どの批評を取り上げるにしろ、感情的に反論するだけでは論点がぼけてわかりにくい内容になる。自分や周囲の人々の現実の様子や実体験を含めて論じると、具体的で説得力のある内容になるだろう。

関連用語

❶高校生の生活と意識に関する調査
2014年、国立青少年教育振興機構が、4か国の高校生を対象に集団質問紙法で実施した。サンプルの回収数は7,761。

❷我が国と諸外国の若者の意識に関する調査
内閣府により、「世界青年意識調査」の後継として2018年に実施された調査。7か国の13歳から29歳の男女を対象に行われた。サンプルの回収数は7,472。

13 日本語

外国語としては学ぶのが難しいとされる日本語敬語の使い方、若者言葉、慣用句の意味の誤用など、さまざまな場面で「日本語の乱れ」が指摘されている。

解　説　日本語の乱れが感じられる点としては、若者言葉や「**ら抜き言葉**」(**❶**)、「**さ入れ言葉**」(**❷**)、「**ぼかし言葉**」(**❸**)、外来語の多用などが指摘される。また、敬語の使い方もよく問題にされる。日本語では、内部での上下関係に、内と外での使い分けが加わり、社内では尊敬語で話すべき上司を、社外では敬称を付けずに紹介したり、謙譲語を使って話したりするのが正しい用法になる。

また、「御覧になられますか」(正しくは「御覧になりますか」)のような尊敬語や謙譲語を重ねた二重敬語や、「お会計のほう、千円になります。」などのいわゆる「**バイト敬語**」も批判される。さらに「流れに棹さす」や「気が置けない」の意味を多くの人が誤解しているように、**慣用句の誤用**も日本語の乱れを表す例と言えよう。

日本語の乱れの一因として考えられるのが、話し言葉と書き言葉の混同である。話し言葉はその場限りのものであるため、非論理的で正確さに欠け流動性が高い。友人同士のメールやSNS上のなどで話し言葉中心の情報発信に慣れ、書き言葉の文章を読まない・書かない生活をしていると、両者の混同や誤用が起こりやすい。

ポイントは… 日本語の乱れか日本語の変化か

2021年度の「**国語に関する世論調査**」(**❹**)でも、8割以上の人が「言葉や言葉の使い方について課題がある」と回答しており、言葉への関心は決して低くない。もっとも、言葉は変化するものであり、最初は誤用であっても、時間の経過とともに許容され定着することも多い。その意味では、すべての変化を一様に「乱れ」と決めつけることはできない。言葉はコミュニケーションに不可欠なものである。円滑な意思疎通を行うためには、時と場合に応じた言葉遣いをすることが重要であろう。

 読んでみよう!

『日本語練習帳』
大野晋(岩波新書)

単語の意味、敬語の基本、文の組み立てなど、日本語を読んだり書いたりするための基本を学べる1冊。各章にある問題を解きながら読み進めてみよう。

関連用語

❶ら抜き言葉
「見れる」のように、本来の言い方「見られる」から「ら」を抜いた言い方。受身との区別が明確になるため、広い年代で使う人が増えている。

❷さ入れ言葉
「読まさせていただく」のように、本来の言い方「読ませていただく」に余計な「さ」を入れた言い方。

❸ぼかし言葉
「○○的には」「○○とか」「○○みたいな」のように断定を避けた言い方。若者が多用する傾向がある。

❹国語に関する世論調査
文化庁が国語への意識や理解を調査するために1995年から毎年実施している。全国の16歳以上の男女約3500人を対象として、個別面接で行われる。

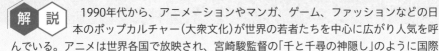

14 日本文化の広がり

日本文化の中で特に若い世代に支持されるマンガやアニメなどは、海外でも高い評価を得ており、それが日本の好感度アップにも貢献している。

解説 1990年代から、アニメーションやマンガ、ゲーム、ファッションなどの日本のポップカルチャー（大衆文化）が世界の若者たちを中心に広がり人気を呼んでいる。アニメは世界各国で放映され、宮崎駿監督の「千と千尋の神隠し」のように国際的な映画祭で高い評価を受けた作品もある。マンガも多くの国で翻訳・出版され、「manga」という言葉が広く受け入れられるようになった。

また、主にアニメやマンガのキャラクターの形容に用いられていた「**カワイイ**」(kawaii)という日本語は若い世代を中心にグローバルに流通しており、日本のキャラクターやファッションを表すキーワードとなっている。従来の日本文化への関心は、歌舞伎・茶道・華道・着物などの伝統文化が中心だったが、アニメ等のポップカルチャーは年代を問わず楽しむことができるため、若者が親世代になったときに自然に子どもに受け継がれ、今後ますます日本文化として広がるという見方もある。

 世界に向けて発信し続けるために必要なこと

日本文化の世界的な広がりは、**ソフト・パワー(❶)** としての力を持つ。日本文化を通して日本に興味を持ち、日本に旅行や留学をする人、日本語を学ぶ人も増えている。また、ポップカルチャーを軸にした商業展開のもたらす経済効果も大きい。そのため国はポップカルチャーや**コンテンツ産業(❷)** に注目し、官民ファンドの「クールジャパン機構」を設置して伝統工芸などを含めた日本文化の海外進出を促進しようとしている。日本文

 Column コミックマーケット（コミケ）

年に2回開催される世界最大規模のマンガ同人誌即売会。年々規模が拡大し、新型コロナウィルスの影響で人数を制限する前は3日間で50万人以上の参加者を記録していた。同人誌の販売のほか、コスプレが行われるなど日本の**サブカルチャー(❸)** を創造・発展させる場でもあり、海外からの参加者も年々増えている。

化が今後も国際的なアピール力や競争力を維持するためには、制作者の育成、労働環境の改善、著作権の管理、制作やPRにかかる費用の調達、文化摩擦への配慮などが欠かせない。多様な産業が連携して取り組む必要があるだろう。

関連用語

❶ソフト・パワー
軍事力・経済力を指すハード・パワーの対義語。その国の文化・価値観・制度が理解・共感を得ることによって国際社会での発言力などを獲得する力。

❷コンテンツ産業
「コンテンツ」とは情報の内容のことで、アニメ・マ

ンガ・ゲーム・音楽などのこと。それらに制作・管理・流通などで関わる事業が「コンテンツ産業」である。

❸サブカルチャー
既成の正統的な文化（メインカルチャー）とは異なる二次的文化のこと。若者文化や大衆文化（ポップカルチャー）などを指す。略して「サブカル」。

　自己の利益よりも他者の幸福・利益を優先・尊重する考え方で、「利己主義（egoism）」の対義語として、フランスの社会学者コントが使い始めた造語と言われる。現在、戦争や環境問題、資源・エネルギー問題など地球規模の人類の課題を考える時に、こうした考え方の必要性が改めて主張されている。

利他主義とは

　「利他」とは、もともとは仏教の考え方の「他人を思いやり、自己の善行による功徳によって他者を救済する」という意味である。上座部仏教の立場では、自分だけが悟りを得て苦を滅することを「自利」と呼びむしろ尊重するが、自分だけではなく一切衆生の救済を目指す「菩薩」の「利他」のあり方こそが、大乗仏教では理想とされた。ただしそこでは自分の救済はどうでもいいわけではなく、自己も他者も同時に救われることが目指される。一般的に、人を利他主義に向かわせる内的要因としては、自己満足や自尊心の高揚、罪の意識からの解放などが挙げられるが、人によって異なり、一様ではない。「利他」という行動のパターンに注目すれば、「困っている状況にあると判断される他者を援助する行動のうちで、自分の利益を主な目的としない行動」と定義できる。社会科学では、他人が追求する善（利益）を行動の義務、正しさの基準と考える立場で、**倫理的利己主義**（egoism＝エゴイズム）や場合によっては**功利主義**（❶）と対立する。

　利他主義は多くの宗教上の教義にもその主張がみられ推奨されることが多いが、人間にはどうしても利己的傾向が存在するため、極端な利他主義は独断となりがちである。利他的な行動が、当人に無意識の優越感や有能感をあたえてしまうこともある。さらに、各人が自分のことをまったく考えず、他人のためだけになるであろうことを自分勝手に考えても、かえってそれが「大きなお世話」のように相手に迷惑を及ぼすこともあるし、自己完成の努力を怠ることもあり得るため、規範的にも普遍的格率（❷）とはなりにくい。

想像力を発揮できるかどうか

　例えば、コロナ禍では、面識のない他者であっても、その相手の感染を食い止めようと尽力することが、結局は自分自身の感染の危険性を小さくすることにつながる。これは「利他主義」が現代社会においても十分通用している好例でもある。「情けはひとのためならず」という言葉は「他者に対する同情は相手を甘やかすことになるから良くない」という意味ではなく、「他者を思いやった行動はその相手のために行うのではなく、そうした行為が巡り巡って結局は何らかの形で良い報いが自分に訪れる」といった内容が本来の意味で、考え方によっては対義語の**利己主義**に結びつく。（つまり「利他主義」と言いながらその行為は最終的には自分のためになっているということ。）「利他主義」という言葉には、このように偽善的な要素が含まれていることもあるだろう。

しかし、たとえ偽善であろうとなかろうと、何らかの支援・援助を待ち望む他者は確実に存在する。自分がそうした人々の置かれている状況に思いを寄せることができるかどうかこそがまずは問われよう。行動の有無を重視する立場からは、その行動が善かどうかはさほど問題にならず、「しない善よりする偽善」と表現されることもある。こうした言い方をいかに評価できるか、またはできないかということも考えておきたい。

 読んでみよう！

『「利他」とは何か』
伊藤亜紗編（集英社新書）

 東工大の人文社会系の5人の研究者が「利他」について考える。はたして自己犠牲を伴い他者と関わることがより良い社会の成立につながるのだろうか。

入試出題例

（課題文を読んで）上述の文章で説明された合理的利他主義や効果的利他主義の考え方について、あなたの思うところを500字以内で述べなさい。[500字]

（高崎経済大／経済／2022）

「合理的利他主義」「効果的利他主義」とは、共感よりも理性に基づいて行動することを重視する利他主義の立場を指している。課題文からそのことを読み取った上で、例えば、「地球上の人間が皆、先進国アメリカの国民と同じようなライフスタイルを望めば地球がさらに5個必要になる」などと言われるように、地球規模の環境問題や貧困問題などは「共感」だけでは解決しにくいことにも気を配りたい。

｜関連用語｜

❶功利主義
人間の行為が正しいかどうかの判断を、その行為が快楽や幸福をもたらすかどうかで決めようとする考え方。一般的に、快楽は数量的に計算できるとするベンサムらの量的功利主義と、快楽には質的に低いものと高いものという差があるとするミルらの質的功利主義とに大別される。

❷普遍的格率
いつでもどこでもだれにとっても正しいと認められる行動原則のこと。カントは「主観的な行動原則」としての「格率」が「普遍的立法の原理として妥当するように行為せよ」と述べた。

日本論・日本人論

近年、日本人としての誇りや日本文化・日本社会のすばらしさを強調し、長い不況のもとで元気のない日本人を鼓舞するような主張が多く見られる。

従来の日本人論

和辻哲郎は、著書『風土』の中で、日本の自然は豊かな恵みをもたらす一方、台風のような猛威を振るうこともあるので、人間は「受容的かつ忍従的」になると指摘している。四季が織りなす変化に富んだ自然は、日本人のこまやかな感情や情緒を持った独特の美意識を育んでいったといえる。

日本文化の特徴としては、和を尊ぶ融和の精神や、突出することより横並びを意識する集団主義などが、よく指摘される。

日本論・日本人論をめぐるキーワードも多彩である。「**ウチとソト**」(**❶**)、「**本音と建前**」といった日本人の二面性を示すものや、新渡戸稲造が伝えた「**武士道**」、ルース・ベ

●日本の伝統的な美意識

みやび	上品で優雅なこと
あはれ	深くしみじみと心ひかれる感じ
幽　玄	微妙で奥深い味わいや美しさ
わ　び	簡素・清貧・閑寂の美 (千利休がわび茶で理想とした)
さ　び	孤独の中に感じるやすらぎ (松尾芭蕉が俳諧で重視)
粋(いき)	潔くさっぱりしている様子 (江戸の町人の理想)
通(つう)	人情味があり洗練されている様子 (上方の町人の理想)

ネディクトによる「**恥の文化**」、中根千枝が解き明かした「**タテ社会**」、土居健郎の「『**甘え**』の構造」(**❷**)などが代表的だ。

近年の日本人論

近年の典型的な日本人論として、2005年に出版されベストセラーとなった藤原正彦の『国家の品格』がある。この中で著者は近代的合理精神の限界を指摘したうえで、「論理」よりも「情」や「形」を重視し、それを大事にしてきた日本文化とそうした情緒を育む武士道精神を再評価した。さらに、日本はこれらの文化を大事にして「品格ある国家」を再建し、積極的に世界に貢献すべきである、と主張したのだった。

このように、日本文化を優れたものとして再評価し、日本人の誇りを取り戻そうとする主張は、多くの人にとって心地よく響き、一定の支持を集めている。また、かつての侵略戦争など日本の負の歴史を、必ずしも客観的でない見方(歴史観)で正当化する動きも見られる。そうした動きが、「自虐的な歴史観に染まった教育を受けてきた」と指摘される人々にとって、新鮮な感動をもって受け入れられるケースも見られる。

しかし、世界各地の文化と比べて、日本文化または日本人だけが常に優れているという主張には、どうしても無理がある。ベネディクトが指摘した「恥の文化」にしても、「外

国の人には理解されにくい内向きで消極的な文化」と否定的に見ることもできるし、「奥ゆかしさを備えた謙虚な文化」と肯定的な解釈を行うこともできる。文化の多面性についての意識は、日本人や日本社会について論じる際にも欠かせない。

優越感に浸るのではなく…

　自民族の文化だけを正統で優れたものと考える**エスノセントリズム（自民族中心主義）**は、グローバル化が進む現代には警戒すべき思想となる。それは、他の民族の蔑視や差別につながりかねないからだ。残念ながら、昨今の日本人論の中には、エスノセントリズムの傾向を帯びたものも見られる。日本人としての誇りを持ち、そのアイデンティティを大切にすることは、他民族に対してことさらに優越感を持つことと同意ではない。

　日本文化は、海外の多様な文化を巧みに取り入れながら徐々に独自の色彩を強めていった「**雑種文化**」ともいわれる。そうであるならば、どのような立場に基づくにせよ、ステレオタイプ化された日本人論に染まり優越感または劣等感に浸ることは無意味だろう。

 読んでみよう！

『「世間」とは何か』
阿部謹也（講談社現代新書）

 長く日本人の生活の枠組みとなっている「世間」の本質を、西洋の「社会」と「個人」を追究してきた歴史家の視点から問い直す。

『世界が認めた「普通でない国」日本』
マーティン・ファクラー（祥伝社新書）

 軍事大国を目指さず、また平和を訴え続けてきた天皇が存在する日本は、世界では「普通でない国」と見なされる。そのことの意義や価値に改めて気づかせてくれる。

入試 出題例　「国際化によって、日本語と日本文化の特徴がなくなっている」という考え方に対する賛否を、具体例を挙げつつ述べよ。[1000字]
（筑波大／人文・文化学群／2013）

　国際化によって世界の文化的均質化が進み、伝統や文化の多様性が損なわれつつあるという指摘がある。その一方で、日本文化の積極的な発信が、諸外国が日本を理解するのに重要な役割を果たしているとする意見もある。いずれにせよ、排他的な考え方にならないようにするためにも、日本固有の文化を踏まえつつ、異なる文化を尊重する態度が必要である。

関連用語

❶ウチとソト
日本では、自分が属する集団である「ウチ」の結びつきの強さに対して、自分とは無関係の「ソト」に対しては排他的で無関心になる傾向がある。

❷「甘え」の構造
著者は「日本人は他人との一体感を求め依存心が強い」と指摘し、こうした「甘え」の精神構造の下に日本の社会が構成されていると論じた。

●男女賃金格差、婚姻率、合計特殊出生率の年次推移（京都府立大/2022）

年	男女賃金格差	婚姻率	合計特殊出生率
1964	53.5	9.9	2.05
1965	55.4	9.7	2.14
1966	55.2	9.5	1.58
1967	55.2	9.6	2.23
1968	55.3	9.5	2.13
1969	55.4	9.6	2.13
1970	56.1	10	2.13
1971	57	10.5	2.16
1972	57	10.4	2.14
1973	59.4	9.9	2.14
1974	59.8	9.1	2.05
1975	61.4	8.5	1.91
1976	58.4	7.8	1.85
1977	58.8	7.2	1.8
1978	59	6.9	1.79
1979	59	6.8	1.77
1980	59	6.7	1.75
1981	58.9	6.6	1.74
1982	58.9	6.6	1.77
1983	58.6	6.4	1.8
1984	58.7	6.2	1.81
1985	58.6	6.1	1.76
1986	59.6	5.9	1.72
1987	59.7	5.7	1.69
1988	60.5	5.8	1.66
1989	60.5	5.8	1.57
1990	60.2	5.9	1.54
1991	60.2	6	1.53
1992	60.7	6.1	1.5

年	男女賃金格差	婚姻率	合計特殊出生率
1993	61.5	6.4	1.46
1994	61.6	6.3	1.5
1995	62	6.4	1.42
1996	62.5	6.4	1.43
1997	62.8	6.2	1.39
1998	63.1	6.3	1.38
1999	63.9	6.1	1.34
2000	64.6	6.4	1.36
2001	65.5	6.4	1.33
2002	65.3	6	1.32
2003	66.5	5.9	1.29
2004	66.8	5.7	1.29
2005	67.6	5.7	1.26
2006	65.9	5.8	1.32
2007	65.9	5.7	1.34
2008	66.9	5.8	1.37
2009	67.8	5.6	1.37
2010	69.8	5.5	1.39
2011	69.3	5.2	1.39
2012	70.6	5.3	1.41
2013	70.9	5.3	1.43
2014	71.3	5.1	1.42
2015	72.2	5.1	1.45
2016	72.2	5	1.44
2017	73	4.9	1.43
2018	73.4	4.7	1.42
2019	73.3	4.8	1.36

厚生労働省「賃金構造基本統計調査」「人口動態統計」より

用 語 解 説　資料中の用語を確認しよう！

●**男女賃金格差**…男性の賃金水準を100とした場合の女性の賃金水準の割合のこと。

●**婚姻率**…人口1000人に対する婚姻件数の割合。

●**合計特殊出生率**（→**社会1**）…1人の女性が生涯に生むと推定される子どもの平均人数を示す値。

資料から読みとる 〉〉 資料から読みとれる内容を確認しよう！

○全体から
・1964年から2019年にかけて、男女賃金格差は**改善傾向**にある。
・1964年から2019年にかけて、婚姻率は**減少傾向**にある。
・1964年から2019年にかけて、合計特殊出生率は**減少傾向**にある。

○各項目の比較から
・婚姻率が**9.0以上の年の合計特殊出生率は2.0以上**である。

資料から考える 〉〉 資料をもとにした意見の例を確認しよう！

男女賃金格差、婚姻率、合計特殊出生率の年次推移について考えよう！

少子化対策のため、婚姻率の改善が必要だ。

例1 Aさんの意見

　近年、日本政府は少子化対策として、子供を生み・育てやすくするための法整備や支援策を進めています。しかし、子供を生む前段階である「婚姻」をする割合が減少しているという点も大きな問題です。少子高齢化による現役世代の負担増加を防ぐためには、婚姻率を改善するための対策を実施する必要があると考えます。

人口減少を前提とした対策を考える必要がある。

例2 Bさんの意見

　現代の日本では、ライフスタイルが多様化し、婚姻や出産をしない選択をするケースも増えてきています。周囲の環境や経済的負担への不安だけでなく、個人の価値観によることも少なくありません。そのため、人口減少が今後も続くことを前提とした経済対策が必要です。

巻頭特集
1 国際
2 政治経済
3 環境
4 科学技術
5 情報通信
6 教育
7 医療健康
8 福祉
9 社会

さくいん　Index

173

年 (西暦)	日本	関連ページ	世界	関連ページ
平成元年 (1989)	消費税導入、消費税率は 3%		天安門事件／ベルリンの壁崩壊	
平成 2 年 (1990)	大学入試センター試験開始		イラクがクウェートに侵攻	
平成 3 年 (1991)	バブル景気崩壊	34	湾岸戦争／ソビエト連邦崩壊	
平成 4 年 (1992)	育児・介護休業法施行	146, 150	国連環境開発会議(地球サミット)	50, 58
平成 5 年 (1993)	非自民連立内閣成立(55年体制崩壊)		EU(ヨーロッパ連合)発足	14
平成 6 年 (1994)	松本サリン事件		南アフリカ共和国でマンデラ氏が初の黒人大統領に就任	
平成 7 年 (1995)	阪神・淡路大震災	158	WTO(世界貿易機関)発足	13, 16, 37
	地下鉄サリン事件			
平成 8 年 (1996)	各地で O157 による食中毒多発		クローン羊「ドリー」誕生	73, 124
平成 9 年 (1997)	消費税率 5% に引き上げ		アジア通貨危機	13
	臓器移植法制定	116	京都議定書採択	47, 48, 58, 68
平成 10 年 (1998)	長野オリンピック		インド、パキスタンが核実験	17
平成 11 年 (1999)	男女共同参画社会基本法施行	150	EU 共通通貨ユーロ導入	14
平成 12 年 (2000)	介護保険制度導入	130, 137, 141	朝鮮半島で初の南北首脳会談	
平成 13 年 (2001)	家電リサイクル法施行	52	アメリカ同時多発テロ (9.11 テロ)	
平成 14 年 (2002)	住民基本台帳ネットワークシステム(住基ネット)稼働		EU 共通通貨ユーロの一般流通開始	14
平成 15 年 (2003)	個人情報保護法成立	90	イラク戦争	
	有事関連三法成立		ヒトゲノムの解読完了宣言	118
平成 16 年 (2004)	イラク復興支援に自衛隊派遣		サイバー犯罪条約発効	89
平成 17 年 (2005)	合計特殊出生率、過去最低	146	京都議定書発効	47, 48, 58, 68
平成 18 年 (2006)	バリアフリー新法成立	141	北朝鮮が核実験・ミサイル発射	17
	教育基本法改正	108		
平成 19 年 (2007)	郵政民営化	39	原油・穀物の国際価格が高騰	18
平成 20 年 (2008)	日経平均株価バブル後最安値	34	世界金融危機・世界同時不況	13
平成 21 年 (2009)	裁判員制度導入	33	新型インフルエンザ大流行	114
平成 22 年 (2010)	小惑星探査機「はやぶさ」地球に帰還	67	アラブの春	84
			中国が GDP 世界 2 位に	16
平成 23 年 (2011)	東日本大震災	70, 158	国際宇宙ステーション (ISS) 完成	67
	福島第一原子力発電所事故	70	世界人口 70 億突破	
平成 24 年 (2012)	高年齢者雇用安定法改正	131	パレスチナがオブザーバー国家に	
平成 25 年 (2013)	2020 年オリンピック開催地が東京に決定		巨大台風がフィリピン直撃、被災者 1600 万人以上	
平成 26 年 (2014)	消費税率 8% に引き上げ		中東でイスラム国 (IS) 樹立宣言	15
平成 27 年 (2015)	公職選挙法改正	28, 160	パリ協定採択	47, 48, 58, 68
平成 28 年 (2016)	マイナンバー制度導入	90, 156	イギリスが国民投票で EU 脱退を決定	14
平成 29 年 (2017)	天皇退位の皇室典範特例法が成立		核兵器禁止条約採択	17
平成 30 年 (2018)	平成 30 年 7 月豪雨	158	アメリカと北朝鮮の米朝首脳会談	
	CPTPP (TPP11) 発効	37		
平成 31 年 (2019)	消費税 10% に引き上げ	35	米朝首脳会談	
令和元年	令和元年東日本台風	158	香港民主化デモ	
令和 2 年 (2020)	新型コロナウイルス感染拡大	2	新型コロナウイルス感染拡大	2
	東京オリンピック延期決定	4	アメリカがパリ協定離脱	48
	小惑星探査機「はやぶさ」帰還	67	イギリスが EU 離脱	14
令和 3 年 (2021)	大学入学共通テスト開始		アメリカがパリ協定復帰	48
令和 4 年 (2022)	沖縄復帰から 50 年		ロシア軍がウクライナへ侵攻	10
令和 5 年 (2023)	新型コロナウイルス感染症が 5 類に移行	5	WHO が新型コロナウイルス感染症の緊急事態宣言終了を発表	5

※ページ数の太字はその出来事を理解する際に最も参照すべきページを示しています。

■編著者
近藤　千洋　　　東京都立南平高等学校教諭

桐原書店の
デジタル学習サービス

ワークで覚える
小論文頻出テーマ［五訂版］　ジャンル別キーワード 90

2013 年 11 月 5 日　　初　版第 1 刷発行	2021 年 9 月 10 日　四訂版第 1 刷発行	
2016 年 10 月 15 日　改訂版第 1 刷発行	2023 年 10 月 20 日　五訂版第 1 刷発行	
2018 年 10 月 10 日　三訂版第 1 刷発行		

編著者	近藤 千洋
発行人	門間 正哉
発行所	株式会社 桐原書店
	〒 114-0001　東京都北区東十条 3-10-36
	TEL：03-5302-7010（販売）
	www.kirihara.co.jp
装丁・本文レイアウト・イラスト	駒田康高（デジタル・スペース）
印刷・製本所	図書印刷株式会社

五訂版

ワークで覚える

小論文
頻出テーマ

ジャンル別キーワード

90 分冊 ワークブック

WORKBOOK

桐原書店

目　次　Contents

本書は『ワークで覚える 小論文頻出テーマ ジャンル別キーワード 90 五訂版』（以下「本冊」と表記）の内容理解を定着させるための準拠ワークブックです。

9ジャンルそれぞれに、STEP1、STEP2、STEP3 の３つのステップを用意しています。ステップを踏むことで、本冊の内容理解をより確かなものにするとともに、知識の確認から記述問題の練習まで、幅広い学習ができる構成になっています。

各ジャンルの最後には、 **＋α** のページを置きました。ジャンルの内容を掘り下げた重要なテーマを、STEP1 と STEP3 の２つのステップで総合的に学習します。

また、**資料から考える** では資料の読み取りと自分の意見を考える練習をすることができます。

STEP1　本冊の本文をもとにした、空欄補充と適語選択の問題です。該当ページと照らし合わせながら、大切な項目の確認を行ってください。

STEP2　本冊で解説されているキーワードや重要な語について、意味などを正しく把握できているかを試す選択式の問題です。曖昧な理解のままにしている箇所がないかチェックしましょう。

STEP3　記述式の問題です。特に字数制限は設けていませんが、必要な内容が解答欄に収まるよう、簡潔な解答を心がけましょう。まずは本冊を見ずに考えてみて、その後、本冊を参照しながら、大切な項目について理解を深めてください。

1 国際

▶次の文章の（　）は適語を選んで〇をつけ、〔　〕には適当な語を記入しなさい。

1 2022年2月24日、〔①　　　　　　〕が自国民と〔②　　　　　　　　〕領内の〔①〕系住民の生命や財産が脅かされているとする「〔③　　　　　　　　〕」の理由で〔②〕に侵攻した。

2 〔①　　　　　　　〕危機以降、ロシアとウクライナでは緊張状態が続いていた。ウクライナ侵攻開始から1年近く経った2023年1月には、これまで（② 700　7000）人以上の子どもを含む一般市民が犠牲になっていると国際連合が発表した。武力行使の一部には〔③　　　　　　〕に該当する悲惨なケースも見られる。

3 人間の活動が〔①　　　　　〕を越えて地球規模に拡大することが、グローバリゼーションである。〔②　　　　　　　　〕ともいう。〔③　　　　　　〕分野だけでなく、文化的・社会的な面でも、国家の枠を超えた交流が活発化している。

4 1929年に起こった世界恐慌を克服するために先進諸国が採った政策は、閉鎖的・排他的な〔①　　　　　　　　〕であり、これが第二次世界大戦を招く一因となった。戦後はその教訓から〔②　　　　　〕が促進され、国家間の経済的な結びつきがより強まった。特に東西冷戦の終結後は〔③　　　　　〕が世界全体に広まり、〔④　　　　〕・モノ・カネ・情報が国境を越えて自由に行き交うようになった。

5 〔①　　　　　〕（情報通信技術）の進歩や、交通機関・流通機構の発達を背景に、文化のグローバル化がもたらされた。また、社会的な面でも、戦争や〔②　　　　　〕、環境問題など地球規模で生じている問題に関して、世界各地の人々や〔③　　　　　〕が連携して、問題解決に向けた行動を活発に展開するようになってきた。

6 経済統合（市場統合）を先行させ共通通貨〔① 　　　　　〕を導入したEUは、「国境なき欧州」を目標に、共通の外交・安全保障政策などの〔② 　　　　　　　〕も目指している。2009年に発行した（③ **リスボン条約　EU憲法**）に基づきEU大統領やEU外相などのポストが新設された。その後、2020年にイギリスが離脱したことで、現在の加盟国は（④ **20　27**）か国となっている。

7 2009年に〔① 　　　　　　　〕が巨額の財政赤字を隠していたことが発覚し、〔①　〕の（② **国債　株**）が暴落しただけでなく、これを大量に購入していたEU各国の銀行の経営が悪化し、ユーロも下落するなどの影響が生じた。〔①　〕の財政再建に各国は巨額の支援を行わざるをえず、特に（③ **ドイツやフランス　イタリアやスペイン**）などの先進国に負担が集中した。

8 EU各国に流れ込む移民や〔① 　　　　〕も大きな問題になっている。〔①　〕の大半は中東からで、特に2011年以来の内戦が長引く〔② 　　　　　〕からが多い。EUは人道的な見地から、加盟国ごとに受け入れ人数を割り振って対応してきたが、中には受け入れを（③ **拒否　推進**）する国も出ている。

9 中国では1978年以降の〔① 　　　　　　〕政策で、〔② 　　　　　　〕や経済開発区の設置などの資本主義的なシステムが導入されてきた。政治的にはあくまで社会主義を維持しつつ、経済的には自由な活動を容認する〔③ 　　　　　　　〕への転換である。その結果、1990年代以降、年平均（④ **10　20**）％近い経済成長と飛躍的な輸出拡大を実現した。

10 世界経済の中で中国の存在感は日本を上回る。2001年に（① **WTO　G7**）に加盟し、2015年には中国主導で（② **FTA　AIIB**）を設立させ、2016年には〔③ 　　　　　〕がIMF（国際通貨基金）の主要通貨に加えられた。

11 核兵器の使用や保有などを法的に禁止する〔① 〕が、2021年1月に発効した。人道的見地からも核兵器の存在を否定する条約が誕生したのだった。また、条約制定に貢献したNGO連合体「〔② 〕(ICAN)」は、2017年の〔③ 〕に選ばれた。

12 世界全体では全人口を養える量の食料が生産されているにもかかわらず、(① 8　13)億人を超える人が慢性的な飢餓に苦しんでいる。ミレニアム開発目標などでは、「2015年までに〔② 〕(栄養不足人口)を1990年比で半減させる」という目標が掲げられ、現在その目標は(③ **達成されている　達成されていない**)。

13 日本は世界中から大量に食料を輸入している。〔① 〕の観点から、政府は2000年に、10年間で自給率をカロリーベースで45%に引き上げることを決めたが、結果的にはほぼ横ばいで推移した。その後、2010年に農林水産省は、〔② 〕の減少も視野に入れて2020年度の食料自給率を50%に引き上げる目標を発表したが、2020年には2030年目標として(③ 45　70)%とされた。

14 政府は近年観光振興に力を入れ、〔① 〕を目指している。日本を訪れる外国人旅行者の大幅増を目指して、まず2006年に〔② 〕が制定された。また、2008年には、魅力ある観光地の形成や国際観光の振興のために、国土交通省に〔③ 〕が設置された。

15 2019年の訪日旅行客数は(① 3188　318)万人を突破し過去最高となったが、〔② 〕の世界的な感染拡大により、2021年は約(③ 250　25)万人と大きく減少した。

16 グローバル化が進む今日、労働者の移動もボーダーレス化している。日本にも多くの〔① 〕が在住しており、2022年10月末現在、届け出のあった〔① 〕の数は約(② 182　282)万人にのぼっている。日本では1980年代のバブル期に、労働力が不足しがちな(③ 3K　3S)と呼ばれる職種を中心に多くの外国人が働くようになった。

4

国際

1 次の〔　　〕に最も適する語を後から一つずつ選び、記号を書きなさい。

(1) 日本では1980年代半ば以降、多くの製造業が海外へ移転したため、〔　　　〕と呼ばれる状態に陥った。

(2) 〔　　　　〕はEU離脱の是非を問う国民投票の結果、離脱を選択し、2020年に完全離脱した。

(3) ロシアによるウクライナ侵攻では、1986年4月に深刻な事故を起こした〔　　〕原子力発電所が爆撃の標的とされた。

(4) 日本では原則として外国人に単純労働のための就労を認めていないため、実際は労働力として働かせながら〔　　　〕として十分な賃金を払わないなどのケースがある。

(5) グローバル化は多くの不安定要因を世界にもたらしてきた。秩序の安定を求める動きは〔　　　〕と結びつき、脱グローバル化の動きにつながっている。

> ア　多国籍企業　　　イ　キーウ　　　　ウ　産業の空洞化
> エ　文化的均質化　　オ　イギリス　　　カ　チョルノービリ
> キ　外国人研修生　　ク　移民　　　　　ケ　ナショナリズム　　コ　ギリシャ

2 次の説明を表す語として最も適当なものを後から一つずつ選び、〔　　〕に記号を書きなさい。

(1) 人間の活動が国境を越えて地球規模に拡大すること。　　　　〔　　〕

(2) 先進国と開発途上国との間の格差問題。　　　　　　　　　　〔　　〕

(3) 主要国の首脳が国際的な政治・経済問題を議論する会議。　　〔　　〕

(4) すべての人が必要とする十分で安全な食料を安定的に確保しようとする考え方。

〔　　〕

(5) 食料輸送量に輸送距離をかけた数値で、環境への負荷を表したもの。〔　　〕

> ア　東西問題　　イ　南北問題　　ウ　バイオ燃料　　　エ　文化的均質化
> オ　グローバリゼーション　　カ　フードマイレージ　　キ　サミット
> ク　戦争犯罪　　　　　　　ケ　持続可能な開発目標　　コ　食料安全保障

3 次の語の説明として最も適当なものを後から一つずつ選び、〔　〕に記号を書きなさい。

(1) 世界金融危機　　　　　　　　　　　　　　　　　　　　〔　　　〕

(2) 核抑止論　　　　　　　　　　　　　　　　　　　　　　〔　　　〕

> ア　アメリカのサブプライムローン問題を発端に世界的な不況が起こったこと。
>
> イ　「持てる者」と「持たざる者」との経済格差のこと。
>
> ウ　敵対する国がそれぞれ核兵器を保有することで、報復行動を恐れて先制攻撃
> をしなくなるため平和が維持されるという考え。
>
> エ　核兵器を持たない国が、他国の核戦力を背景にすることで自国の安全保障を
> 図ろうとする考え。

4 次のアルファベットの略称は何を表すか。最も適当なものを後から一つずつ選び、〔　〕に記号を書きなさい。

(1) WTO　　　　　　　　　　　　　　　　　　　　　　　〔　　　〕

(2) ECB　　　　　　　　　　　　　　　　　　　　　　　〔　　　〕

(3) IMF　　　　　　　　　　　　　　　　　　　　　　　〔　　　〕

> ア　核不拡散条約　　イ　欧州中央銀行　　ウ　北大西洋条約機構
>
> エ　国際通貨基金　　オ　国連世界食糧計画　　カ　世界貿易機関

5 次の説明が正しいものには〇を、誤っているものには×をつけなさい。

(1) グローバル経済は、生産の一極集中と自由貿易の推進を意味している。〔　　　〕

(2) 中国は、交通網の整備を通じて海路・陸路の両方でヨーロッパまでつながる巨大経済圏を目指す「一帯一路」構想を提唱している。　　　　　　　　　〔　　　〕

(3) 包括的核実験禁止条約では、核軍縮を目的に米・ソ(露)・英・仏・中以外の国が核兵器を持つことを禁じている。　　　　　　　　　　　　　　　　　〔　　　〕

(4) 日本は核兵器を、「持たず、作らず、持ち込ませず」という非核三原則を方針としている。　　　　　　　　　　　　　　　　　　　　　　　　　　　　〔　　　〕

国際

1 ウクライナ侵攻

ウクライナ侵攻により、さまざまな商品の国際価格が大幅に上昇し、国際経済に大きな影響を及ぼした。その原因を書きなさい。

_____

_____

2 グローバリゼーション

(1) 経済のグローバル化によって、どのような利点と問題点が生じたか、書きなさい。

利点

_____

_____

問題点

_____

_____

(2) 文化のグローバル化によって、どのような利点と問題点が生じたか、書きなさい。

利点

_____

_____

問題点

_____

_____

_____

3 EU・難民

(1) EUに加盟することのデメリットとしてどのようなことが考えられるか、書きなさい。

_____

_____

(2) 短期間に大量の難民が流入することを想定していなかったEUは、今後どのような
対策を講じる必要に迫られているか、短期的、中・長期的な対応に分けて書きなさい。

短期的

_____

_____

中・長期的

_____

_____

4 米中対立

中国の経済発展の負の側面を二つ書きなさい。

● _____

● _____

5 核兵器禁止条約

(1) 核兵器禁止条約にはどのような問題点があるか、書きなさい。

（解答欄）

(2) 核不拡散条約にはどのような問題があるか、二つ書きなさい。

● （解答欄）

● （解答欄）

6 食料問題

(1) 途上国で食料不足が起こる原因として人口増加が挙げられる。途上国で人口増加率が高い理由を書きなさい。

（解答欄）

(2) 途上国で食料不足が起こる原因として農業生産性の低さも挙げられる。農業生産性を向上させるにはどのようなことが必要か、簡潔に書きなさい。

（解答欄）

7 観光立国

日本の観光振興のためには対外的・国内的にどのようなことが必要か、それぞれ書きなさい。

対外的
_____

_____

国内的
_____

_____

8 外国人の労働問題

（1）　近年、外国人労働者の受け入れをよりいっそう求める声が高まっている。その理由を書きなさい。

_____

_____

（2）　日本は外国人の単純労働を認めていない。これによって、不法就労のほかにどのような問題が生じているか、書きなさい。

_____

_____

_____

_____

国際＋α 文化相対主義

▶次の文章の（　）は適語を選んで○をつけ、〔　〕には適当な語を記入しなさい。

1 19世紀、西洋社会では、科学と産業の急速な発展を背景に、〔① 　　　　　〕論の文明観が人々に浸透していた。〔①〕論のもとでは、人間社会は「遅れた」〔② 　　　　　〕と「進んだ」〔③ 　　　　　〕との間で序列化される。この文明観では、西洋諸国が〔②〕を統治し、現地の生活様式を西洋風に改めさせることは人類の進歩を促すと見なされ、植民地支配や〔④ 　　　　　〕が正当化された。

2 20世紀に入ると、文化人類学の研究者たちから、すべての文化は（① **新旧　優劣**）で比べられるものではなく、それぞれの価値において評価されるべきだという問題提起がなされた。この〔② 　　　　　〕の考え方は20世紀（③ **前半　後半**）に広く受け入れられるようになり、〔④ 　　　　　〕の権利向上を促した。一方で、〔②〕の考え方は、〔⑤ 　　　　　〕と衝突することがある。国連では、それぞれの文化は尊重するが、〔⑥ 　　　　　〕は伝統文化との結びつきがどれほど強くても認められないとしている。

3 多文化主義とはどのようなものか、書きなさい。

_____

_____

_____

4 多文化主義には各国で保守派を中心に根強い批判がある。その理由を書きなさい。

_____

_____

_____

2 政治・経済

▶次の文章の（　　）は適語を選んで〇をつけ、〔　　〕には適当な語を記入しなさい。

1 〔①　　　　　　　　　　　〕やスマートフォンを通して政治に関する意見を交わしたり、

〔②　　　　　　　　　〕の違いなどにこだわらず多くの人が集会や〔③　　　　　　　　〕に自主的

に参加したりするなど、これまで見られなかった新しい政治参加の形が芽生えつつある。

2 1980年代から、地域の政治的問題に関する住民の意思を直接問う〔①　　　　　　　　　　〕

が各地で実施されるようになったが、その決定には必ずしも〔②　　　　　　　　　　　〕

がない。自分たちの意思を表明しても、そうした行動の結果が現実の政治にまったく反映

されないままで終われば、その人たちは徒労感に覆われ、新たな〔③　　　　　　　　　　〕

を増やすことにもなりかねない。

3 日本国憲法は、（① 1945　1947）年に施行されて以来一度も改正されていないが、

近年改正しようとする動きがある。2000年に衆参両議院に〔②　　　　　　　　　　〕が

設けられ、2007年には（③ 18　20）歳以上の国民を有権者とする「憲法改正国民投票法」

が制定され、2010年に施行された。さらに同法の制定に伴って国会両院に設けられた

〔④　　　　　　　　　　　〕が2011年に活動を開始している。

4 憲法改正の最大の焦点となっているのは第（① 9　96）条第2項の戦力不保持を柱と

する〔②　　　　　　　　　　　〕の規定の扱いである。2014年には、第二次安倍政権の

下で、〔③　　　　　　　　　〕だけでなく〔④　　　　　　　　　　　〕の行使をも容

認する閣議決定がなされた。さらに翌2015年には〔⑤　　　　　　　　　　〕が国会

に提出され、審議中には多くの民衆が国会前に押し寄せ抗議したが、強行採決で成立した。

5 地方自治には、地方公共団体が国から自立して行政を行う〔①　　　　　　　　〕と、住

民の意思に基づき住民が参加して行う〔②　　　　　　　　〕の二つの側面がある。1990年代

以降、住民の多様な要望に応える施策が迅速かつ柔軟に実現できるように、地方公共団体

に多くの権限を与える〔③　　　　　　　　　〕の動きが強まっている。

6 司法制度改革は、裁判の [①   ]、[②   ] の拡大、国民の司法参加、被害者の支援などを目的とする。具体的には、[②] の拡大のために新たに [③   ] を創設し、国民の司法参加として [④   ] に加え、検察審査会の起訴議決制度を始めた。

7 裁判員制度では、(① 6   12) 人の裁判員が [②   ] の中から (③ 無作為に   希望者が) 抽選で選ばれる。裁判員は重大な (④ 刑事   民事) 裁判に参加して、裁判官と一緒に判決を下す。被告人が有罪と判断された場合は、[⑤   ] まで決める。

8 租税の収入だけでは歳出をまかなえない場合、政府は [①   ] を発行することがある。[①] は政府の借金であり、公共事業のための [②   ] と、歳入不足を補うための [③   ] (特例国債)がある。地方公共団体が発行する [④   ] と合わせると、国と地方の借金は (⑤ 544   1244) 兆円を超えている(2022年度末予算)。

9 クレジットカードやQRコード決済などを利用し、[①   ] を使わずに支払い・受け取りを行う決済方法を可能にする [②   ] 社会が到来しつつある。政府は、2018年に「[②] ・ビジョン」を掲げ、大阪で2025年に開催される日本国際博覧会までに [②] 決済比率 (③ 40   65) %を目標とし、将来的には80%を目指すとした。

10 国際通貨であるドルやEUの [①   ] などと比較して、日本の通貨である「円」の価値が上がることを [②   ]、下がることを [③   ] という。例えば 1ドル=100円であった交換比率が1ドル=120円になった場合、これまで100円で手に入っていた1ドルの商品が、120円を払わなければ手に入らなくなる。これは円の価値が以前より (④ 上がった   下がった) ことを意味するので、[⑤   ] が起きていることになる。

11 貿易の決済など国際的な取引では、国際通貨と円との交換が必要となる。その際の交換比率を [①   ] 相場といい、交換する場所を [②   ] という。

12 世界各国で、モノやサービスの〔①　　　　　　〕を撤廃し貿易自由化を進めるために〔②　　　　　　〕（自由貿易協定）や、〔②〕に加えてヒトの移動や投資の自由化など幅広い分野で経済協力を進める〔③　　　　　　〕（経済連携協定）の締結が積極的に進められている。日本は1990年代までは多国間協定を重視して〔②〕に消極的だったが、他国で〔②〕が急増してきたことから方針転換し、〔④　　　　　　〕との〔③〕を皮切りに、多くの国と〔②〕や〔③〕を結んできた。また2018年には、太平洋を囲む国々の間で「例外なき関税撤廃」を原則とした貿易の自由化を進める〔⑤　　　　　　〕（環太平洋経済連携協定）が、日本を含む11か国で構成されるCP〔⑤〕として発行した。

13 企業がその活動を行うにあたり守るべき基準となる考え方を〔①　　　　　　〕という。〔②　　　　　　〕によって企業はより自由な活動を行えるようになったが、一方で企業の社会的信用が失われる事件も多く見られるようになった。こうした不祥事を防ぐために、今日の企業には〔③　　　　　　〕（法令遵守）が厳しく求められるとともに、〔①〕の確立が必要と考えられている。

14 企業はただ〔①　　　　　　〕に違反しなければよいわけではない。社会的な〔②　　　　〕や環境にも配慮し、〔③　　　　〕や従業員だけでなく、消費者や地域社会など、あらゆる〔④　　　　　　〕に対して〔⑤　　　　　　〕（説明責任）を果たし、その期待に応えるよう努めなければならない。これを「〔⑥　　　　　　〕」（CSR）という。

15 政府による許認可制度や〔①　　　　　　〕などは、国内産業の保護・育成や国民生活の安全確保に大きな役割を果たしていた。しかし、行政のスリム化・〔②　　　　　〕が必要になるにつれ、〔③　　　　　　〕と自由化が求められるようになってきた。

16 1980年代には〔①　　　　　　　　　〕的な政策が進められ、国鉄や電電公社、専売公社が〔②　　　　　〕された。また、2005年には（③　小泉　安倍）内閣のもとで〔④　　　　　　〕法が成立した。

政治・経済

1 次の〔　〕に最も適する語を後から一つずつ選び、記号を書きなさい。

(1) 2013年の参議院議員選挙から〔　　　〕が改正され、〔　　　〕を利用した選挙運動が一部解禁された。

(2) 新しい人権と呼ばれるものには、環境権、〔　　　〕、国民の知る権利などがある。

(3) 地方自治は「〔　　　〕」と呼ばれる。

(4) 外貨と円との交換比率を〔　　　〕という。

(5) 規制緩和によってカーシェアリングや民泊などの〔　　　〕が急成長している。

ア　日本国憲法	イ　為替相場	ウ　個別的自衛権
エ　インターネット	オ　プライバシー権	カ　シェアリング・エコノミー
キ　機関委託事務	ク　外国為替市場	ケ　フィンテック
コ　公職選挙法	サ　民主主義の学校	シ　価格規制

2 次の説明を表す語として最も適当なものを後から一つずつ選び、〔　〕に記号を書きなさい。

(1) 特定の支持政党を持たない人々。　〔　　　〕

(2) 外国から不正な武力攻撃を受けた際に自国を守るために武力を行使する権利。
〔　　　〕

(3) 租税の収入だけでは歳出をまかなえないときに、政府が発行するもの。〔　　　〕

(4) 物価が上昇し続け、通貨の価値が下がる現象。〔　　　〕

(5) 企業がその活動を行うにあたり守るべき基準となる考え方。〔　　　〕

(6) 政府の財政の健全度を表す指標。〔　　　〕

ア　フィンテック	イ　国債	ウ　政治的無関心層	エ　個別的自衛権
オ　デフレ	カ　コンプライアンス	キ　無党派層	ク　集団的自衛権
ケ　公債	コ　インフレ	サ　プライマリーバランス	シ　企業倫理

3 次の語の説明として最も適当なものを後から一つずつ選び、〔　〕に記号を書きなさい。

(1) 第四の権力　　　　　　　　　　　　　　　　　〔　　　〕

(2) 指定管理者制度　　　　　　　　　　　　　　　〔　　　〕

> ア　政治家を選出することができる選挙人のこと。
> イ　行政や政治権力を監視し、世論を形成する役割を持つマスメディアのこと。
> ウ　重大な刑事事件に関し、一般市民が裁判員として参加する制度。
> エ　図書館やプールなどの公共施設の管理を、民間事業者に委託する制度。

4 次のアルファベットの略称は何を表すか。最も適当なものを後から一つずつ選び、〔　〕に記号を書きなさい。

(1) FTA　　　　　　　　　　　　　　　　　　　　〔　　　〕

(2) TPP　　　　　　　　　　　　　　　　　　　　〔　　　〕

> ア　太平洋を囲む国々の間で貿易の自由化を進める協定。
> イ　モノやサービスの関税を撤廃し貿易自由化を進める協定。
> ウ　ヒトの移動や投資の自由化など幅広い分野で経済協力を進める協定。

5 次の各文について、下線部が正しければ〇を、誤っていればそれに代わる最も適当な語を後から選び、〔　〕に記号を書きなさい。

(1) 2000年代前半には、「地方にできることは地方に」という理念と国の財政悪化を背景に三位一体の改革が進められた。　　　　　　　　　〔　　　〕

(2) 司法制度改革の一環として、司法をより身近なものとするため、2006年に各地に法科大学院が開設された。　　　　　　　　　　　〔　　　〕

(3) 1ドル＝80円台だった為替相場が、1ドル＝100円になった場合を円高という。
　　　　　　　　　　　　　　　　　　　　　　　　　　〔　　　〕

> ア　法テラス　　イ　円安　　ウ　平成の大合併　　エ　弁護士会　　オ　ドル安

STEP1 STEP2 STEP3

本冊28〜39ページ

政治・経済

1 政治参加の新たな流れ

インターネットやスマートフォンの普及が人々の政治参加に与えた影響を書きなさい。

_____

_____

_____

2 憲法改正をめぐる動き

(1) 憲法改正で新しい人権の扱いが議論されるようになっているが、これらは憲法に規定がなくても権利保障は進められている。新しい人権の保障のために最も重要なことは何か、書きなさい。

_____

_____

(2) 近代的立憲主義の考え方に基づく憲法の意義を書きなさい。

_____

_____

3 地方自治と地方分権

地方自治の本旨といえる地方自治の二つの側面の、それぞれの名称と内容を書きなさい。

名称
_____

内容
_____

名称
_____

内容
_____

17

4 裁判員制度

(1) 司法制度改革は、裁判の迅速化、法曹人口の拡大、国民の司法参加などからなる。
それぞれの具体的内容を書きなさい。

裁判の迅速化

法曹人口の拡大

国民の司法参加

(2) 裁判員制度にはどのようなことが期待されているか、書きなさい。

5 財政危機

(1) 国債残高が増えた理由を、三つ書きなさい。

●

●

●

(2)　大量の国債を発行することにはどのような問題があるか、三つ書きなさい。

● _____

_____

● _____

_____

● _____

_____

---

6 キャッシュレス社会

日本でキャッシュレス決済の普及が遅れた背景として挙げられていた内容を三つ書きなさい。

● _____

● _____

● _____

---

7 円高と円安

円安のメリット・デメリットを書きなさい。

メリット

_____

_____

デメリット

_____

_____

8 CPTPP

多国間ではなく、まず二国間でFTAが結ばれるケースが増えてきた理由を書きなさい。

---

9 企業倫理

「企業の社会的責任(CSR)」とはどのようなものか、書きなさい。

---

10 規制緩和と自由化

規制緩和・自由化が行われた結果としてどのような利点があったか、またどのような問題があるか、書きなさい。

[利点]

[問題]

政治・経済+α　新自由主義（ネオリベラリズム）

▶次の文章の（　）は適語を選んで〇をつけ、〔　〕には適当な語を記入しなさい。

1 政府が経済に積極的に介入し、社会保障の拡充に努める国家を〔① 　　　　　〕または積極国家という。しかし、こうした政府は財政支出が（② **拡大　縮小**）し、「大きな政府」になりがちである。そこで、〔③ 　　　　　〕が深刻化した1980年代、政府の役割を必要最小限にとどめる「〔④ 　　　　　〕政府」を志向する〔⑤ 　　　　　〕主義が登場した。この考え方を支えた人々は、政府は〔⑥ 　　　　　〕を重視すべきだと主張し、市場メカニズムを信頼した〔⑦ 　　　　　〕の復活を提唱した。

2 新自由主義では、競争の結果、〔① 　　　　　〕と敗者が生まれてしまう。そこでは（② **機会　結果**）の平等は保障されても、（③ **機会　結果**）の平等は保障されず、格差は必要悪として是認されるため、さまざまな面で格差が拡大する。また、いわゆる「負け組」の人たちの境遇は、本人の努力や能力の不足による〔④ 　　　　　〕とされる傾向が強まる。さらに〔⑤ 　　　　　〕が原則とされ、負担能力のない人は社会的なサービスを受けられないケースが出てくる。所得の再分配のための累進課税制度は高額所得者の勤労意欲を奪い、高い（⑥ **法人税　消費税**）率は企業の国際競争力を削ぐものとしていずれも批判され、〔⑦ 　　　　　〕支出も削減の対象となる。

3 新自由主義のねらいを書きなさい。

_____

_____

4 新自由主義には今後どのような工夫が求められるか、書きなさい。

_____

_____

_____

3

本冊46〜57ページ

環境

▶次の文章の( )は適語を選んで○をつけ、〔 〕には適当な語を記入しなさい。

1 大気に含まれたさまざまな〔①　　　　　　　　　〕によって〔②　　　　　　〕は宇宙に逃げず、地上は適度に暖められている。しかし、その〔①〕の濃度が増すと、過度の〔③　　　　　　　〕が働き、地球温暖化をもたらす。〔①〕の3分の2を占めるのが〔④　　　　　　　　〕で、特に(⑤ **19　20**) 世紀の後半から急激に増加している。

2 排出された二酸化炭素は、土壌や植物、〔①　　　　　　　〕などに吸収されるが、現在では自然界の吸収量よりも人間による二酸化炭素排出量の方が(② **多い　少ない**) ため、年間(③ **数億　数十億**) トンの二酸化炭素が大気中に残ることになる。

3 地球温暖化の影響としては、氷河や〔①　　　　　　　〕の氷が溶けることで海面が上昇し、島や低地が水没することが懸念されている。また、異常気象も発生しやすくなり、21世紀に入ってから世界規模で干ばつ、熱波、洪水、豪雨、台風(ハリケーン)などが頻発しており、日本でも酷暑や〔②　　　　　　　〕などが起きている。

4 地球の平均気温は、ここ100年の間に(① **0.74　1.1**) ℃上昇し、日本の平均気温も(② **1.30　2.24**) ℃上昇している。これまでと同様に非常に高い温室効果ガスの排出量が続いた場合、地球の平均気温は2100年には、(③ **1.5〜2.5　3.3〜5.7**) ℃上昇すると〔④　　　　　　〕は第6次評価報告書で警告している。

5 1997年に採択された「京都議定書」は、〔①　　　　　　　　〕などの仕組みを利用して、2008年〜〔②　　　　　　　〕年までの〔③　　　　　　　〕の温室効果ガスの削減目標を義務づけたものだった。しかし、排出量の多い〔④　　　　　　　〕が2001年に離脱、中国・インドは開発途上国扱いで削減義務がないなど、不十分な点も多かった。

6 すべての国が温暖化防止に協力する新たな条約作りの合意形成は難航したが、2015年末のCOP21では、すべての国が温暖化防止に取り組み〔① 〕に頼らない社会を目指す〔② 〕が採択された。〔②〕では、産業革命前からの気温上昇を〔③ 2 4〕℃未満に抑え、今世紀後半までに温室効果ガス排出量実質ゼロを目指す、締約国が自主的に削減目標を定めて国連に報告する、先進国の途上国に対する技術指導と資金援助を義務づける、などが確認された。

7 2015年に達成期限を迎えたミレニアム開発目標（MDGs）を引き継ぎ、2016年から〔① 〕年までに達成すべき新たな目標として持続可能な開発目標（〔② 〕）が設定された。〔②〕は、（③ 17 23）のゴール（目標）と169のターゲットから構成される。発展途上国のみならず、〔④ 〕も取り組むべき普遍的な目標であり、国連に加盟するすべての国が積極的に取り組むことを求める行動指針となっている。

8 「持続可能な開発」とは、現在の世代だけでなく〔① 〕のことも考慮して、環境に配慮した節度ある開発が重要だという考え方である。先進国と開発途上国との間に生じがちな〔② 〕についての対立を克服する思想的な枠組みとしても期待されているが、抽象的な概念だという批判もある。

9 持続可能な社会の実現には、〔① 〕への移行が不可欠とされており、日本では2000年に〔② 〕が制定された。生産者や行政、〔③ 〕が一体となって取り組むため、廃棄物処理法の改正や、家電リサイクル法などのリサイクルに関する法律のほか、行政などが率先して再生品を購入する〔④ 〕が制定された。

10 海洋汚染の原因としては、工場排水がある。水俣病のように、有害物質が（① 植物の葉や実　魚介類の体内）に蓄積し、それを食べた動物や人が健康被害を受ける公害も発生した。また、家庭のトイレ、風呂、〔② 〕などから出される〔③ 〕も原因のひとつである。近年では、〔④ 〕やレジ袋などのプラスチックが細かく分解された〔⑤ 〕による海洋汚染が深刻化している。

11 地球の成層圏にある〔①　　　　　　　〕は、有害な〔②　　　　〕を吸収して、人間の健康を守るバリアの働きをしている。しかし、地上で排出される〔③　　　　　　　〕による〔①〕の破壊が進み、1980年代には南極上空に〔④　　　　　　　　　　　〕が出現するようになった。

12 大気中に放出されたフロンは、〔①　　　　　　〕によって塩素原子に分解されると、〔②　　　　　　　〕の中の酸素と結びついて〔②〕を分解する。フロンの削減は各国の利害が絡んだため交渉は難航したが、それでも1987年にはフロンの規制を定めた〔③　　　　　　　　　〕議定書が採択された。

13 世界各地で森林の減少が進んでいるが、特にアマゾンなどの〔①　　　　　　　〕の破壊はすさまじく、このままでは（② 200年以内　100年以内）に消失するといわれている。森林破壊が続けば、そこに生息する多くの生物種が絶滅の危機に直面する。また、森林による二酸化炭素の吸収がなくなると〔③　　　　　　　　〕が進む。さらに、森林の持つ保水力が失われ、洪水や豊かな土壌の流出が起きて〔④　　　　　　〕の一因にもなる。〔④〕とは、元は緑に覆われていた土地が、植物や農作物が育たない状態になることをいう。

14 地球上の生物は、約（① 15　40）億年の時間をかけて進化してきたが、多様な生物が複雑に関係し合って存在していることを〔②　　　　　　　　　　〕と呼ぶ。〔②〕は〔③　　　　　　〕を維持するために重要な役割を果たしているが、現在、未知の生物も含めて約（④ 4万　400）種が毎年絶滅しているといわれている。

15 生物種の絶滅の原因としては、人間による〔①　　　　　　〕、開発、環境汚染などによる〔②　　　　　　〕の消失が主なものだった。近年はそれに加えて、人間が持ち込んだ〔③　　　　　　〕が繁殖し、もともとその場所で暮らしていた在来種の生存が脅かされるというケースもある。生物種が絶滅に至るにはいくつもの要因が重なることが多いが、主な原因となっているのは〔④　　　　　　　　〕である。

環境

1　次の〔　〕に最も適する語を後から一つずつ選び、記号を書きなさい。

(1)　日本では温室効果ガス削減のために、地球温暖化対策税を導入している。これは〔　　　　〕の使用に対して課される税金である。

(2)　地球規模で温室効果ガスの削減に取り組み、温暖化の進行を止めるために、毎年〔　　　　〕が開催されている。

(3)　京都メカニズムは温室効果ガス削減の目標を達成するための補助手段となる国際的な仕組みで、共同実施、クリーン開発メカニズム、〔　　　　〕から成る。

(4)　9〜10月に〔　　　　〕上空のオゾン層が極端に薄くなる現象をオゾンホールと呼ぶ。

ア　地球サミット	イ　気候変動枠組条約締約国会議	ウ　赤道
エ　極地	オ　排出量取引	カ　グリーン購入法
キ　化石燃料	ク　再生可能エネルギー	

2　次の語の説明として最も適当なものを後から一つずつ選び、〔　〕に記号を書きなさい。

(1)　種の保存法　〔　　　〕

(2)　ゼロ・エミッション　〔　　　〕

(3)　レッドリスト　〔　　　〕

ア　各生物種の現状や減少原因などを詳しく記述したもの。

イ　絶滅の危険がある生物の一覧。

ウ　絶滅の危険の程度で野生動植物を区分し、取引を規制するもの。

エ　希少な生物種を保護するため、捕獲・取引の禁止、生息地域の保護・開発の規制、保護増殖事業計画などを定めたもの。

オ　国などが率先して再生品を購入するよう定めた法律。

カ　産業活動により排出される廃棄物などを、ほかの産業の資源に再利用することで社会全体としての廃棄物をゼロにしようという考え方。

3 次の説明を表す語として最も適当なものを後から一つずつ選び、〔　〕に記号を書きなさい。

(1) 自動車やエアコンなどからの排熱や、アスファルトで舗装された道路やコンクリートの建物の増加により、都市部の気温が周辺よりも高くなる現象。　〔　　　〕

(2) 絶滅のおそれの程度で野生動物を区分し、それぞれの必要性に応じて取引を規制した条約。　〔　　　〕

(3) 冷蔵庫の冷媒やスプレーの噴霧剤などに広く利用されていた、オゾン層破壊の原因となる物質。　〔　　　〕

(4) オゾン層を破壊するおそれのある物質を特定し、該当する物質の生産、消費、貿易を規制したもの。　〔　　　〕

(5) 1992年にブラジルのリオデジャネイロで、持続可能な開発を基本理念として開催された会議。行動計画である「アジェンダ21」などが採択された。　〔　　　〕

(6) 2010年に、生物多様性の保全と持続可能な利用に貢献するため、遺伝資源の利用によって生じた利益を公平に配分することを求めて採択されたもの。　〔　　　〕

> ア　京都メカニズム　　イ　地球温暖化対策税　　ウ　ヒートアイランド現象
> エ　熱波　　オ　国連環境開発会議　　カ　環境と開発に関する世界委員会
> キ　モントリオール議定書　　ク　公害　　ケ　フロン
> コ　生物多様性条約　　サ　名古屋議定書　　シ　砂漠化対処(防止)条約
> ス　ラムサール条約　　セ　ワシントン条約　　ソ　パリ協定

4 次の説明が正しいものには○を、誤っているものには×をつけなさい。

(1) SDGsの目標15「陸の豊かさも守ろう」では、森林の保全・回復・持続可能な使用などのターゲットが盛り込まれている。　〔　　　〕

(2) パリ協定では、先進国のみが自主的に削減目標を定めて国連に報告することになっている。　〔　　　〕

(3) 循環型社会の実現に生産者や行政、消費者が一体となって取り組むために、資源有効利用促進法、家電リサイクル法などの法律が整備された。　〔　　　〕

STEP1　STEP2　STEP3

環境

1 地球温暖化

(1)　地球温暖化を招いた二酸化炭素増加の原因としてどのようなことが考えられるか、書きなさい。

_____

_____

_____

(2)　地球温暖化が地球環境に及ぼす影響について、書きなさい。

_____

_____

_____

2 パリ協定

ポスト京都議定書として2015年末にパリ協定が採択され、すべての国が温暖化防止に取り組むことになったが、そこに至るまで各国間の溝はなかなか埋まらなかった。これは特に途上国の反発が大きかったためだが、それはどのような理由からか。二つ書きなさい。

●
_____

_____

●
_____

3 持続可能な開発目標（SDGs）

これまでの大量生産・大量消費を前提にした開発はどのような問題をもたらしたか、二つ
に分けて書きなさい。

- _____
- _____

4 循環型社会

（1）　循環型社会形成推進基本法の基本的な考えとなっている3Rとはどのようなものか。
　　　その名称を片仮名で挙げ、それぞれの内容を簡潔に書きなさい。

- 〔　　　　　　　〕：_____
- 〔　　　　　　　〕：_____
- 〔　　　　　　　〕：_____

（2）　循環型社会を形成するために生産者と消費者それぞれがとるべき行動を書きなさい。

生産者
_____

_____

消費者
_____

5 海洋汚染

水質汚染の原因の約7割を占める生活排水の対策として、日常的にどのような取り組みが
考えられるか、書きなさい。

_____

_____

6 オゾン層の破壊

オゾン層を破壊から守るため、どのような取り組みがなされたか、書きなさい。

_____

_____

_____

7 森林減少と砂漠化

（1）　人為による森林破壊としてどのようなことが考えられるか、簡潔に書きなさい。

_____

（2）　森林減少や砂漠化への具体的な対策を簡潔に書きなさい。

対策

_____

8 生物多様性

生物種の絶滅の原因として、近年外来生物の存在が問題になっている。外来生物の存在はどのような問題をもたらすか、二つ書きなさい。

● _____

● _____

環境＋α 環境倫理

▶次の文章の（　）は適語を選んで○をつけ、〔　〕には適当な語を記入しなさい。

1 環境問題は立場や考え方の違いから、具体的で有効な解決策の合意に至るのが難しい。例えば「世代間倫理」では、現在の便利で快適な生活を我慢してまで〔①　　　　　　〕の節約に協力することの困難さがいわれ、環境問題の解決は、科学技術がより進歩する〔②　　　　　　〕に委ねようといった主張さえある。また、「自然の生存権」については、「〔③　　　　　　　　〕」と対立しがちであり、（④ **人間　野生生物**）の保護優先には批判を伴う。「地球有限主義」については、経済がグローバル化し自由貿易が推進される今日では、購買力が大きい（⑤ **先進国　途上国**）に資源やエネルギーが集中していく傾向が強まっているのが現実である。

2 地球環境問題に対する各国の捉え方も一様ではない。開発途上国は環境保護よりも〔①　　　　　　　〕を優先させる傾向が強く、〔②　　　　　　〕を進めることに力を注ぐ。それに対して先進国は、途上国も早急に環境保護に協力することを求めている。しかし、途上国側からすれば、「地球環境を悪化させた責任の大半は（③ **先進国　途上国**）にあるのだから、率先して取り組むべきだ」という思いがある。

3 環境倫理の三つのテーマの内容について、それぞれ書きなさい。

世代間倫理

_____

_____

自然の生存権

_____

_____

地球有限主義

_____

_____

4 科学・技術

本冊64〜73ページ

▶次の文章の( )は適語を選んで○をつけ、〔 〕には適当な語を記入しなさい。

1 〔① 〕に人間と同様の〔② 〕や知性を待たせる技術であるAIの可能性には大きな期待が寄せられている。その背景には、コンピューターの処理能力の向上のほか、〔③ 〕と呼ばれる大量のデータからAI自身が知識を獲得する「機械学習」が実用化されたことや、人間に近い抽象的なデータ認識と複雑な情報処理を可能とする〔④ 〕が登場したことがある。

2 現代日本が抱えるさまざまな問題を解決するために次世代ロボットの開発が進められている。ロボットは、産業用ロボットと〔① 〕ロボットに大別され、後者はさらに「生活分野」「医療福祉分野」「〔② 〕分野」に大別される。「生活分野」では、音声対話による操作と顔認識機能・学習機能を備えた〔③ 〕ロボットの進化が著しい。

3 宇宙開発は、冷戦時代に〔① 〕とソ連が競い合ってきたが、現在は、先進国を中心とした15か国が協力した〔② 〕(ISS)を柱とする宇宙開発が進められている。また、中国や〔③ 〕などの新興国も開発に乗り出しており、新たな国際競争も始まっている。

4 日本の宇宙開発政策は〔① 〕(JAXA)が担っており、小惑星探査機「(② はやぶさ　こうのとり)」の打ち上げなどを行った。その後「〔③ 〕」を改訂し、研究開発だけではなく、宇宙を活用した安全保障能力の強化や国民生活の向上等に最大限活用する方針へと転じた。「〔③〕」では、〔④ 〕の除去対策のほか、情報収集衛星の利用も専守防衛に限って認めた。ただし、宇宙関連技術の多くは、軍事転用が可能な「〔⑤ 〕」でもある。

5 繰り返し利用可能で資源が枯渇しないエネルギーを［① 　　　　　　］エネルギーと呼ぶ。［①］エネルギーには、自然の力をエネルギー源とするものと、生物由来の有機性資源である［② 　　　　　　　　　］をエネルギー源とするものとがある。［①］エネルギーの源となるのは、地球上に限りなく存在する資源や、［③ 　　　　　　　　　］が可能な資源である。そのため、石油や天然ガスなどの［④ 　　　　　　　］のように資源が枯渇するおそれがない。また、地球温暖化の原因となる二酸化炭素などの［⑤ 　　　　　　　　　　　　］をほとんど排出しない。

6 日本では、再生可能エネルギーの中でも実用化が進んでいる［① 　　　　　　］発電や風力発電などを新エネルギーとして定め、国や自治体が開発事業者への助成制度、一般家庭への［② 　　　　　　　　　］制度などを設けて普及を促進している。

7 原子力発電は、放射性物質である［① 　　　　　　］を核分裂反応させることによって生じる［② 　　　　　］エネルギーを利用した発電であるため、事故によって高レベルの［③ 　　　　　　　　］や放射性物質が外部に漏れ出すと周辺地域に甚大な被害を及ぼし、重大事故の場合は事態の収束がきわめて難しい。

8 世界初の原子力発電は1951年に（① **アメリカ　フランス**）で実施され、それ以来世界各国で開発されてきた。1986年の［② 　　　　　　　　　］原発事故以降は一時利用が停滞したが、エネルギー需要の増加や［③ 　　　　　　　　］を背景にしてふたたび増加に向かった。日本では（④ **1955　1966**）年に茨城県東海村で初めて原子力発電の営業運転が開始され、1990年代初頭には、日本は世界（⑤ **1　3**）位の設備能力を有するまでになった。

9 日本では1999年の（① **東海村臨界事故　美浜原発事故**）をはじめとして、たびたび原子力事故が起きていた。また、国の安全管理の甘さや、電力会社の［② 　　　　　　　］などが判明するにつれて、国民の原子力発電への信頼性が低下し、原発政策を疑問視する声も強まっていた。

10 2011年3月11日の東日本大震災の発生によって〔① 　　　　　　　　　〕事故が引き起こされた。地震と〔② 　　　　　　　〕により全電源を喪失したことで原子炉の核燃料を冷やすことができなくなり、〔③ 　　　　　　　　〕と水素爆発を伴う深刻な事故となった。

11 政府は2011年7月に、事故を起こした福島第一原子力発電所の1〜4号機を除く国内の原子炉（① **30　50**）基に、安全性を再確認するための〔② 　　　　　　　　　〕を要請した。この〔②〕をクリアすることが、定期検査で運転を停止した原子炉を再稼働するための条件となり、2012年5月には日本の（③ **すべて　3分の2**）の原子炉が運転をいったん停止した。原発事故の後、海外では原子力エネルギーからの脱却を図ろうとする国と〔④ 　　　　　　　〕に向かう国の二つに大きく分かれている。

12 バイオテクノロジーは、〔① 　　　　　　　〕を利用した酒やチーズなどの発酵・醸造技術や、交配による農作物の品種改良など、農林水産業を中心に利用されてきた。1970年代に〔② 　　　　　　　　〕技術が開発されてからは、遺伝子組み換え作物の研究、石油の代わりに植物を使う〔③ 　　　　　　　　〕エネルギーへの応用など、現代のさまざまな問題を解決する技術の一つとして期待されている。

13 〔① 　　　　　　　　〕技術で遺伝情報を書き換えた受精卵を子宮に戻せば、親が望む外見や知能を持たせた〔② 　　　　　　　　〕の誕生が可能になる。しかし、たとえ重い病気にかかる可能性を小さくするための措置だったとしても、安全面での不安に加え、生命の選別や〔③ 　　　　　　〕につながりかねないといった倫理的な課題もある。

科学・技術

1 次の〔　〕に最も適する語を後から一つずつ選び、記号を書きなさい。

(1) 日本では、使用済み核燃料を再処理して取り出したプルトニウムにウランを混ぜた
MOX燃料を、既存の原発の燃料として再利用する〔　　　〕計画が進められてきた。

(2) AIが人間の能力を完全に超え、人間がAIを制御できなくなる〔　　　〕が2045年
に到来するといった予期もある。

(3) バイオテクノロジーを利用して、特定の有用な遺伝子だけを組み込んで作る作物を
〔　　　〕作物と呼ぶ。

(4) 少子高齢化による労働力不足や、災害や犯罪への対策など、現代の日本が抱えるさ
まざまな問題を解決するために〔　　　〕の開発・実用化が進められている。

> ア　新エネルギー　　　イ　シンギュラリティ　　　ウ　クローン
>
> エ　次世代ロボット　　オ　ディープラーニング　　カ　プルサーマル
>
> キ　遺伝子組み換え　　ク　産業用ロボット

2 次の説明を表す語として最も適当なものを後から一つずつ選び、〔　〕に記号を書き
なさい。

(1) 冷却系統の故障によって原子炉内にある炉心の温度が異常に上昇し、核燃料が溶け
落ちる現象。〔　　　〕

(2) さまざまなデータをもとに、文章・画像・音楽の作成やプログラミングが瞬時に可
能なAI。〔　　　〕

(3) 水素と酸素の化学反応で発電する装置。〔　　　〕

(4) 生物由来の再生可能な有機性資源。〔　　　〕

> ア　バイオマス　　　イ　ストレステスト　　ウ　再処理　　　エ　生成AI
>
> オ　燃料電池　　　　カ　メルトダウン　　　キ　スペースデブリ

3 次の語の説明として最も適当なものを後から一つずつ選び、〔　〕に記号を書きなさい。

(1)　ストレステスト　　　　　　　　　　　　　　　　　　　〔　　　〕

(2)　バイオテクノロジー　　　　　　　　　　　　　　　　　〔　　　〕

(3)　固定価格買取制度　　　　　　　　　　　　　　　　　　〔　　　〕

> ア　同じ遺伝情報を持つ個体や細胞の集団を人工的に作製する技術。
>
> イ　生物や生命のしくみを解明し、人間の生活や環境保全に役立てる技術。
>
> ウ　コンピューター上のシミュレーションによって原発の耐久性を調べる検査。
>
> エ　原発の強度や安全性を主に目視によって調べる検査。
>
> オ　再生可能エネルギーを利用した電気を一定期間、固定価格で買い取る制度。
>
> カ　原発事故の風評被害を受けた農作物を国が固定価格で買い取る制度。

4 次のアルファベットは何の略称か。最も適当なものを後から一つずつ選び、〔　〕に記号を書きなさい。

(1)　ISS　　　　　　〔　　　〕　　　(2)　AI　　　　　　〔　　　〕

> ア　国際宇宙ステーション　　イ　宇宙ごみ　　ウ　人工知能
>
> エ　原子力規制委員会　　　　オ　自動運転

5 次の各文について、下線部が正しければ〇を、誤っていればそれに代わる最も適当な語を後から選び、記号を〔　〕に書きなさい。

(1)　福井県にある高速増殖炉「もんじゅ」は、運転停止状態が続いたまま、再稼働検討中である。　　　　　　　　　　　　　　　　　　　　　　　〔　　　〕

(2)　IT技術を活用し、電力網全体の需給の効率化・最適化を図る仕組みをスマートグリッドという。　　　　　　　　　　　　　　　　　　　　　〔　　　〕

> ア　実用化に成功した　　イ　廃炉が決定した　　ウ　コージェネレーション

科学・技術

1 AI(人工知能)

AIの進歩に対する不安としてどのようなことがあるか、三つ書きなさい。

-

-

-

2 ロボット開発

ロボット活用の拡大に伴ってどのような危険性があるか、三つ書きなさい。

-

-

-

3 宇宙開発

宇宙ごみとはどのようなもので、どのような危険が心配されているか、書きなさい。

4 再生可能エネルギー

（1）　再生可能エネルギーの利点について、二つ書きなさい。

●

●

（2）　再生可能エネルギーの普及にはどのような課題があるか、二つ書きなさい。

●

●

5 原子力発電

(1) 原子力発電が推進された理由としてどのようなことが挙げられるか、三つ書きなさい。

●

●

●

(2) 福島第一原発事故の後、ドイツでは原子力発電についてどのような動きがあったか、書きなさい。

6 ゲノム編集

遺伝子組み換えやクローンといった新たな技術の開発や利用のために求められることを書きなさい。

科学・技術＋α　科学技術と人間

▶次の文章の（　）は適語を選んで〇をつけ、〔　〕には適当な語を記入しなさい。

1 近代科学の根底には、人間が理性を正しく発揮して〔① 　　　　　　〕を支配することにより、人間の暮らしに豊かさや便利さがもたらされるとする〔② 　　　　　　　〕の思想がある。そこでは人間は自然から切り離された（③ 孤独な　特権的な）存在であり、自然は生き物ではなく物質と考えられ、人間に利用される〔④ 　　　　　　〕と見なされる。

2 （① 産業革命　20世紀）以降、科学技術が飛躍的に発展したことで、人間は自然から効率よく〔② 　　　　　　〕を確保し、工場でさまざまなものを大量生産できるようになった。それに伴い、経済活動も急速に拡大し、人々は〔③ 　　　　　　〕豊かさと快適な暮らしを手に入れた。20世紀半ばの多くの人々にとって、科学技術は永遠に発展し続け、〔④ 　　　　　　〕のみをもたらすものだと考えられていた。

3 20世紀後半になり、人々は科学技術のもたらす負の側面に目を向けざるをえなくなった。〔① 　　　　　　〕が深刻化し、エネルギー資源や〔② 　　　　　　〕の枯渇も指摘されるようになったからである。科学技術の発達によって人間の活動が拡大したことが〔③ 　　　　　　〕に回復不可能なダメージをもたらすことに、ようやく人々は気づき始め、1972年には国連で〔④ 　　　　　　　　　〕が採択された。

4 科学技術と人間がよりよい関係を築くためにはどのようなことが必要か、書きなさい。

_____

_____

5 「参加型テクノロジー・アセスメント」ではどのようなことが行われているか、書きなさい。

_____

_____

5 情報・通信

本冊80〜91ページ

▶次の文章の（　　）は適語を選んで〇をつけ、〔　　〕には適当な語を記入しなさい。

1 インターネットは日本では1994年頃から広まり、2021年時点での利用率は（① 82.9　71.5）％であり、約（② 6　9）割の家庭がインターネットの接続にブロードバンドを利用している。接続機器もパソコンのほかに、スマートフォン、タブレット端末、ゲーム機など手軽に持ち運ぶことのできる端末（〔③　　　　　　　　　　〕）が増えてきている。

2 インターネットの普及により、時間的・〔①　　　　　　　　〕な制約をあまり受けずに情報をやりとりすることが可能になった。モバイル端末の普及により、時間や場所を問わずインターネットに接続できるようになったため、（② 過度の　苦手な）ネット使用で日常生活や社会生活に支障をきたす「〔③　　　　　　　　　　〕」状態になる人が現れ、医療機関に専門外来が登場するに至っている。

3 インターネットの発達や、モバイル端末や〔①　　　　　　　〕が普及したことによって、ネットワークにつなぎさえすれば、それらのサービスを利用することができるようになった。ICTは〔②　　　　　　　　　　〕社会の考え方を現実化した技術である。

4 スマートフォンの個人保有率は、2021年現在で（① 100　80）％を超えている。また〔②　　　　　　　　　　〕の普及により、外出先でもスマートフォンやタブレット端末によってインターネット接続やデータのやりとりが容易になっている。スマートフォンで利用できるサービスは多岐にわたり、無料で利用できる場合も多いが、その利用には〔③　　　　　　　　　　〕があることを忘れてはいけない。

5 情報の発信も受信も不特定多数の個人が行うことで形成されるインターネット上のメディアを〔①　　　　　　　　　　〕という。2010年末から2011年にかけて中東・北アフリカで起こった「〔②　　　　　　　　　　〕」と呼ばれる民主化運動では、Twitterや〔③　　　　　　　　　　〕上で情報共有やデモの呼びかけなどが行われ、〔①〕の力を示すものとして注目された。

6 ソーシャルメディアでは、海外などの遠方の人や有名人、一度に〔① 〕との交流など、実生活で顔を合わせることが困難な人とのコミュニケーションにも効果を発揮する。しかし一方で、気軽に書き込んだ情報をきっかけに、想定を超えた非難・批判・誹謗(ひぼう)・中傷が殺到する「〔② 〕」につながったり、ソーシャルメディア内での人間関係を〔③ 〕させたりすることがある。

7 2011年3月11日に発生した東日本大震災と、それに続く福島第一原発事故に関連した報道では〔① 〕の役割と姿勢が問い直されることになった。被災者を対象に行った調査によると、震災直後に多くの人がラジオやテレビなどのメディアを利用したが、〔② 〕や生活情報など地域の細かい情報は十分に入手できなかった。また、通常の番組やCMの〔③ 〕、連日長時間に及ぶ震災報道には、気分が落ち込む、被災者への配慮がないなどの批判が寄せられた。さらに、原発事故報道に対して、政府や電力会社の発表の「〔④ 〕」報道と感じた国民も多かった。

8 近年、報道機関の間に「〔① 〕に配慮する」という形の自粛や〔② 〕が進む傾向が強くなっているが、そのことは結果的に政府や政策に対する(③ **賛同** 批判)が封じ込められることにもなる。2014年末の衆議院議員選挙前には、政権与党のテレビ局への番組干渉も表面化した。

9 〔① 〕とは、情報の取り扱いに関する幅広い知識と能力のことである。〔①〕は〔② 〕とメディア・リテラシーに大別される。〔③ 〕・リテラシーとは、〔③〕やモバイル端末を使いこなす知識と能力を持っていることを指す。

10 インターネットの普及率は、大都市・若年層・高所得世帯・先進国で(① **高く** 低く)、過疎地・高齢者・低所得世帯・開発途上国で(② 高い **低い**)。このような情報通信環境の差によって生じる情報リテラシーの差が、必要な情報を得ることができない〔③ 〕を生み出しているといわれている。

11 インターネットを悪用した犯罪を［①　　　　　　　　　　　］と呼ぶ。［②　　　　　　　］が難しいことや［③　　　　　　　］の開発などを背景に増加しており、その手口も巧妙化している。2011年には、コンピューター・ウイルスの作成や提供、取得、保管について刑事罰が科される、いわゆる「［④　　　　　　　　　　　］」が成立した。

12 2021年のサイバー犯罪検挙件数は（①　10万　1万）件を超えており、金融機関などを装った偽のサイトへ誘導して個人情報を入力させる「［②　　　　　　　　　　］詐欺」などの詐欺行為、他人の著作物を勝手に配信するなどの［③　　　　　　　　　］、わいせつ図画等の掲載、掲示板やブログ等での誹謗中傷などがある。

13 住所や生年月日、電話番号、家族構成などの［①　　　　　　　　］は、コンピューターでの管理が一般的になったため［②　　　　　　　］が増した一方で、流出・漏洩事件が相次いでいる。例えば、機密情報の入ったノートパソコンやUSBメモリの［③　　　　　　］・盗難などにより［①　　　］が流出する事件が多発した。

14 発明や著作物など人間の知的創造活動の成果を、創作した人の財産として保護する権利を「［①　　　　　　　　　　］」または「知的所有権」という。［②　　　　　　　　］の進歩によって知的財産の［③　　　　　　　］や配布が容易になり、ファイル共有ソフトなどから［①　　　］が侵害されるケースが増えている。

15 知的財産権は、著作権、［①　　　　　　　　　　］、その他の権利に大別できる。［①　　　］には、発明に対する特許権、［②　　　　　　　　］に対する実用新案権、デザインに対する［③　　　　　　　］、営業上の商標に対する［④　　　　　　　　］がある。その他の権利には、［⑤　　　　　　　］の新品種の開発者（登録者）に付与される育成者権、不正競争防止法などによって企業のノウハウなどを保護する［⑥　　　　　　　　］、［⑦　　　　　　　］を無断で撮影・公表されない肖像権などがある。また、インターネットのドメイン名など、時代とともに保護する必要が生じた知的財産も増えている。

情報・通信

1 次の〔　　〕に最も適する語を後から一つずつ選び、記号を書きなさい。

(1) 日本では1988年に個人のプライバシー保護を目的として、行政機関が持つ個人情報の取り扱いを定めた〔　　　　〕が制定された。

(2) インターネットを悪用した犯罪への対応を定めた〔　　　　〕を批准するために、日本は刑法やその他の関係法令を改正した。

(3) インターネットの功罪を踏まえ、文部科学省は子どもたちが情報社会に生きるうえで必要な能力や態度を養うために〔　　　　〕を提唱・主導している。

(4) 福島第一原発事故の後、被災地や周辺地域の出身者や産業を直撃した〔　　　　〕には、メディア・リテラシーによって排除できるものが多かった。

ア　情報リテラシー	イ　風評被害	ウ　ウイルス作成
エ　情報モラル教育	オ　サイバー犯罪条約	カ　ネットいじめ
キ　個人情報保護法	ク　個人情報取扱事業者	

2 次の説明を表す語として最も適当なものを後から一つずつ選び、〔　　〕に記号を書きなさい。

(1) 人の交流を促進・サポートするネットワーク上の会員制サービス。〔　　　　〕

(2) 情報通信環境や情報技術を使う能力の差によって生じる格差。〔　　　　〕

(3) インターネットを通じてファイルを不特定多数で共有できるもの。〔　　　　〕

(4) 2021年にデジタル社会形成に関する行政事務を目的に設置された機関。〔　　　　〕

(5) 発明したものに対して発明者が持つ権利。〔　　　　〕

(6) リンクのクリックだけで契約が成立したと主張して代金を要求する犯罪。〔　　　　〕

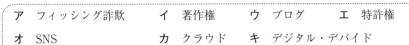

ア　フィッシング詐欺	イ　著作権	ウ　ブログ	エ　特許権
オ　SNS	カ　クラウド	キ　デジタル・デバイド	
ク　ファイル共有ソフト	ケ　マイナンバー制度	コ　情報リテラシー	
サ　ワンクリック詐欺	シ　デジタル庁		

3 次の語の説明として最も適当なものを後から一つずつ選び、〔　〕に記号を書きなさい。

(1)　テレワーク　　　　　　　　　　　　　　　　　　　〔　　　　〕

(2)　ブロードバンド　　　　　　　　　　　　　　　　　〔　　　　〕

(3)　ICT　　　　　　　　　　　　　　　　　　　　　　〔　　　　〕

(4)　フィルタリング　　　　　　　　　　　　　　　　　〔　　　　〕

> ア　よりコミュニケーションを強調した、情報・通信に関する技術の総称。
> イ　インターネットでのコミュニケーションルール。
> ウ　ICTを利用して在宅勤務をすること。
> エ　携帯電話・スマートフォンなどを利用して商取引を行うこと。
> オ　有害サイトへのアクセスを防ぐために閲覧を制限できるサービス。
> カ　コンピューターウイルスを発見・除去するソフト。
> キ　高速で大容量のデータ通信が可能な通信回線。
> ク　無線でネットワークに接続する技術。

4 次の説明が正しいものには〇を、誤っているものには×をつけなさい。

(1)　著作権には、著作物の創作者を保護する著作権と、著作物の実演を行う者を保護する著作隣接権とがある。例えば音楽の場合は、歌手・演奏家に著作権が、レコード会社などに著作隣接権が認められる。　　　　　　　　　　　　〔　　　　〕

(2)　2009年の著作権法改正によって、インターネット上の海賊版をそれと知りながら録音・録画する行為は個人で楽しむ目的でも違法とされるようになった。さらに2012年には、違法ダウンロードに刑事罰を科す改正が、2014年には電子書籍に対応した出版権の整備などを目的とした改正が行われた。　　　　　　　〔　　　　〕

(3)　テレワークは、一部の企業に限定されていたが、新型コロナウイルスの感染拡大が警戒されてから、混雑する公共交通機関を利用して通勤しなくても、在宅での仕事を可能にする手段として一気に広まった。　　　　　　　　　　　〔　　　　〕

(4)　個人情報保護法では、いかなる場合も本人の同意がない限り情報が第三者に公開されることがないため、必要な情報が提供されずにいる。　　　　　〔　　　　〕

情報・通信

1 インターネット

(1)　インターネットは個人で手軽に情報を発信できる場であるが、その情報を利用する場合にはどのようなことが大切か、書きなさい。

_____

_____

(2)　インターネットは人間関係にさまざまな影響を与える。インターネットの利点や問題点としてはどのようなことがあるか、それぞれ書きなさい。

利点

_____

_____

問題点

_____

_____

_____

2 ICT（情報通信技術）

ICTは社会・経済のインフラとして高度化・普及したが、利用者側にはどのような問題や懸念があるか、書きなさい。

_____

_____

_____

3 スマートフォン

スマートフォンにはどのような危険性があるか、三つにまとめて書きなさい。

- _____
  _____

- _____
  _____

- _____
  _____

4 ソーシャルメディア

ソーシャルメディアは手軽な情報発信や知りたい情報を入手できる点が魅力であるが、それにはマイナス面もある。「炎上」以外の問題点を二つ書きなさい。

- _____
- _____

5 マスメディア

(1) 情報提供以外にマスメディアの大きな役割の一つと考えられているものを書きなさい。

_____

(2) (1)のためにはどのようなことが保証される必要があるか、書きなさい。

_____

6 情報リテラシー

（1）　情報リテラシーの差が引き起こしている問題を書きなさい。

_____

_____

（2）　(1)の問題を解消するためにどのような取り組みが行われているか、書きなさい。

_____

_____

7 サイバー犯罪

サイバー犯罪対策として利用者にはどのようなことが求められるか、三つ書きなさい。

● _____

● _____

● _____

8 個人情報の保護

個人情報保護法の概念だけが一人歩きして、必要な情報が提供されないという事態にならないためにはどのようなことが必要か、書きなさい。

_____

_____

9 知的財産権

知的財産の保護が必要なのはどうしてか、書きなさい。

_____

_____

情報・通信+α　リアルとバーチャル

▶次の文章の（　）は適語を選んで〇をつけ、〔　〕には適当な語を記入しなさい。

1 コンピューターやネットワークが作り出す〔① 　　　　　　　〕の空間を現実であるかのように知覚させることを〔② 　　　　　　　　　　〕（仮想現実＝VR）という。〔②〕の技術は、ゲームをはじめとするエンターテインメントのほか、予測シミュレーターや〔③ 　　　　　　　〕シミュレーターなどさまざまな分野に応用されている。

2 私たちが「現実」または「〔① 　　　　　　〕」というとき、それは一般的に物理的な世界で起きている（② 客観的　主観的）な出来事を指している。しかし、私たちの日々の体験は、実際には〔③ 　　　　　〕の中で起きている現象で、感覚や経験を手がかりに、それが物理的に存在している「現実」の世界だろうと類推しているにすぎない。つまり、私たちが普段「現実」の世界だと捉えているのは、実際には（④ 客観　主観）において認識された世界である。逆に言えば、意識の中に〔①　〕な感覚が形成されれば、物理的な現象を伴わなくても、私たちはその体験に強い印象を受けることになる。こうした認識の特徴に基づく技術がバーチャル・リアリティである。

3 フランスの思想家ジャン・ボードリヤールは、現代の消費社会では、あらゆる欲望が〔① 　　　　　　〕されると指摘した。そこでは、リアルとバーチャルの主従関係は（② 逆転し　強化され）、本来は現実の模倣だったはずのバーチャルな世界こそがあるべき姿になり、〔③ 　　　　　〕の方が〔④ 　　　　　〕世界を模倣し始めるのである。

4 バーチャル・リアリティの持つ「双方向性」という特性はどのような効果をもたらしたか、書きなさい。

_____

_____

_____

_____

6 教育

▶次の文章の（　　）は適語を選んで〇をつけ、〔　　〕には適当な語を記入しなさい。

1 学校現場での問題の一つがいじめである。文部科学省が2021年に調査を行ったところ、全国の小・中・高校が把握したいじめの件数だけでも（① 160万　61万）件以上に上った。また、増加傾向にある〔②　　　　　〕や学級崩壊の事例も報告されており、部活動の指導に際しての教師からの〔③　　　　　〕も問題になっている。

2 学校で起きている問題の原因の一つと考えられるのが、〔①　　　　　〕によって兄弟姉妹との関係から〔②　　　　　〕を学ぶ機会が減るという家庭環境の変化である。行政から次々に改革案が学校現場に押しつけられる傾向も強く、教師はますます〔③　　　　　〕し、児童・生徒と向き合う時間が少なくなっている。

3 いじめなどの問題に対応すべく〔①　　　　　　　　　　〕が学校に配置されるようになり、一定の成果を上げている。「1クラス30人」といった〔②　　　　　　〕や〔③　　　　　〕授業の実施なども、一人一人の子どもに教師がより手厚く関わることを可能にすると期待されている。

4 受験競争の激しかった1960年代から1980年代には、暗記中心の〔①　　　　　〕型教育が主流だった。しかし、そのような教育は子どもたちに過度の〔②　　　　　〕を与えていると指摘され、その対策として始まったのが「〔③　　　　　　〕」である。小・中・高の学習内容がしだいに（④ 増加　削減）され、2002年の学習指導要領改訂では公立学校での〔⑤　　　　　　〕も導入された。また、教科の枠を超えた学習の機会として「〔⑥　　　　　　　　〕」を設け、「自ら学び、自ら考える力」を身につけることが重視されるようになった。

5 子どもたちの学力低下の原因としてゆとり教育に批判が寄せられる中、文部科学省は「〔①　　　　　　〕」へと路線転換し、2008年の学習指導要領改訂で主要科目の授業時間数を（② 増やし　減らし）、削除されていた学習内容を復活させた。

6 2008年の学習指導要領改訂では、小学校からの〔① 　　　　　　　〕の必修化を定めた。また、基礎学力の維持向上を目的として、2007年度から小学6年生と（② **中学3年生　高校3年生**）を対象に〔③ 　　　　　　　〕を実施している。また、文部科学省はさらなる基礎学力向上のために、授業時間数の（④ **増加　減少**）も検討している。

7 2020年から、小学校で〔① 　　　　　　　〕教育が必修となった。〔② 　　　　　〕に考える力を養うこと、身近な生活や社会におけるコンピューターの役割を理解することなどがねらいとされている。また、2019年以降文部科学省が力を入れている「〔③ 　　　　　　　〕」によって、義務教育を受ける児童生徒のために、1人1台の学習者用PCと高速ネットワーク環境の整備が進められている。

8 教育分野での〔① 　　　　　　　〕活用によって、授業の〔② 　　　　　〕が高まり、子どもの関心・意欲を高めて主体的な学習を促し、知識・理解を深めるなどの効果が期待できる。情報化社会の進展に伴い、子どもに必要な〔③ 　　　　　　　〕もより高度化せざるをえない。

9 内閣官房発表の資料によれば、世界の留学生数は2020年で（① **56　560**）万人となり、2000年から約3.5倍増加したとある。日本人による海外留学は2000年以降の景気（② **低迷　回復**）などが原因として一時減少傾向にあったが、近年は緩やかに増加傾向にあり、2018年度は11万5,146人と過去最高を記録した。しかし2019年以降の新型コロナウイルス感染症拡大の影響により、2020年度の日本人留学生数は（③ **1万4,860　1,486**）人と大きく減少した。

10 子どもにとって望ましい〔① 　　　　　　　〕・職業観や職業に関する知識や技能を身につけさせ、一人一人がその個性に応じて主体的に〔② 　　　　　〕を選択する能力・態度を育てることは、学校教育の中でも重要な役割の一つである。社会が急激に変化し価値観が多様化している今日、自らの〔③ 　　　　　　　〕を主体的に形成していくために、〔③ 　　　〕教育の必要性がいっそう強調されるようになった。

11 中央教育審議会による定義では、キャリア教育で育成すべき「基礎的・汎用的能力」として、人間関係形成・社会形成能力、自己理解・〔①　　　　　　　〕能力、〔②　　　　　　〕能力、キャリアプランニング能力の四つが示されている。

12 自己の充実・啓発や生活の向上のために、自己に適した手段や方法で生涯を通じて自ら行う学習を〔①　　　　　　　〕という。〔①〕が重視される背景には、〔②　　　　　　〕や産業の高度化に対応するため、新しい知識や技能を学び続けていかなければならない現代社会の状況がある。また、社会の成熟化に伴い生き方や価値観が（③ 単一化　多様化）する中で、学ぶ時期や手段、学びたい内容が一人一人異なるようになったことも〔①〕のニーズの高まりにつながっている。

13 日本でも生涯学習に対する人々の意欲が高まっているが、生涯学習を促進するためには、大学や自治体、〔①　　　　　〕などの〔②　　　　　　　　　　　〕の充実が不可欠である。

14 競技スポーツとは〔①　　　　　　〕や勝負を重視し、より高いレベルでの勝利を目指す〔②　　　　　〕のスポーツを指し、〔③　　　　　　〕スポーツとは、健康の維持・増進と〔④　　　　　　〕のために日常生活の中で楽しみながら体を動かすスポーツをいう。

15 近年ではスポーツは人との交流を深め、〔①　　　　　　　　　　〕（生活の質）を高めるとの認識から、すべての世代の国民がスポーツに取り組むことが勧められるようになってきた。こうした考え方は、一人一人のライフスタイルや年齢、性別、体力などに応じて気軽にスポーツに親しむことに価値を置く〔②　　　　　　　〕の視点と共通する。2011年に制定された〔③　　　　　　　〕では、すべての人がスポーツを楽しむ「〔④　　　　　　〕」や障害者スポーツの推進などが盛り込まれている。

教育

1 次の〔 〕に最も適する語を後から一つずつ選び、記号を書きなさい。

(1) 2013年にはインターネットを使った〔   〕への対策推進が盛り込まれた「いじめ防止対策推進法」が成立した。

(2) 学力低下の批判を受けて、文部科学省は〔   〕教育へと方針を転換した。

(3) 英語能力を判定する国際的なテスト〔   〕にスピーキングが導入されたことなどが原因として、留学生は一時減少傾向にあった。

(4) 近年、一人一人の子どもの勤労観・職業観を育む〔   〕が重視されている。

(5) 「スポーツ基本法」では、すべての人がスポーツを楽しむ〔   〕や障害者スポーツの推進などが盛り込まれている。

ア TOEIC	イ キャリア教育	ウ 不登校	エ ゆとり
オ いじめ	カ TOEFL	キ スポーツ権	ク リカレント教育
ケ 生涯スポーツ		コ 脱ゆとり	

2 次の説明を表す語として最も適当なものを後から一つずつ選び、〔 〕に記号を書きなさい。

(1) 学校に対して理不尽な要求をしたりささいなことで激しく教師を批判したりする親。

〔   〕

(2) 従来の教科書の内容に、動画や音声などを加え、編集などの機能を備えた教材。

〔   〕

(3) 学生が企業で実際に就業体験できる制度。 〔   〕

(4) 一度社会に出た人が、大学などの高等教育機関で再び受ける教育。 〔   〕

(5) 2007年度から小学6年生と中学3年生を対象に始まった、基礎学力の維持向上を目的としたテスト。

〔   〕

ア TOEIC	イ クレイマー	ウ ボランティア活動	エ 情報端末
オ インターンシップ	カ リカレント教育	キ モンスターペアレント	
ク 職業訓練	ケ デジタル教科書	コ 全国学力テスト	

3 次の語の説明として最も適当なものを後から一つずつ選び、〔　　〕に記号を書きなさい。

(1) 学級崩壊　　　　　　　　　　　　　　　　　　　　　　　〔　　　〕

(2) 生徒の学習到達度調査(PISA)　　　　　　　　　　　　　〔　　　〕

(3) スクールカウンセラー　　　　　　　　　　　　　　　　〔　　　〕

> ア 担任が注意しても、児童が私語をする、立ち歩く、暴れるなどして、授業が成り立たない状態が2～3週間以上続くこと。
>
> イ 病気や経済的な理由以外の何らかの原因で学校に来ない子どもが、クラスに複数いること。
>
> ウ 基礎学力の向上維持を目的として、小学6年生と中学3年生を対象に行われるテスト。
>
> エ OECDが世界各国の15歳の生徒を対象に行っているテスト。
>
> オ 基礎学力の向上を目的として、授業のサポートや問題の解決に当たるスタッフ。
>
> カ いじめや不登校だけでなく、子どものさまざまな悩みの相談に応じ、助言や心のケアを行うスタッフ。

4 次の各文について、下線部が正しければ○を、誤っていればそれに代わる最も適当な語を後から選び、〔　　〕に記号を書きなさい。

(1) 文部科学省は、2012年8月にいじめに対応する「子ども安全対策支援室」を設置した。
〔　　　〕

(2) 2008年の学習指導要領改訂では、小学校からの国語教育必修化を定めた。
〔　　　〕

(3) キャリア教育の手段としては、中高生のボランティア活動や職業体験、大学生らのリカレント教育などが一般的である。　　　　　　　　　　　　　　〔　　　〕

(4) 生涯学習には、職業に関する知識・技術の習得も含まれる。　　　　〔　　　〕

> ア スクールカウンセラー　　イ 英語　　　　　　ウ フランス語
>
> エ インターンシップ　　　　オ アクティブラーニング　　カ 含まれない

教育

1 学校現場をめぐる問題

（1） 学校現場で発生している問題の原因には、家庭環境、教師、地域の変化が関係していると考えられるが、どのような変化か、それぞれ書きなさい。

家庭環境

_____

_____

_____

_____

教師

_____

_____

_____

地域

_____

_____

_____

（2） いじめの問題に関して、保護者や教師はどのようなことを柱にして子どもを指導するとよいか、書きなさい。

_____

_____

_____

2 学力低下

(1) ゆとり教育による学力低下が問題視されることになった原因を、二つ書きなさい。

- _____

- _____

(2) 2018年のPISAの質問調査による、日本の子どもたちに特徴的なことを二つ書きなさい。

- _____

- _____

3 教育の情報化

(1) 教育分野でのICT活用の際に注意しなければならないことは何か、書きなさい。

_____

(2) 教育の情報化を考える際に求められる視点は何か、書きなさい。

_____

_____

4 留学

留学生の数を倍増させるため、文部科学省が「第3期教育振興基本計画」の中で示した方策を、三つ書きなさい。

- _____

- _____

- _____

キャリア教育

キャリア教育で、新たなキャリア意識形成のために必要なことは何か、書きなさい。

_____

_____

_____

6 **生涯学習**

(1) リカレント教育は、これまでは定年後の高齢者や専業主婦などが中心であり、社会人が大学に入学するケースは少なかった。その理由を書きなさい。

_____

_____

(2) 生涯学習を知的消費だけで終らせないために必要なことは何か、書きなさい。

_____

8 **競技スポーツと健康スポーツ**

近年、すべての世代の国民がスポーツに取り組むことが勧められるようになった理由を書きなさい。

_____

_____

_____

教育＋α 教育の自由と強制

▶次の文章の（　）は適語を選んで〇をつけ、〔　〕には適当な語を記入しなさい。

1 近年の教育をめぐるさまざまな問題に対処するために、〔①　　　　　　　　　　〕が2006年に大幅に改正された。主な改正点は「〔②　　　　　　　　　　〕」を尊ぶことや「〔③　　　　　　　　　　〕の尊重」のほか、「我が国と郷土を愛する態度を養う」といういわゆる〔④　　　　　　　　　　〕が追加されたことである。

2 学校は、社会の急激な変化に対応できず旧態依然で硬直化しているとの批判がある。そうした状況に風穴を開けるために、各地で大胆な教育改革が試みられている。公立の小・中学校での〔①　　　　　　　　　　〕の導入や、進学塾の協力による〔②　　　　　　　　　　〕の開講、民間からの（③ 校長　教頭）公募制などがその例である。

3 学校選択制の導入、民間からの校長公募などに代表される教育改革のねらいを書きなさい。

_____

_____

_____

4 学校選択制にはどのような問題が起きているか、書きなさい。

_____

_____

_____

5 教育基本法の改正に伴い教育関連3法も改正され、教育の管理・統制の強化が進んでいるが、それによってどのような問題が生じるか、書きなさい。

_____

医療・健康

▶次の文章の（　　　）は適語を選んで○をつけ、〔　　　〕には適当な語を記入しなさい。

1 ウイルスや〔①　　　　　　　〕などの病原体が人の体内に侵入し、増殖することで引き起こされる疾患を〔②　　　　　　〕という。人は〔①〕の増殖を防ぐ〔③　　　　　　〕や、ウイルスに対する免疫（抵抗力）をつくる〔④　　　　　〕を開発し、〔②〕の拡大を食い止めてきた。

2 感染症対策の3本柱は命を救う〔①　　　　　〕、感染拡大を抑える保健所などの〔②　　　　　　〕、集会中止や休校など社会的な予防である。日本は「感染症法」で〔①〕機関の対処法などを定めている。2020年には新型コロナウイルスは〔③　　　　　　〕に指定され、感染者を診察した医師には行政機関への報告義務があり、緊急で必要な場合には、入院（無料）や〔④　　　　〕措置などがとられていた。

3 近年、産婦人科や小児科、外科、〔①　　　　　　〕を中心に〔②　　　　　　〕が深刻化している。その背景には、国の〔③　　　　　　　　〕による医師養成数の削減、医療の高度化や高齢者の増加による医師の仕事量の（④ 増大　減少）がある。また、24時間受け入れ態勢を取らなければならない過酷な労働環境、〔⑤　　　　　〕による訴訟リスクが高い現場を避けたいという医師の心理なども影響していると考えられる。

4 病気や事故で心臓や肝臓などの〔①　　　　　　〕の機能が低下し、ほかの治療では回復が見込めない場合に、他者の健康な〔①〕を移植することを臓器移植という。臓器移植には、生きている人を〔②　　　　　〕（臓器提供者）とする〔③　　　　　〕と、亡くなった人を〔②〕とする〔④　　　　　〕がある。〔③〕は肝臓など一部を摘出しても〔②〕の生命に影響のないものが対象で、〔②〕は原則として〔⑤　　　　　　〕（移植希望者）の親や兄弟姉妹などの親族に限られる。

5 死体移植は、1997年に制定された〔①　　　　　　　　〕により、心臓死に加えて〔②　　　　〕後の臓器の移植が可能になった。当初臓器提供には〔③　　　　　〕

の生前の書面による同意と〔 ④ 〕の承諾の両方が求められ、年齢は
(⑤ **15 20**)歳以上とする制限が設けられていた。2010年に改正〔 ① 〕が施行されて以
降は、本人が生前に拒否の意思表示をしていない限り、(⑤)歳未満の子どもでも家族の
承諾があれば(⑥ **心臓死 脳死**)下での臓器の提供が認められるようになった。

6 個人の〔 ① 〕の情報を解析し、病気の診断や〔 ② 〕
などを行うことを遺伝子診断という。

7 生命の〔 ① 〕ともいわれている〔 ② 〕の塩基配列
が2003年に解読完了が宣言されたことによって、遺伝子の変異が糖尿病・〔 ③ 〕
などに重大な影響を及ぼすことが明らかになり、遺伝子診断が行われるようになった。

8 遺伝子診断には、すでに発病している病気の根本的な原因を特定するために行われる
「〔 ① 〕診断」、潜在的な〔 ② 〕を予測する「発症前診断」、
妊娠中の〔 ③ 〕の遺伝病を調べる「〔 ④ 〕診断」、体外受精によって
培養された〔 ⑤ 〕の遺伝子を調べる「着床前診断」などがある。

9 医学的な理由などにより〔 ① 〕ができない夫婦に行われる医療のことを
〔 ② 〕と呼ぶ。生殖補助医療とも呼ばれている。〔 ② 〕には、〔 ③ 〕
授精、体外受精、顕微授精などがあり、いずれの場合も夫婦以外の精子・卵子を使うこと
が(④ **認められている 認められていない**)。また、第三者に受精卵を移植して子ども
をもうける〔 ⑤ 〕という方法もある。日本では、日本産科婦人科学
会によって〔 ⑤ 〕は(⑥ **認められている 禁じられている**)。

10 病気やけがなどで失われたりした身体の組織や臓器を、特殊な〔 ① 〕を使っ
て人工的に再生・〔 ② 〕しようとする最先端医療を〔 ③ 〕という。
〔 ③ 〕は人工的に〔 ④ 〕を作れるようになったことで、新たな道が開かれた。
〔 ④ 〕には、受精卵を使った〔 ⑤ 〕(胚性幹細胞)や、体細胞に数種類の遺伝
子を導入して作られる〔 ⑥ 〕(人工多能性幹細胞)がある。

11 心身の負担になる〔① 　　　　　〕の積み重ねによって引き起こされる病気を生活習慣病という。生活習慣病に起因するがん、心臓病、〔② 　　　　　〕は日本人の主な死因の上位を占め、年間の死亡者数の約（③ 5　8）割以上を占める。その前段階でかかりやすい生活習慣病には、肥満症、高血圧症、脂質異常症、〔④ 　　　　　〕があり、自覚症状が出にくく、〔⑤ 　　　　　〕するとより深刻化する可能性がある。

12 国や自治体は生活習慣病の〔① 　　　　　〕に重点を置いた対策を推進し、2008年から〔② 　　　　　　　　〕に着目した特定健康診査などが実施されている。

13 現代では〔① 　　　　　〕の増大や〔② 　　　　　　　〕物質の増加、環境汚染など社会環境の変容とともに、「現代病」ともいわれる〔③ 　　　　　〕やアレルギー疾患を発症する人が増えている。

14 厚生労働省の調査によると、1996年には43万3千人だった鬱病などの気分障害の患者数が2020年には（① 19万4千　119万4千）人にのぼった。近年は20〜30代の比較的若い世代を中心に、従来の鬱病とは異なる新たな鬱症状を示す患者も発生している。また、最近では、日本人の約（② 2　5）人に1人がアトピー性皮膚炎や〔③ 　　　　　〕、喘息などの何らかのアレルギー疾患を有するまでになっている。低年齢化も進んでおり、小児では特に食物アレルギーによる〔④ 　　　　　　　　〕が問題視されている。

15 回復の見込みがない末期状態の患者に行われる医療を〔① 　　　　　　　　　〕（ターミナル・ケア）という。〔①〕は延命を中心とした従来の医療とは異なり、肉体的な苦痛と死への恐怖を和らげる〔② 　　　　　〕を行うことで、患者と家族に残された期間の〔③ 　　　　　　　　〕（生活の質）を高めることを重視している。
　〔②〕は医師や看護師、薬剤師、カウンセラーなどによるチームで行われ、ケアを提供する医療施設は〔④ 　　　　　〕と呼ばれる。2014年の調査では、〔⑤ 　　　　　〕は84％、安楽死は73％が容認しており、〔①〕に対する考えが多様化しているとわかる。

医療・健康

1 次の〔　〕に最も適する語を後から一つずつ選び、記号を書きなさい。

(1) 臓器移植では、臓器を提供する人を〔　　〕、移植を希望する人を〔　　〕と呼んでいる。

(2) 個人の遺伝情報に応じた適切な治療や投薬を行うことを〔　　〕という。

(3) 京都大の山中伸弥教授が世界で初めて作製に成功した幹細胞を〔　　〕という。

(4) 〔　　〕、心臓病、脳卒中は日本人の主な死因の上位を占めている。

(5) 日本の感染症対策として、〔　　〕法で医療機関の対処法などを定めている。

(6) 鬱病や〔　　〕は「現代病」と呼ばれている。

ア	iPS細胞	イ	遺伝子診断	ウ	院内感染	エ	ES細胞
オ	ドナー	カ	アレルギー疾患	キ	結核	ク	がん	ケ	インフルエンザ
コ	オーダーメイド医療	サ	感染症	シ	レシピエント

2 次の説明を表す語として最も適当なものを後から一つずつ選び、〔　〕に記号を書きなさい。

(1) 医師が患者に治療方針などについて十分な説明を行い、理解を得たうえで合意を得ること。〔　　〕

(2) 病気やけがでダメージを受けたり失われたりした身体の組織や臓器を、特殊な細胞を使って再生・修復する医療。〔　　〕

(3) 回復の見込みがない末期状態の患者に行われる医療。〔　　〕

(4) 患者の取り違え、手術や投薬のミスなど、医療側の過失による事故。〔　　〕

(5) 終末期の医療・ケアについての意思表明を事前に書面で示すこと。〔　　〕

ア	コンセンサス	イ	クオリティ・オブ・ライフ	ウ	リビング・ウィル
エ	インフォームド・コンセント	オ	再生医療	カ	生殖医療
キ	終末期医療	ク	医療過誤	ケ	医療崩壊

3 次の語の説明として最も適当なものを後から一つずつ選び、〔　〕に記号を書きなさい。

(1) メタボリック症候群　〔　　　〕

(2) 脳死　〔　　　〕

(3) 代理母出産　〔　　　〕

> ア　内臓脂肪型肥満に加えて、高血糖・高血圧・脂質異常症のうち二つ以上をあわせ持った状態のこと。
>
> イ　第三者に受精卵を移植するなどして子どもをもうけること。
>
> ウ　第三者から提供された卵子を使った受精卵で子どもをもうけること。
>
> エ　脳・心臓ともに機能が失われ、回復できなくなった状態。
>
> オ　脳全体の機能が失われ、回復できなくなった状態。

4 次の説明を表す語として適当なものに〇をつけなさい。

(1) 人工的な方法で精子を女性の体内に注入すること。　（人工受精　人工授精）

(2) 体外で受精させた受精卵を母体に戻すこと。　（体外受精　体外授精）

5 次の説明が正しいものには〇を、誤っているものには×をつけなさい。

(1) 2010年施行の改正臓器移植法では、15歳未満の子どもであっても、生前に本人の同意があれば脳死下での臓器の提供が認められるようになった。　〔　　　〕

(2) 近年、産婦人科や小児科、外科、救急医療を中心に医師不足が深刻化しており、公立病院で産婦人科や小児科などの診療科が廃止されるケースがある。　〔　　　〕

(3) 生活習慣病は40代以降で発病することが多いが、近年は生活習慣の変化から20〜30代で発病する、いわゆる生活習慣病の低年齢化が問題となっている。　〔　　　〕

(4) 国や自治体は生活習慣病の予防に重点を置いた対策を推進し、メタボリック症候群に着目した特定健康診査や特定保健指導が実施されている。　〔　　　〕

(5) 終末期医療では患者や家族の意思を尊重し、肉体的な苦痛と死への恐怖を和らげるホスピスを行うことで、残された期間の生活の質を高めることを重視している。〔　　　〕

STEP1 — STEP2 — STEP3

医療・健康

1 感染症

個人で行うことができる感染症の予防に有効な手段は何か、書きなさい。

_____

_____

2 医療崩壊

医療崩壊の解決には労働状況の改善が不可欠である。国はどのような対策を進めているか、三つ書きなさい。

● _____

_____

● _____

_____

● _____

_____

3 臓器移植

(1) 脳死を人の死と認めることについては賛否が分かれているが、それはどのような理由によるものか、書きなさい。

_____

_____

_____

(2) 改正臓器移植法による新たな課題とはどのようなものか、書きなさい。

_____

_____

_____

_____

4 遺伝子診断

遺伝子は究極の個人情報といわれるが、遺伝子診断が行われることによってどのような問題が生じるか、二つ書きなさい。

● _____

_____

● _____

_____

5 生殖医療

代理母出産ではどのような問題が生じているか、三つ書きなさい。

● _____

● _____

● _____

6　再生医療

iPS細胞はES細胞と比べてどのような長所があるか、二つ書きなさい。

● _____

● _____

7　生活習慣病

生活習慣病の予防にはどのようなことが必要か、書きなさい。

_____

_____

8　現代の病

アレルギー疾患対策のために国が具体的に行っている取り組みを、三つ書きなさい。

● _____

_____

● _____

_____

● _____

_____

9　終末期医療

リビング・ウィルについての問題点とは何か、書きなさい。

_____

医療・健康＋α　生命倫理

▶次の文章の（　）は適語を選んで○をつけ、〔　〕には適当な語を記入しなさい。

1 医療技術や〔①　　　　　　　　　　　　　　　　　　〕（生物工学・生命工学）の発達に伴い、これまでの社会慣習や法律では対応できない倫理的問題が山積している。生命倫理のテーマは、人工妊娠中絶や代理母出産などの〔②　　　　　　　　　　〕に関わる問題、人間らしい死に方を求める〔③　　　　　　〕や安楽死などの〔④　　　　　　　　　〕の問題、脳死と〔⑤　　　　　　　〕をめぐる問題、〔①〕の発達による遺伝子操作や〔⑥　　　　　　　　〕に関する問題、医療での患者の〔⑦　　　　　　　　〕の問題など、広い範囲に及ぶ。また、人間以外の生命についても、〔⑧　　　　　〕の扱いや、遺伝子組み換え作物による〔⑨　　　　　　　　　〕の問題などがある。

2 　倫理の問いは、（① **社会道徳　医療技術**）に基づく価値の判断である。倫理的問題は一人一人考え方が異なり、科学的問いのように（② **複数　唯一**）の正解があるというものではない。しかし、例えば実際に事件が起きたときに社会的合意がなければ、担当する裁判官によって異なる判決が出される可能性がある。そのためにも議論を深めて社会的合意を形成していくことが大切である。

3 生命倫理で扱われる課題にはどのような姿勢で臨む必要があるか、二つ書きなさい。

- _____

- _____

4 生命倫理の根底にあるのはどのような問いかけか、書きなさい。

_____

8 福祉

本冊130〜139ページ

▶次の文章の（　）は適語を選んで○をつけ、〔　〕には適当な語を記入しなさい。

1 総人口に占める（① 65　75）歳以上の老年人口の割合（高齢化率）が21％を超える社会を〔② 　　　　　　　　　　〕と呼ぶ。

2 日本の高齢化率は上昇を続け、1970年には7％超の〔① 　　　　　　　　　　〕、1994年には14％超の〔② 　　　　　　　　〕、2007年には超高齢社会に突入しており、2065年には約（③ 40　50）％に達すると予測されている。老年人口が増加する一方で、年少人口と〔④ 　　　　　　　　　　〕（15〜64歳）は減少し続けている。このままでは2065年には、高齢者1人を現役世代（⑤ 1.3　2.0）人で支える社会になると予測されている。

3 超高齢社会の到来に伴う課題の一つは高齢者介護である。これに対応するために2000年に〔① 　　　　　　　　　　〕が導入されたが、利用する人が年々（② 増加　減少）し、介護サービスを担う人材の不足や、〔①〕の財政逼迫は深刻である。高齢者が高齢者を介護する〔③ 　　　　　　　〕も増加している。

4 高齢者の就業に関しては、厚生年金の支給開始年齢の引き上げに伴い、2012年に〔① 　　　　　　　　　　〕が改正され、60歳の定年に達した従業員の希望者全員を（② 65　70）歳まで雇用することが企業に義務づけられた。

5 日本の社会保障制度は次の四つに分類される。
〔① 　　　　　　　〕…病気や災害によって生活困窮に陥ることを予防する機能を持つ。
〔② 　　　　　　　〕…児童福祉、障害者福祉、老人福祉等の各種サービスのことである。
〔③ 　　　　　　　〕…現に生活に困窮している人に対し、最低限度の生活を保障する制度であり、〔④ 　　　　　　　〕制度がこれに該当する。
保健医療・公衆衛生…人々が健康に生活できるように〔⑤ 　　　　　　　〕や栄養改善、環境整備などを行う制度である。

6 国が社会保障のために国民に給付する費用のことを〔① 〕という。急速な高齢化に伴い〔① 〕は年々増加しており、2020年度には（② 132兆円 152兆円）を突破した。このうち、〔③ 〕に関する給付が約4割、医療が約3割を占める。また、児童・家庭関係給付が（④ 1 3）割に満たない一方、高齢者関係給付は6割以上を占めており、現役世代・子育て世代に不公平感を持たせる一因となっている。

7 あらかじめ〔① 〕を拠出し、病気やけがなどで治療が必要になったときに、医療費の（② すべて 一定部分）について給付を受ける制度を医療保険制度という。

8 日本の医療保険制度は、全国民が公的医療保険に加入する〔① 〕を基盤としており、〔② 〕保険と地域保険に大別される。〔② 〕保険には、民間企業の社員などが加入する〔③ 〕、公務員や教員が加入する〔④ 〕、大型船舶乗組員が加入する〔⑤ 〕があり、これらに該当しない人はすべて地域保険である〔⑥ 〕に加入する。また、（⑦ 70 75）歳以上（障害者は65歳以上）になると〔⑧ 〕制度が適用される。

9 日本の公的年金には、20歳以上60歳未満の全国民が加入する〔① 〕（基礎年金）、会社員・公務員が加入する〔② 〕の二つがあり、老齢、障害、死亡などに直面したときに給付が受けられる。〔③ 〕の影響で受給者の数が増える一方、現役世代は減少し続けており、年金制度の破綻が懸念される。

10 高齢者は心身機能の低下などが原因でもたらされる生活上のリスクのために「被害者」や「〔① 〕」になりやすい。例えば、近年、地域の商店街の衰退などにより、食料品や日用品の買い物に困る人が増え、「買い物弱者」「〔② 〕」などと呼ばれている。車の運転や〔③ 〕の利用が困難な高齢者は特にその影響を受けやすい。

11 介護保険では、（① 20 40）歳以上の国民が保険料を納め、サービス利用者は原則として利用料の（② 0.5 1）割（高所得者は2〜3割）を負担する。

12 介護保険サービスの利用を希望するときは、まず住んでいる（① 都道府県　市区町村）
に〔②　　　　　　　　　　〕を申請し、必要な介護の程度についての認定を受ける。

13 主な介護保険サービスには、次の二つがある。

〔①　　　　　　　　〕サービス…利用者の自宅で行う介護や、〔②　　　　　　　　　　〕、
　　　　　　　　　　ショートステイなど施設に通所あるいは一時的に入所して
　　　　　　　　　　受ける介護。

〔③　　　　　　　　〕サービス…介護老人福祉施設などに入所して受ける介護。

14 親などの大人に代わり〔①　　　　　　〕をしたり、病気や障害のある家族・親族の
〔②　　　　　　　〕や介護を日常的に担ったりしている18歳未満の子どもを
〔③　　　　　　　　　　　　〕という。

15 2020年度に行われた調査では、世話をしている家族が「いる」と解答した中高生のうち
約1～2割が平日1日（① 7　5）時間以上を世話に費やしていることや、世話を始めた年齢
が中学2年生は平均（② 12.2歳　9.9歳）であること、自分がヤングケアラーだと自覚して
いる人は（③ 10　2）％程度に過ぎないということが判明した。

16 児童福祉法での児童とは（① 12　18）歳未満の者を指す。児童福祉は、従来、特別
な支援を要する児童およびその家庭を対象としていた。しかし近年、〔②　　　　　　〕や
核家族化、地域社会における人間関係の（③ 希薄化　濃密化）などにより、家族だけで
の子育てが難しくなっていることを背景に、児童福祉に「〔④　　　　　　　　　　　〕」
という視点が導入された。

17 児童福祉において深刻な課題の一つが、〔①　　　　　　　　〕である。2000年に〔①　〕
防止法が制定されたが、その後も〔②　　　　　　　　　　〕における虐待相談件数は増
加の一途をたどっている。

STEP1 STEP2 STEP3

福祉

1 次の〔　〕に最も適する語を後から一つずつ選び、記号を書きなさい。

(1) 2008年4月から始まった75歳以上の高齢者を対象にした医療保険制度を〔　　〕という。

(2) 公的年金は、保険料を払うことによって給付を受ける〔　　〕を採用している。

(3) 電話などを利用し、金銭をだまし取る〔　　〕（振り込め詐欺）の被害は深刻化しており、被害者は65歳以上が約9割である。

(4) さまざまな理由で安定した生活を送ることが困難になった場合にセーフティネットの役割を果たすのが〔　　〕である。

(5) サラリーマン世帯の専業主婦などを想定して導入された〔　　〕は、保険料の負担なく基礎年金を受給できる。

> ア　第3号被保険者制度　　イ　高額医療費制度　　ウ　社会保険方式
> エ　共済年金　　オ　公的年金制度　　カ　国民皆年金　　キ　保険金詐欺
> ク　後期高齢者医療制度　　ケ　社会保障制度　　コ　特殊詐欺

2 次の説明を表す語として最も適当なものを後から一つずつ選び、〔　〕に記号を書きなさい。

(1) 介護サービスを提供した施設や事業所に支払われるもの。〔　　〕

(2) 希望しているにもかかわらず保育所などに入所できない子どものこと。〔　　〕

(3) 親などの大人に代わり、家事や介護を日常的に担っている18歳未満の子どものこと。〔　　〕

(4) 生活に困窮している人に対し、最低限度の生活を保障する制度。〔　　〕

(5) 総人口に占める65歳以上の人口の割合が21％を超える社会のこと。〔　　〕

> ア　介護保険　　イ　超高齢社会　　ウ　介護報酬　　エ　支援児童
> オ　生活保護　　カ　ヤングケアラー　　キ　社会福祉
> ク　待機児童　　ケ　高齢化社会　　コ　アダルトチルドレン

3 次の語の説明として最も適当なものを後から一つずつ選び、〔　　〕に記号を書きなさい。

(1) 買い物弱者　　　　　　　　　　　　　　　　　　　　　〔　　　〕

(2) 老老介護　　　　　　　　　　　　　　　　　　　　　　〔　　　〕

(3) 健康保険　　　　　　　　　　　　　　　　　　　　　　〔　　　〕

(4) 国民健康保険　　　　　　　　　　　　　　　　　　　　〔　　　〕

(5) 国民皆保険　　　　　　　　　　　　　　　　　　　　　〔　　　〕

> ア　農業者・自営業者・無職者などが加入する医療保険。
>
> イ　公務員や教員が加入する医療保険。
>
> ウ　医療を受けた国民が無条件に保険の給付を受けること。
>
> エ　民間企業の社員などが加入する医療保険。
>
> オ　全国民が公的医療保険に加入すること。
>
> カ　インターネットでの買い物ができない人々。
>
> キ　地域の商店街の衰退などで日常の買い物に困る人々。
>
> ク　高齢者が高齢者を介護する状況。
>
> ケ　一人暮らしの老人を介護する状態。

4 次の説明が正しいものには○を、誤っているものには×をつけなさい。

(1) 日本の高齢化率は高度経済成長期以降上昇を続けており、1970年には高齢社会（高齢化率7％）、1994年には高齢化社会（高齢化率14％）となり、現在は超高齢社会に突入している。　　　　　　　　　　　　　　　　　　　　〔　　　〕

(2) 医療保険制度には、保険診療に伴う1か月の自己負担額が一定額を超えると、超えた分の金額が払い戻される制度がある。　　　　　　　　　〔　　　〕

(3) 国民年金は20歳以上60歳未満の社会人が加入するもので、20歳以上の学生の場合は加入を猶予される。　　　　　　　　　　　　　　　　　〔　　　〕

(4) 介護保険では、20歳以上の国民に保険料を納める義務がある。　〔　　　〕

(5) 2020年度の調査では、1学級につき1～2人のヤングケアラーが存在している可能性があることがわかった。　　　　　　　　　　　　　　　　　〔　　　〕

STEP1 — STEP2 — STEP3

福祉

1 超高齢社会

(1) 高齢者が安心して暮らせる生活環境整備の課題を書きなさい。

_____

_____

(2) 高齢者の雇用が進むことにはどのような利点があるか、二つ書きなさい。

● _____

_____

● _____

_____

2 社会保障制度

(1) 社会保険は、民間の保険とどのような点が異なるか、三つ書きなさい。

● _____

● _____

● _____

(2) 少子高齢化が進むことで社会保障制度にどのような問題が生じるか、書きなさい。

_____

_____

_____

3 医療保険制度

高齢化の進展で増大する医療費を抑制するため、国と都道府県は医療費適正化計画において
てどのような取り組みを進めているか、またどんな問題が生じているか、書きなさい。

取り組み

問題

4 公的年金制度

公的年金の特徴を、三つ書きなさい。

●

●

●

5 高齢者の生活

高齢者は「被害者」や「弱者」になりやすいとされるが、具体的にどのような危険性があるか、
書きなさい。

6 介護をめぐる問題

介護現場で離職者が絶えないのはどのような理由からか、書きなさい。

_____

7 ヤングケアラー

（1）　ヤングケアラーにはどのような傾向があるとされているか、書きなさい。

_____

（2）　どの子どもたちも子どもらしい時間を過ごし、その家族も安心して暮らせる社会の
　　　実現のためには、どのような体制づくりが求められているか、書きなさい。

_____

_____

8 児童福祉

児童虐待を防ぐためにどのような施策が進められているか、書きなさい。

_____

_____

_____

福祉＋α ノーマライゼーション

▶次の文章の（　）は適語を選んで〇をつけ、〔　〕には適当な語を記入しなさい。

1 〔①　　　　　　　〕や障害者など社会的に不利な状況に置かれがちな人々が、施設などに隔離されたり〔②　　　　　　　〕されたりせず、他の人々と同じように生活ができるような社会こそが普通であるとする考え方、あるいはそうした〔③　　　　　　　　〕を実現するための取り組みが〔④　　　　　　　　　　〕である。〔④〕の理念の原点は、1950年代に（⑤ アメリカ　デンマーク）の知的障害者の子を持つ親たちの運動にある。

2 日本では、心身障害者対策基本法が1993年に改正され、〔①　　　　　　　　　　　〕となった際に、障害者の自立や〔②　　　　　　　　〕への支援強化が打ち出された。2005年には、保護から〔③　　　　　　　　〕への政策転換を目指す障害者自立支援法が成立したが、この法律では障害者にも（④ 1割　3割）の費用負担が求められたことから、後に法改正がなされた。2012年には同法に替わり、地域社会における障害者の日常生活の支援を目的とした〔⑤　　　　　　　　　　　〕が、2013年には障害のある人に「合理的配慮」を行うことなどを通じて「共生社会」を実現することを目指す〔⑥　　　　　　　　　　〕が成立した。

3 ノーマライゼーションの理念を実現するために求められることを、書きなさい。

_____

_____

_____

4 ノーマライゼーションを進める際に重要なのはどのようなことか、書きなさい。

_____

_____

_____

9 社会

▶次の文章の（　）は適語を選んで〇をつけ、〔　〕には適当な語を記入しなさい。

1 少子化とは（① 出生率　死亡率）が低下して、子どもの数が減少することである。1970年代の後半から低下していた合計特殊出生率は、2005年には（② 1.1　1.26）と過去最低になった。1980年代以降、子どもの数は（③ 減り続けている　横ばいである）。

2 少子化の要因には、まず〔①　　　　　　　〕や未婚化が挙げられる。また、結婚後の仕事と〔②　　　　　　　〕の両立が困難な環境や、子育てにかかる〔③　　　　　　　〕負担なども原因として挙げることができる。

3 少子化が社会に与える影響としては、15〜64歳の〔①　　　　　　　　　　　　〕の減少により労働力人口が減少し、日本の経済成長率が（② 低下　上昇）することが懸念されている。

4 〔①　　　　　　　　〕（性的少数者）をはじめ、社会的な少数者であっても〔②　　　　　　〕を受けることなく〔③　　　　　　〕・平等に暮らしていく社会の構築が、各国で模索されつつある。〔④　　　　　　　　〕とは、ある集団の中に異なる特徴・特性を持つ人がともに存在することをいう。

5 日本の女性の労働力率は、（① 30　40）歳代後半を谷間とする（② U　M）字カーブを描いている。これは日本の女性が、結婚・出産・子育ての時期に〔③　　　　　　〕して、子育てが一段落したところで再び就職することが多いためである。また、北欧諸国と比較した場合、女性〔④　　　　　　〕の数も少ない。

6 日本の雇用システムは長い間、〔①　　　　　　　〕と〔②　　　　　　　〕賃金を基本としていた。しかし、1990年代のバブル経済の崩壊とその後の長期不況、さらに経済の〔③　　　　　　〕化の中で雇用環境は大きく変化している。経済が低迷する中、人員削減などの〔④　　　　　　　〕が行われ、企業は〔⑤　　　　　　〕を抑制するために工場の〔⑥　　　　　　〕などを進めた。

7 雇用環境の変化は、特に若者の雇用に大きな影響を与えている。2022年の15～24歳の完全失業率は（① **3.5　10.5**）％で、全年齢の完全失業率よりも（② **高い　低い**）。また、若年層での［③　　　　　　　　］労働者の割合も依然として高いほか、正社員になっても実際の仕事の内容や給与などが希望と異なるために早々に離職してしまう人も多い。2019年春の大卒者では、約（④ **3　1**）割が就職後3年以内に辞めている。

8 国民の［①　　　　　　　　］間の格差が大きく、属している［①　　］を移動することが（② **困難　容易**）な社会のことを［③　　　　　　　　］という。特に［④　　　　　　　　］面における格差を指すことが多い。

9 人口減少による［①　　　　　　　　］や、［②　　　　　　　　　　　　］に伴う住民の年齢構成の変化によって、多くの地域が、人口や［③　　　　　　　］の増加を狙う地域活性化の必要性に迫られている。2014年度から、安定した［④　　　　　　　］の創出や、地域の人口増加、［⑤　　　　　　　　　　　］への支援強化などの施策によって、人口減少に歯止めをかけ、地域経済の成長へに結びつけようとする「地域創生」の取り組みが始まっている。

10 2016年に「行政・税金に関する事務の［①　　　　　　　］化」をなどを目的に「［②　　　　　　　　　］制度」がスタートした。［②　　］は、外国人を含め［③　　　　　　　　　　］を持つ者すべてに、社会保障と［④　　　　　　］の分野で共通する（⑤ **10　12**）桁の識別番号を割り当てる制度である。政府は2022年度末までにほぼすべての国民に［②　　］カードが普及することを目標としてきたが、2023年6月末時点での国民への普及率は、全人口の約（⑥ **45　70**）％に留まっている。

11 日本は地理的・気候的な条件から［①　　　　　　　　］が発生しやすく、昔から地震・火山の噴火・台風・豪雨などの災害に何度も見舞われてきた。そのため政府は、1961年に［②　　　　　　　　　］を制定し、積極的に防災に取り組んできた。それでも1995年の［③　　　　　　　］大震災、2011年の［④　　　　　　　］大震災では多数の死者や行方不明者が出た。政府は「［⑤　　　　　　　　　　］」を震源とする巨大地震や首都直下型地震の被害予想を発表しており、防災体制の見直しが急務となっている。

12 問題の解決や改善のために「〔 ① 〕」に「無償で」行うのが〔 ② 〕活動である。現代の日本では、社会福祉、まちづくり、教育、芸術文化、環境保全などさまざまな分野で多くの〔 ② 〕が活躍している。〔 ② 〕活動をする人を支援する組織として〔 ③ 〕があり、情報の収集やコーディネート業務などを行っている。〔 ② 〕活動をするのは〔 ④ 〕や定年後の高齢者が大半であるが、近年は〔 ⑤ 〕を認める企業も増えてきた。

13 2015年の公職選挙法改正によって、〔 ① 〕が18歳に引き下げられた。また、民法改正によって〔 ② 〕も2022年4月から18歳に引き下げられた。なお、飲酒、禁煙の許容年齢は（③ **18歳以上に変更　20歳以上のまま**）となる。

14 一人一人が〔 ① 〕を選ぶための知識を身につけ、伝統的な食文化を受け継ぎ、健全な〔 ② 〕を実現して健康に暮らせるように、食について学ぶ取り組みを〔 ③ 〕という。

15 2014年に4か国を対象に行われた高校生の生活と意識に関する調査によると、日本の高校生は自分自身に対する評価ではポジティブな項目についての評価が（① **高く　低く**）、ネガティブな項目については（② **高かった　低かった**）。親子関係においては、「親（保護者）を尊敬している」という回答の割合が他の3か国に比べて（③ **高かった　低かった**）。

16 日本語の乱れとしては、若者言葉や外来語の多用のほか、敬語の使い方や慣用句の誤用などが挙げられる。乱れの一因として考えられるのが〔 ① 〕と書き言葉の混同である。2021年の「国語に関する世論調査」では、（② **3　8**）割以上の人が「言葉や言葉の使い方について課題がある」と回答しており、言葉への関心は決して低くない。

17 1990年代から日本の〔 ① 〕（大衆文化）が世界の若者を中心に広がり、人気を呼んでいる。国も〔 ① 〕や〔 ② 〕産業に注目し、官民ファンドの〔 ③ 〕を設置し、伝統工芸などを含めた日本文化の海外進出を促進しようとしている。

社会

1 次の〔　　〕に最も適する語を後から一つずつ選び、記号を書きなさい。

(1) 企業は男女格差をなくすための取り組みとして〔　　　　〕を導入している。

(2) 企業は人件費の抑制のために〔　　　　〕を増やすという方針をとっているが、これが雇用不安を生む大きな要因となっている。

(3) 正社員は〔　　　　〕の導入により、残業代を抑制された状況のもと短期間で成果を上げることを求められている。

(4) 住民票を持つ人すべてに、〔　　　　〕と税の分野で共通する識別番号を割り当てる〔　　　　〕が、2016年にスタートした。

```
ア  医療保険      イ  マイナンバー制度    ウ  非正規労働者    エ  成果主義
オ  ワーキングプア   カ  社会保障        キ  男女雇用機会均等法
ク  Nシステム      ケ  ニート         コ  ポジティブ・アクション
```

2 次の説明を表す語として最も適当なものを後から一つずつ選び、〔　　〕に記号を書きなさい。

(1) 1人の女性が生涯に生むと推定される子どもの平均人数を示す値。　〔　　　〕

(2) 男女が対等な立場で協力し合い、それぞれの意欲や希望に応じて、地域・家庭・職場などで活躍できる社会。　〔　　　〕

(3) 労働者1人当たりの労働時間を短くすることで、より多くの人に雇用の機会を与えようというしくみ。　〔　　　〕

(4) 就業・就学をせず、職業訓練も行っていない15〜34歳の若者。　〔　　　〕

(5) 働く意思と能力を持つ人の人数。　〔　　　〕

```
ア  男女共同参画社会    イ  男女雇用機会均等法    ウ  ワーキングプア
エ  ワーク・ライフ・バランス  オ  労働力人口    カ  引きこもり
キ  合計特殊出生率    ク  ニート    ケ  ワークシェアリング    コ  派遣切り
```

3 次の語の説明として最も適当なものを後から一つずつ選び、〔　〕に記号を書きなさい。

(1) ハザードマップ 〔　　　〕

(2) スローフード運動 〔　　　〕

(3) ワーキングプア 〔　　　〕

> ア　その土地の伝統的な食文化や食材の価値を見直し、豊かな食生活を継承していこうとする運動。
>
> イ　食材をできるだけ自給自足し、ゆったりとした生活を送ろうという運動。
>
> ウ　就業、就学、職業訓練を行っていない人。
>
> エ　フルタイムで働いているが、生活の維持が困難な労働者。
>
> オ　日本が農作物を輸入している国と依存率を地図上に示したもの。
>
> カ　自然災害により予想される被害や避難経路などを地図上に表したもの。

4 次の下線部の言葉の使い方は何と呼ばれるか。最も適当なものを後から一つずつ選び、〔　〕に記号を書きなさい。

(1) このパンは<u>食べれますか</u>。 〔　　　〕

(2) 荷物をここに<u>置かさせてください</u>。 〔　　　〕

(3) この品物で<u>よろしかったでしょうか</u>。 〔　　　〕

> ア　バイト敬語　　イ　ら抜き言葉　　ウ　さ入れ言葉

5 次の説明が正しいものには〇を、誤っているものには×をつけなさい。

(1) 少子化の原因の一つとして晩婚化が挙げられる。平成に入ってから、男女とも初婚年齢が2歳以上上昇している。 〔　　　〕

(2) 男女共同参画社会の実現には、両性の家事・育児への参加が欠かせないため、政府は2021年に育児・介護休業法を改正した。 〔　　　〕

(3) 雇用においては、企業が職業能力や経験を重視するのに対して、若者は賃金のみを重視する傾向がある。 〔　　　〕

社会

1 少子化

(1)　少子化が社会に与える影響としてどのようなことが懸念されるか、主なものを三つ書きなさい。

●

●

●

(2)　少子化対策のために国はさまざまな法律を制定・改正した。次の法律はどのような目的で制定・改正されたものか、それぞれ書きなさい。

少子化社会対策基本法

育児・介護休業法

子ども・子育て関連3法

2 ダイバーシティ

(1) これまで、多様性を認める社会の実現のうえで後ろ向きであるとされた日本という社会には、どのような傾向があると言われているか、書きなさい。

_____

_____

(2) ダイバーシティが認められていない社会は、どのような状況を意味するか、書きなさい。

_____

_____

3 ワーク・ライフ・バランス

政府は、「ワーク・ライフ・バランス憲章」を策定し、どのような社会を目指すべきとしているか、書きなさい。

_____

_____

_____

4 雇用をめぐる環境

(1) 若者の雇用環境の悪化については、求人と求職のニーズのミスマッチが挙げられる。具体的にどういうことか、説明しなさい。

_____

_____

(2) 政府は中小企業と学生とのマッチングを支援するために、どのような対策を考えているか、書きなさい。

_____

5 格差社会

(1)　格差の固定化と再生産とは具体的にどのような状況のことか、書きなさい。

_____

_____

_____

(2)　格差社会の問題を解決するためにはどのようなことが必要か、二つ書きなさい。

● _____

_____

● _____

_____

6 地域活性化

「限界集落」とは、どのような状況の集落を指すか、書きなさい。

_____

_____

7 マイナンバー

「マイナンバー制度」にはどのようなメリットがあるか、書きなさい。

_____

_____

8 防災

(1) 「減災」とはどのような取り組みのことをいうか、書きなさい。

_____

(2) 「防災」「減災」のためにはどのようなことか必要か、書きなさい。

_____

_____

9 ボランティア活動

ボランティア本来の趣旨に沿わないという意見があるボランティア活動にはどのようなものがあるか、三つ書きなさい。

- _____

- _____

- _____

10 成人年齢

成人年齢の引き下げは、若い世代にどのようなことを期待して行われたか、書きなさい。

_____

11 食育

不規則な食事や偏食が人に与える影響として考えられることを書きなさい。

_____

_____

12 現代の若者

現代の社会状況は若者の内面や対人関係にどのような影響を与えているか、書きなさい。

内面

対人関係

13 日本語

日本語の変化を「乱れ」と決めつけることはできない理由を書きなさい。

14 日本文化の広がり

日本文化が国際的なアピール力や競争力を維持するために必要なことは何か、書きなさい。

社会＋α　利他主義／日本論・日本人論

▶次の文章の（　）は適語を選んで○をつけ、〔　〕には適当な語を記入しなさい。

1 利他主義とは（① 自己　他者）の利益よりも（② 自己　他者）の幸福・利益を優先・尊重する考え方で、「〔③　　　　　　〕」の対義語としてフランスの社会学者コントが使い始めた造語といわれる。

2 人を利他主義に向かわせる内的要因としては、自己満足や〔①　　　　　　〕・罪の意識からの解放などが挙げられる。社会科学では、他人が追求する善を行動の義務、正しさの基準と考える立場で、〔②　　　　〕的利己主義や場合によっては〔③　　　　〕主義と対立する。

3 日本人・日本論をめぐるキーワードでは、自分が属する集団とは強く結びつくが、無関係な集団には〔①　　　　　〕で無関心になる傾向があるという「〔②　　　　　〕とソト」、「〔③　　　　　〕と建前」など、日本人の（④ 矛盾　二面性）を示すものがある。また、「武士道」「〔⑤　　　　　〕の文化」「〔⑥　　　　　〕社会」「甘えの構造」なども代表的なキーワードである。

4 極端な利他主義が独断となりがちなのはなぜか、書きなさい。

_____

_____

5 エスノセントリズムとはどのような考え方で、どんな危険性があるか、書きなさい。

_____

_____

国際　資料から考える

●食品廃棄物等の発生状況と割合〈概念図〉

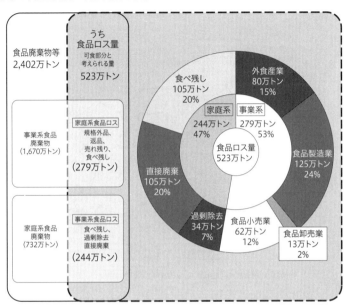

農林水産省及び環境省「令和3年度推計」より

1 資料から読みとれる内容について述べた次の各文の〔　〕に適当な語を記入しなさい。

・食品廃棄物等は、全体で〔①　　　　　　　　〕トン発生している。

・食品ロス量は、全体で〔②　　　　　　　　〕トン発生している。

・食品ロス量のうち最も割合が大きい項目は〔③　　　　　　　〕である。

・〔④　　　　〕系は〔⑤　　　　〕系の約2倍の量の食品廃棄物を出している。

・食品廃棄物等に対する食品ロスの割合は〔⑥　　　　〕系の方が大きい。

2 食品ロスの改善について、本冊25ページのAさんの意見とBさんの意見を参考に、自分の意見を書きなさい。

政治・経済　資料から考える

●参議院議員通常選挙における年代別投票率（抽出）の推移

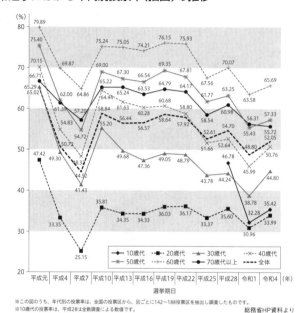

※この図のうち、年代別の投票率は、全国の投票区から、回ごとに142〜188投票区を抽出し調査したものです。
※10歳代の投票率は、平成28年は全数調査による数値です。

総務省HP資料より

1 資料から読みとれる内容について述べた次の各文の（　）は適語を選んで〇をつけ、〔　〕には適当な語を記入しなさい。

・全体の投票率が最も高い年は〔 ① 　　　　　　　〕年である。

・全体の投票率が最も低い年は〔 ② 　　　　　　　〕年である。

・令和4年で最も投票率が高い年代は〔 ③ 　　　　　〕代である。

・令和4年で最も投票率が低い年代は〔 ④ 　　　　　〕代である。

・令和4年で投票率が50％より低い年代は（ ⑤ 30 　・　 50 ）歳代以下である。

2 年代別投票率について、本冊43ページのAさんの意見とBさんの意見を参考に、自分の意見を書きなさい。

環境　資料から考える

●図：世界の二酸化炭素排出量の国別排出割合／表：世界各国の人口と年平均人口変動率

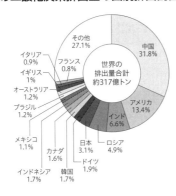

順位	国名・地域名	総人口 （×百万人） [2023年]	年平均人口変動率 （%） [2015年〜2020年]
1	インド	1428.6	1.0
2	中国	1425.7	0.5
3	アメリカ	340.0	0.6
4	インドネシア	277.5	1.1
5	パキスタン	240.5	0.8
6	ナイジェリア	223.8	2.6
7	ブラジル	216.4	1.1
8	バングラデシュ	173.0	1.1
9	ロシア	144.4	0.1
10	メキシコ	128.5	1.1
11	エチオピア	126.5	2.6
12	日本	123.3	-0.2
13	フィリピン	117.3	1.4
14	エジプト	112.7	2.0
15	コンゴ民主共和国	102.3	3.2
16	ベトナム	98.9	1.0
17	イラン	89.2	1.4
18	トルコ	85.8	0.5
19	ドイツ	83.3	1.4
20	タイ	71.8	0.3

環境省「世界のエネルギー起源CO2排出量（2020年）」より
国連人口基金「世界人口白書2023」より

1 資料から読みとれる内容について述べた次の各文の（　）は適語を選んで〇をつけ、〔　〕には適当な語を記入しなさい。

・2020年の世界の二酸化炭素排出量合計は約〔①　　　　　〕億トンである。
・最も二酸化炭素排出量が多い国は〔②　　　　　〕である。
・最も総人口が多い国は〔③　　　　　〕である。
・表中で、年平均人口変動率がマイナスの国は〔④　　　　　〕だけである。
・二酸化炭素排出量上位三ヵ国と総人口上位三ヵ国は（⑤ 同じ　・　異なる）国である。

2 二酸化炭素排出量について、本冊61ページのAさんの意見とBさんの意見を参考に、自分の意見を書きなさい。

科学・技術　資料から考える

●日本の電源構成別にみた発電量の年次推移

（億kWh）

電源	年度	2013	2015	2017	2019	2021
原子力		93	94	329	638	708
化石燃料	石炭	3,571	3,560	3,472	3,264	3,202
	天然ガス	4,435	4,257	4,210	3,813	3,558
	石油等	1,567	1,006	888	640	767
	計	9,573	8,823	8,570	7,717	7,527
再生可能エネルギー	水力	794	871	838	796	776
	太陽光	129	348	551	694	861
	風力	52	56	65	76	94
	地熱	26	26	25	28	30
	バイオマス	178	185	219	261	332
	計	1,179	1,486	1,698	1,855	2,093
合計		10,845	10,403	10,597	10,210	10,328

（参考）　2011年3月11日　東日本大震災発生
　　　　　2012年7月1日　固定買取価格制度開始

資源エネルギー庁広報資料室より

1 資料から読みとれる内容について述べた次の各文の（　）は適語を選んで○をつけ、〔　〕には適当な語を記入しなさい。

・化石燃料による発電量の合計が最も多い年は〔 ① 　　　　　〕年である。

・再生可能エネルギーによる発電量の合計が最も多い年は〔 ② 　　　　　〕年である。

・最も発電量が少ない電源は〔 ③ 　　　　　〕である。

・2013年から2021年にかけて化石燃料の発電量は（ ④ 増加　・　減少 ）していて、再生可能エネルギーの発電量は（ ⑤ 増加　・　減少 ）している。

2 日本の電源構成別にみた発電量について、本冊77ページのAさんの意見とBさんの意見を参考に、自分の意見を書きなさい。

情報・通信　資料から考える

●平日のテレビ視聴およびインターネット利用の平均利用時間の推移

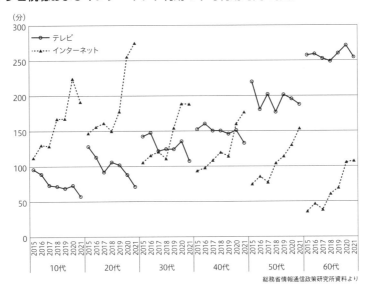

総務省情報通信政策研究所資料より

1 資料から読みとれる内容について述べた次の各文の（　）は適語を選んで○をつけ、〔　〕には適当な語を記入しなさい。

・インターネットの平均利用時間は（① **増加** ・ **減少**）傾向にある。

・2018年以降、テレビとインターネットの両方で、どの年代においても平均利用時間は（② **100** ・ **50**）分以上である。

・最もテレビの平均利用時間が長い年代は〔③　　　　　　　〕代である。

・最もインターネットの平均利用時間が長い年代は〔④　　　　　　　〕代である。

・上の世代ほどテレビの平均利用時間が（⑤ **長くなる** ・ **短くなる**）傾向にある。

2 テレビとインターネットにおける平均利用時間の推移について、本冊95ページのAさんの意見とBさんの意見を参考に、自分の意見を書きなさい。

_____

_____

教育　資料から考える

●公立学校に在籍する日本語指導が必要な外国籍の児童生徒数

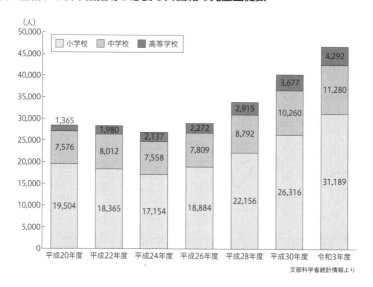

文部科学省統計情報より

1 資料から読みとれる内容について述べた次の各文の（　）は適語を選んで〇をつけ、〔　〕には適当な語を記入しなさい。

・日本語指導が必要な児童生徒数は、平成20年から平成24年まで（① 増加　・減少）傾向にあった。

・日本語指導が必要な児童生徒数は、平成26年以降は（② 増加　・　減少）傾向にある。

・日本語指導が必要な児童生徒は〔③　　　　〕学校が最も多い。

・平成20年から令和３年にかけて、日本語指導が必要な児童生徒のうち高等学校の生徒が占める割合が（④ 増加・　減少）している。

2 日本語指導が必要な外国籍の児童生徒数について、本冊111ページのAさんの意見とBさんの意見を参考に、自分の意見を書きなさい。

医療・健康 　資料から考える

●図1：肥満者（BMI≧25kg㎡）の割合（%） ／図2：運動習慣のある者の割合（%）

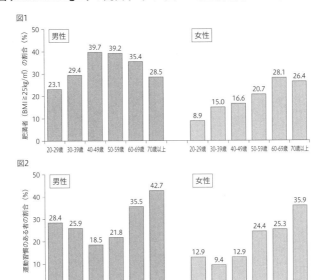

図1

男性 / 女性

肥満者（BMI≧25kg/㎡）の割合（%）

年齢	割合
20-29歳	23.1
30-39歳	29.4
40-49歳	39.7
50-59歳	39.2
60-69歳	35.4
70歳以上	28.5

図2

男性 / 女性

運動習慣のある者の割合（%）

厚生労働省「令和元年 国民健康・栄養調査結果の概要」より

1 資料から読みとれる内容について述べた次の各文の（　）は適語を選んで○をつけ、〔　〕には適当な語を記入しなさい。

・〔 ①　　　－　　　 〕歳の（② 男性　・　女性）が、最も肥満者の割合が高い 。
・〔 ③　　　－　　　 〕歳の（④ 男性　・　女性）が、最も肥満者の割合が低い 。
・男性で肥満者の割合が高い世代では、運動習慣のある者の割合が（⑤ 高い　・　低い）
・女性は若い世代に比べ上の世代の方が肥満者の割合が（⑥ 高い　・　低い）傾向にあり、
また運動習慣のある者の割合が（⑦ 高い　・　低い）傾向にある。

2 肥満と運動習慣について、本冊127ページのAさんの意見とBさんの意見を参考に、自分の意見を書きなさい。

_____

_____

福祉　**資料から考える**

●図１：地域別食料品アクセス困難人口の推移（65〜74歳）／図２：地域別食料品アクセ
ス困難人口の推移（75歳以上）

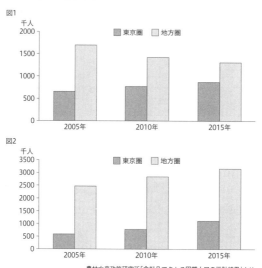

図1
千人

■ 東京圏　□ 地方圏

図2
千人

■ 東京圏　□ 地方圏

農林水産政策研究所「食料品アクセス困難人口の推計結果」より

1 資料から読みとれる内容について述べた次の各文の（　）は適語を選んで○をつけ、〔　〕
には適当な語を記入しなさい。

・〔　①　　　　　〕圏に比べ〔　②　　　　　〕圏で食料品アクセス困難人口が多く、
〔　①　〕の食料品アクセス困難人口は65〜74歳と75歳以上のいずれも増加傾向にある。

・2005年から2015年にかけて、東京圏の75歳以上の食料品アクセス困難人口は
（③　２　・　３）倍近く増加している。

・65歳〜74歳の食料品アクセス困難人口は地方圏で（④　**増加**　・　**減少**）傾向にあるが、
75歳以上では（⑤　**増加**　・　**減少**）傾向にある。

2 地域別食料品アクセス困難人口について、本冊143ページのAさんの意見とBさんの
意見を参考に、自分の意見を書きなさい。

社会　資料から考える

●男女賃金格差、婚姻率、合計特殊出生率の年次推移

年	男女賃金格差	婚姻率	合計特殊出生率
1964	53.5	9.9	2.05
1965	55.4	9.7	2.14
1966	55.2	9.5	1.58
1967	55.2	9.6	2.23
1968	55.3	9.5	2.13
1969	55.4	9.6	2.13
1970	56.1	10	2.13
1971	57	10.5	2.16
1972	57	10.4	2.14
1973	59.4	9.9	2.14
1974	59.8	9.1	2.05
1975	61.4	8.5	1.91
1976	58.4	7.8	1.85
1977	58.8	7.2	1.8
1978	59	6.9	1.79
1979	59	6.8	1.77
1980	59	6.7	1.75
1981	58.9	6.6	1.74
1982	58.9	6.6	1.77
1983	58.6	6.4	1.8
1984	58.7	6.2	1.81
1985	58.6	6.1	1.76
1986	59.6	5.9	1.72
1987	59.7	5.7	1.69
1988	60.5	5.8	1.66
1989	60.5	5.8	1.57
1990	60.2	5.9	1.54
1991	60.2	6	1.53
1992	60.7	6.1	1.5

年	男女賃金格差	婚姻率	合計特殊出生率
1993	61.5	6.4	1.46
1994	61.6	6.3	1.5
1995	62	6.4	1.42
1996	62.5	6.4	1.43
1997	62.8	6.2	1.39
1998	63.1	6.3	1.38
1999	63.9	6.1	1.34
2000	64.6	6.4	1.36
2001	65.5	6.4	1.33
2002	65.3	6	1.32
2003	66.5	5.9	1.29
2004	66.8	5.7	1.29
2005	67.6	5.7	1.26
2006	65.9	5.8	1.32
2007	65.9	5.7	1.34
2008	66.9	5.8	1.37
2009	67.8	5.6	1.37
2010	69.8	5.5	1.39
2011	69.3	5.2	1.39
2012	70.6	5.3	1.41
2013	70.9	5.3	1.43
2014	71.3	5.1	1.42
2015	72.2	5.1	1.45
2016	72.2	5	1.44
2017	73	4.9	1.43
2018	73.4	4.7	1.42
2019	73.3	4.8	1.36

厚生労働省「賃金構造基本統計調査」「人口動態統計」より

1 資料から読みとれる内容について述べた次の各文の（　）は適語を選んで〇をつけ、〔　〕には適当な語を記入しなさい。

・1964年から2019年にかけて、男女賃金格差は（① 改善　・　悪化）の傾向にある。

・1964年から2019年にかけて、婚姻率は（② 増加　・　減少）傾向にある。

・1964年から2019年にかけて、合計特殊出生率は（③ 増加　・　減少）傾向にある。

・〔④　　　　　　　　〕率が9.0以上の年の合計特殊出生率は2.0以上である。

2 男女賃金格差、婚姻率、合計特殊出生率の年次推移について、本冊171ページのAさんの意見とBさんの意見を参考に、自分の意見を書きなさい。

_____

_____

ワークで覚える

小論文
頻出テーマ

ジャンル別キーワード

90 分冊 ワークブック

解 答

WORKBOOK

桐原書店

※ STEP 3は解答例を掲載しています。

1 国際

（STEP1）（2〜4ページ）

1 ①ロシア ②ウクライナ ③正当防衛
2 ①クリミア ②7000 ③戦争犯罪
3 ①国境 ②グローバル化 ③経済 **4**
①ブロック経済 ②自由貿易 ③市場経済 ④
ヒト **5** ①ICT ②人権侵害 ③NGO
6 ①ユーロ ②政治統合 ③リスボン条約
④27 **7** ①ギリシャ ②国債 ③ドイツや
フランス **8** ①難民 ②シリア ③拒否
9 ①改革・開放 ②経済特区 ③社会主義
市場経済 ④10 **10** ①WTO ②AIIB ③
人民元 **11** ①核兵器禁止条約 ②核兵器廃
絶国際キャンペーン ③ノーベル平和賞
12 ①8 ②飢餓人口 ③達成されていない
13 ①食料安全保障 ②フードマイレージ
③45 **14** ①観光立国 ②観光立国推進基本
法 ③観光庁 **15** ①3188 ②新型コロナウ
イルス ③25 **16** ①外国人労働者 ②182
③3K

（STEP2）（5〜6ページ）

1 (1)ウ (2)オ (3)カ (4)キ (5)ケ
2 (1)オ (2)イ (3)キ (4)コ (5)カ
3 (1)ア (2)ウ
4 (1)カ (2)イ (3)エ
5 (1)×（「一極集中」ではなく「国際的
分業」） (2)○ (3)×（「包括的核実験禁止条
約」ではなく「核不拡散条約」） (4)○

（STEP3）（7〜10ページ）

1 ウクライナ侵攻
ウクライナとロシアが生産する小麦などの農産
物や、エネルギー資源の輸出が滞ったから。

2 グローバリゼーション
(1)[利点]より安価な工業製品や農産物を手
に入れることができるようになった。
[問題点]国内産業の衰退、労働者の賃金
低下や失業などの問題が生じた。さらに国
内でも国家間でも人々の間にさまざまな格
差が拡大し、富の偏在も生じている。
(2)[利点]異文化や異なる考え方に触れる機
会が多くなったことによって、自らの視野
を広げるとともに、自国の文化のよさも再
発見できるようになった。
[問題点]文化的同質性を前提にしたコミュ
ニケーションが通用しないため、各自がコ
ミュニケーション能力を高めない限り、外
国人への敵意を強める危険性がある。また、
主流文化によるマイノリティ文化の駆逐と
いう問題ももたらしている。

3 EU・難民
(1)EUへの加盟費の負担、主権の制限、流入
する移民や難民への対応。
(2)[短期的]EU以外の国とも協力しつつ生
命の危険にも直面する難民への現実的な支
援をすること。
[中・長期的]国際社会とともに原因とな
る国の紛争解決や開発支援を行うこと。

4 米中対立
・沿海部に比べて内陸部の開発・発展の遅れか
らくる国内の貧富の差の拡大。
・環境政策の不備による公害の激化。

5 核兵器禁止条約
(1)核保有国だけでなく、アメリカの「核の傘」
の下にある国々も不参加であり、批准しな
い国に効力はないこと。
(2)・米・ソ（露）・英・仏・中の5か国が核
戦力を独占するのは不平等であること。
　　・条約に参加せず独自に核開発を進める国
や、核保有の疑惑の持たれる国があるこ

と。

⑥ 食料問題

(1) もともと乳幼児死亡率が高かったことに加え、家計を支える労働力としての期待から子どもを多く生む傾向があったが、医療の進歩や衛生状態の改善により、近年では「多産少死」型に移行しつつあるため。

(2) 農業技術の開発や農業機械の整備、長期的な食料増産計画のための、先進国による技術協力や資金援助、人材育成。

⑦ 観光立国

[対外的] 世界遺産に登録された観光地など、日本各地の多様な魅力を発信すること。

[国内的] 行政、観光関連産業だけでなく地域住民も連携し、新たな地域振興にもつながる総合産業としての観光への変革を模索すること。

⑧ 外国人の労働問題

(1) 少子高齢化による労働力不足や、国際競争力の低下への危機感があるから。

(2) 労働力として働かせていながら「外国人研修生・技能実習生」として十分な賃金を払わないなど、外国人が安価な労働力として都合よく利用される傾向がある。また、外国人労働者への賃金の未払い・不当解雇・違法な時間外労働・労災隠し・社会保険へ加入させないなど、雇用者による不当な扱いもある。

国際＋α （11ページ）

1 ①社会進化　②未開社会　③文明社会　④同化政策　**2** ①優劣　②文化相対主義　③後半　④マイノリティ　⑤人権尊重の普遍性　⑥人権侵害　**3** マイノリティの要求を積極的に受け入れ、彼らの文化を公的に支援することで、少数派の権利を保障し多文化の共生を実現しようというもの。　**4** 社会の中にいくつものマイノリティ集団が形成され、それぞれが文化の独自性を強調した場合、社会内に分断を

作り出してしまう危険性があるから。

2 政治・経済

STEP1 （12〜14ページ）

1 ①インターネット　②支持政党　③デモ　**2** ①住民投票　②法的拘束力　③政治的無関心層　**3** ① 1947　②憲法調査会　③ 18　④憲法審査会　**4** ① 9　②非軍事的平和主義　③個別的自衛権　④集団的自衛権　⑤安全保障関連法案　**5** ①団体自治　②住民自治　③地方分権　**6** ①迅速化　②法曹人口　③法科大学院　④裁判員制度　**7** ① 6　②有権者　③無作為に　④刑事　⑤量刑　**8** ①国債　②建設国債　③赤字国債　④地方債　⑤ 1244　**9** ①現金　②キャッシュレス　③ 40　**10** ①ユーロ　②円高　③円安　④下がった　⑤円安　**11** ①為替　②外国為替市場　**12** ①関税　② FTA　③ EPA　④シンガポール　⑤ TPP　**13** ①企業倫理　②規制緩和　③コンプライアンス　**14** ①法律　②公正　③株主　④ステークホルダー　⑤アカウンタビリティ　⑥企業の社会的責任　**15** ①価格規制　②効率化　③規制緩和　**16** ①新自由主義　②民営化　③小泉　④郵政民営化

STEP2 （15〜16ページ）

1 (1) コ・エ　(2) オ　(3) サ　(4) イ　(5) カ

2 (1) キ　(2) エ　(3) イ　(4) コ　(5) シ　(6) サ

3 (1) イ　(2) エ

4 (1) イ　(2) ア

5 (1) ○　(2) ア　(3) イ

1 政治参加の新たな流れ

デモや集会などの情報が短時間に広まるようになった。必要な情報を即時に得られるだけでなく、掲示板や SNS に自分の意見を書き込んだり、それを読んだ人がコメントを加えたりすることもごく普通にされるようになった。

2 憲法改正をめぐる動き

(1) 新しい人権の意義や内容（誰が何を請求できるのか）を明確にしていくこと。

(2) 憲法は、権力者の勝手な権力行使を制限し、国民の権利や自由を擁護するためにあるということ。

3 地方自治と地方分権

［名称］団体自治 ［内容］地方公共団体が国から自立して行政を行うこと。

［名称］住民自治 ［内容］住民の意思に基づき住民が参加して行うこと。

4 裁判員制度

(1) ［裁判の迅速化］裁判迅速化法の制定や簡易裁判所の権限強化、刑事裁判での公判前整理手続きの導入。

　　［法曹人口の拡大］法科大学院の創設。

　　［国民の司法参加］裁判員制度の導入や、検察審査会の起訴議決制度の開始。

(2) 裁判に一般の市民感覚が反映され、司法への関心・理解・信頼が深まること。

5 財政危機

(1) ・バブル崩壊後の長い不況で税収が減ったから。

　　・不況対策として公共事業費がかさんだから。

　　・高齢化が進み社会保障費が増えたから。

(2) ・一般会計に占める国債費が膨らみ、歳出面での自由度が低下すること。

　　・将来の国民に返済の費用負担を先送りするという世代間の不公平があること。

・国債発行により実質金利が上昇し、民間企業の資金調達が圧迫されるおそれがあること。

6 キャッシュレス社会

・治安の良さや偽札が少ないこと。

・店舗における端末導入や加盟店手数料などの負担の大きさ。

・消費者の現金信仰からくるキャッシュレスへの漠然とした不安。

7 円高と円安

［メリット］輸出が増加し、輸入が減少するので貿易収支は黒字傾向となる。また海外からの直接投資や債券投資が増え、国内株価が上昇するので、一般的に景気に好影響を及ぼす。

［デメリット］輸入品の価格が上昇するため原材料・燃料生産コストが増大し、企業収益に悪影響を与えるとともに、製品価格の上昇を招き、インフレ傾向となる。

8 CPTPP

二国間の交渉であれば相互の例外規定も定めやすいから。

9 企業倫理

法律に違反しないだけでなく、社会的な公正や環境にも配慮し、（株主や従業員だけでなく、消費者や地域社会など）あらゆるステークホルダー（利害関係者）に対して説明責任を果たし、その期待に応え信頼を得るように努めなければならない、というもの。

10 規制緩和と自由化

［利点］民間の活力が増し、新規参入や競争が促進され、消費者に利益をもたらした分野が多くある。

［問題］経済活動の結果に対する自己責任が重視され、いわゆる「勝ち組」「負け組」の格差が拡大することになった。

1 ①福祉国家 ②拡大 ③財政赤字 ④小さな ⑤新自由 ⑥金融政策 ⑦自由放任経済 **2** ①勝者 ②機会 ③結果 ④自己責任 ⑤受益者負担 ⑥法人税 ⑦社会保障 **3** 規制緩和・自由化によって競争が促進され、資本主義経済が活性化すること。 **4** 格差を是正する所得再分配政策や国民の生存権を保障するセーフティネットの構築は、社会保障の重要な柱であることに変わりなく、市場機構の役割を認めたうえで、市場原理にすべてを無条件に委ねない政策の工夫が求められる。

3 環境

1 ①温室効果ガス ②熱 ③温室効果 ④二酸化炭素 ⑤20 **2** ①海洋 ②多い ③数十億 **3** ①極地 ②集中豪雨 **4** ①0.74 ②1.30 ③3.3 〜 5.7 ④IPCC **5** ①京都メカニズム ②2012 ③先進国 ④アメリカ **6** ①化石燃料 ②パリ協定 ③2 **7** ①2030 ②SDGs ③17 ④先進国 **8** ①将来（未来）の世代 ②環境と開発 **9** ①循環型社会 ②循環型社会形成推進基本法 ③消費者 ④グリーン購入法 **10** ①魚介類の体内 ②台所 ③生活排水 ④ペットボトル ⑤マイクロプラスチック **11** ①オゾン層 ②紫外線 ③フロン ④オゾンホール **12** ①紫外線 ②オゾン ③モントリオール **13** ①熱帯雨林 ②100 年以内 ③地球温暖化 ④砂漠化 **14** ①40 ②生物多様性 ③生態系 ④4 万 **15** ①乱獲 ②生息地 ③外来生物 ④人間の活動

1 (1) キ (2) イ (3) オ (4) エ
2 (1) エ (2) カ (3) イ
3 (1) ウ (2) セ (3) ケ (4) キ (5) オ (6) サ
4 (1) ○ (2) ×（「先進国」ではなく「すべての締約国」） (3) ○

1 地球温暖化

(1) 産業革命以降、人間の生活や産業活動で化石燃料の利用が増加し、多量の二酸化炭素を排出し続けていることや、急激な人口増加や、大規模な伐採による森林の減少。

(2) 気温の上昇によって氷河や極地の氷が溶けて海面が上昇し、島や低地が水没する。また、異常気象が発生しやすくなり、その影響で農作物の収穫量の減少や、健康被害、気象の変化に対応できない野生生物種の減少などが起こる。

2 パリ協定

• 二酸化炭素の排出を抑えると、自国の経済発展の足かせになることを警戒したから。

• 現在の地球温暖化の責任は先進国にあるので、まず先進国が率先して取り組むべきだと考えたから。

3 持続可能な開発目標（SDGs）

• 大量の廃棄物を生み出して公害を発生させ、地球環境を悪化させた。

• 資源を浪費し、生態系を破壊した。

4 循環型社会

(1) • リデュース ：ごみを減らす。
　　• リユース ：繰り返し使う。
　　• リサイクル ：資源として再び利用する。

(2) ［生産者］リサイクルの実施や再生資源の使用、長寿命の製品や再利用しやすい製品

の開発。

[消費者]ごみの分別や物を大切に使うこと。

⑤ 海洋汚染

ごみを直接下水に流さない、洗剤の使用量を減らす、節水を心がける。

⑥ オゾン層の破壊

モントリオール議定書が採択され、先進国では1996年まで、開発途上国では2015年までにフロンなどオゾン層破壊物質が全廃されて代替フロンへ切り替えられることになった。代替フロンも全廃、もしくは削減することが求められている。

⑦ 森林減少と砂漠化

(1) 焼畑農業、大規模な商業伐採、農地や放牧地確保のための開拓による伐採など。

(2) 植林を中心とした緑化。

⑧ 生物多様性

・外来生物が繁殖して、もともとその場所で暮らしていた在来種の生存を脅かす。

・外来生物と在来種の間で交雑が起きて、純粋な在来種の数が減少する。

環境＋α （30ページ）

❶ ①資源　②未来世代　③人間中心主義　④野生生物　⑤先進国　**❷** ①経済成長　②工業化　③先進国　**❸** [世代間倫理] 現在世代は良好な環境を未来世代に引き継ぐ責任があるとし、環境に配慮した行動を人々に求める。[自然の生存権] 人間以外の生物種の生存を保障し生態系の保全を図る。[地球有限主義] 有限な地球の資源をいかに公平に配分していくかを模索する。

4 科学・技術

(STEP1) （31〜33ページ）

❶ ①コンピューター　②知能　③ビッグデータ　④ディープラーニング　**❷** ①サー

ビス　②公共　③コミュニケーション　**❸** ①アメリカ　②国際宇宙ステーション　③インド　**❹** ①宇宙航空研究開発機構　②はやぶさ　③宇宙基本計画　④宇宙ごみ　⑤デュアルユース技術　**❺** ①再生可能　②バイオマス　③リサイクル　④化石燃料　⑤温室効果ガス　**❻** ①太陽光　②導入補助金　**❼** ①ウラン（ウラン燃料）　②熱　③放射線　**❽** ①アメリカ　②チョルノービリ（チェルノブイリ）　③地球温暖化問題　④1966　⑤3　**❾** ①東海村臨界事故　②事故隠し　**❿** ①福島第一原発　②津波　③メルトダウン　**⓫** ①50　②ストレステスト　③すべて　④積極利用　**⓬** ①微生物　②遺伝子組み換え　③バイオマス　**⓭** ①ゲノム編集　②デザイナーベビー　③優生思想

(STEP2) （34〜35ページ）

❶ (1)カ　(2)イ　(3)キ　(4)エ
❷ (1)カ　(2)エ　(3)オ　(4)ア
❸ (1)ウ　(2)イ　(3)オ
❹ (1)ア　(2)ウ
❺ (1)イ　(2)○

(STEP3) （36〜38ページ）

❶ AI（人工知能）

・技術の発展によって、今ある仕事の半分近くが2030年頃にはAIで代用可能になるとされていること。

・AIの能力が人間を完全に超えてしまい、AIの行うことを人間が制御できなくなる技術的特異点が2045年に到来すると予測されていること。

・気づかないうちに、AIによって国民が監視・操作・支配される社会が到来する不安。

2　ロボット開発

- ロボットのAIのシステムがコンピューター・ウイルスに侵され、誤作動により人間に危害を加える可能性がある。
- ロボットの軍事利用が進み、大量の人命を奪う無人兵器が開発されている。
- ロボットに依存し過ぎると、育児や介護などにおいて人間の心が欠かせない部分もロボットに任せきりになりかねない。

3　宇宙開発

地球の衛星軌道上を周回している使用済みの人工衛星、ロケットの部品や破片のこと。増加の一途をたどっており、人工衛星と衝突した事例もあり、今後ISSへの衝突が心配されている。

4　再生可能エネルギー

(1) ・地球上に限りなく存在する資源や、リサイクルが可能な資源が源であるため、化石資源に乏しい国でもエネルギー自給率を高めることができる。
　　・環境を汚染する有害物質や、地球温暖化の原因となる二酸化炭素などの温室効果ガスをほとんど排出しない。

(2) ・従来のエネルギーより発電コストが依然として高く、経済界からも将来性を問う声が強い。
　　・発電量が自然環境の変化や地域条件に左右されやすく、電気の安定供給に問題が生じる可能性がある。

5　原子力発電

(1) ・火力発電に比べて少量の燃料で長期間、大量に電力を供給することができる。
　　・発電コストに占める燃料費の割合が石油の約半分で、価格も比較的安定している。
　　・発電段階で温室効果ガスである二酸化炭素を排出しないので、地球温暖化防止に役立つ。

(2) 脱原子力政策を明確に打ち出し、2023年4月に脱原発を完了させた。

6　ゲノム編集

安全性の問題はもちろんのこと、自然環境への影響や倫理的な問題も含めた社会的な合意形成。

科学・技術+α （39ページ）

1 ①自然　②人間中心主義　③特権的な④資源　**2** ①産業革命　②資源　③物質的④利益　**3** ①環境汚染　②水産資源　③地球環境　④人間環境宣言　**4** 科学者は社会への説明責任を果たし、市民は科学技術についての理解を深めていくこと。　**5** 科学者だけでなく市民も参加して、新技術の社会的影響を多面的に検討しながら、規制の必要性や実用化の方法が判断される。

5　情報・通信

STEP1 （40〜42ページ）

1 ①82.9　②9　③モバイル端末　**2** ①地理的　②過度の　③ネット依存　**3** ①クラウド　②ユビキタス　**4** ①80　②無線LAN　③中毒性　**5** ①ソーシャルメディア②アラブの春　③Facebook　**6** ①多人数②炎上　③悪化　**7** ①マスメディア　②安否確認　③自粛　④タレ流し　**8** ①政治的中立性　②自主規制　③批判　**9** ①情報リテラシー　②コンピューター・リテラシー　③コンピューター　**10** ①高く　②低い　③情報弱者　**11** ①サイバー犯罪　②追跡　③新技術　④ウイルス作成罪　**12** ①1万　②フィッシング　③著作権法違反　**13** ①個人情報　②利便性　③紛失　**14** ①知的財産権②情報技術　③複製　**15** ①産業財産権　②アイデア　③意匠権　④商標権　⑤植物　⑥営業秘密　⑦姿

1 (1) キ (2) オ (3) エ (4) イ

2 (1) オ (2) キ (3) ク (4) シ (5) エ
(6) サ

3 (1) ウ (2) キ (3) ア (4) オ

4 (1) ×（「歌手・演奏家」ではなく「作詞者・作曲者」） (2) ○ (3) ○ (4) ×（「いかなる場合も本人の同意がない限り情報が第三者に公開されることがない」が誤り。法令に基づく場合や、生命・身体・財産の保護に必要な場合は本人の同意を得なくても個人情報を第三者に提供できる）

1 インターネット
(1) 発信される情報の正確性についての保証はないので、膨大な情報の中から信頼できる情報を選択すること。
(2) [利点] ブログや SNS などによって情報の発信者と受信者の間に交流が生まれ、新たな交友関係を築くことができる。
[問題点] インターネットの匿名性を悪用した誹謗中傷のほか、インターネット上に個人情報を無断で掲載されたり、悪口を書かれたりするなどのネットいじめが起こったりする。

2 ICT（情報通信技術）
デジタル・デバイドがあり、公平なサービスが受けられないという問題や、セキュリティへの不安、通信トラブル時の影響が大きいなどの懸念がある。

3 スマートフォン
• 有害サイトへのアクセスや見知らぬ相手との交流から、犯罪に巻き込まれる危険性がある。
• GPS 機能によって知らずに自分の位置情報を発信し、個人が特定される危険性がある。

• SNS で悪口を書かれるなど、コミュニケーション上のトラブルが起こる危険性がある。

4 ソーシャルメディア
• 個人を特定できる情報を安易に漏らしてしまう危険性がある。
• デマを拡散させてしまうことがある。

5 マスメディア
(1) 権力に対するチェック・監視。
(2) 政策に対して「他の道もあるのでは」と批判的に捉えて主張できる報道の自由。

6 情報リテラシー
(1) デジタル・デバイド（情報格差）が生じ、必要な情報が得られない情報弱者を生み出している。
(2) 義務教育におけるコンピューター教育の推進やブロードバンドの整備促進など。

7 サイバー犯罪
• 新技術への対応を迅速に行うこと。
• 安全を証明できないソフトをダウンロードしないこと。
• 個人情報を安易に漏らさないこと。

8 個人情報の保護
何のための個人情報保護なのか、本当に守られるべき情報は何なのかを再認識したうえで、個人情報の保護と活用のバランスを図ること。

9 知的財産権
知的財産が保護されなければ、創作者は新しいアイデアを出す意欲を失うから。

情報・通信＋α (48 ページ)

1 ①仮想 ②バーチャル・リアリティ ③疑似体験 **2** ①リアル ②客観的 ③意識 ④主観 **3** ①記号化 ②逆転し ③現実 ④バーチャル **4** あたかも自分がその世界にいるような感覚を味わえるようになった。また、異なる場所にいる複数の人たちがネットワークを介して仮想空間の中でコミュニティを作ることが可能になり、物理的な隔たりを越え

て連帯意識を持つようになった。

(STEP1) (49 〜 51 ページ)

1 ①61万 ②不登校 ③体罰 **2** ①少子化 ②人間関係 ③多忙化 **3** ①スクールカウンセラー ②少人数学級 ③習熟度別 **4** ①詰め込み ②ストレス ③ゆとり教育 ④削減 ⑤完全週5日制 ⑥総合的な学習の時間 **5** ①脱ゆとり教育 ②増やし **6** ①英語 ②中学3年生 ③全国学力テスト ④増加 **7** ①プログラミング ②論理的 ③GIGAスクール構想 **8** ①ICT ②双方向性 ③情報リテラシー **9** ①560 ②低迷 ③1,486 **10** ①勤労観 ②進路 ③キャリア **11** ①自己管理 ②課題対応 **12** ①生涯学習 ②情報化 ③多様化 **13** ①図書館 ②公共サービス **14** ①記録 ②競技者 ③健康 ④体力向上 **15** ①クオリティ・オブ・ライフ ②生涯スポーツ ③スポーツ基本法 ④スポーツ権

(STEP2) (52 〜 53 ページ)

1 (1)オ (2)コ (3)カ (4)イ (5)キ
2 (1)キ (2)ケ (3)オ (4)カ (5)コ
3 (1)ア (2)エ (3)カ
4 (1)〇 (2)イ (3)エ (4)〇

(STEP3) (54 〜 56 ページ)

1 学校現場をめぐる問題

(1) [家庭環境] 少子化によって兄弟姉妹との関係から人間関係を学ぶ機会が減ったことや、しつけや規範意識の育成が十分なされていないことがある。
　[教師] ますます多忙化しており、児童・生徒と直接向き合う時間が少なくなったため、子どもの変化に対応しきれないといった事態が生じている。
　[地域] 地域の結びつきが薄れ、社会全体で子どもを育てていこうという意識が希薄になっている。

(2) 他人の痛みに思いを寄せられる豊かな心を育むと同時に、いじめは場合によっては犯罪行為そのものであり、重大な人権侵害になるということを気づかせること。

2 学力低下

(1) ・生徒の学習到達度調査（PISA）での、日本の順位が振るわなかった。
　・大学で授業についていけない学生が増加した。

(2) ・失敗することを恐れている子どもが多い。
　・学校外でのデジタル機器の活用状況がチャットやゲームに偏っている。

3 教育の情報化

(1) ICTの活用技術の習得だけを目標としてはならないということ。

(2) 「子どもに身につけさせたいことや考えさせたいことは何か」といった教育の原点に立ち返った視点。

4 留学

・留学生の経済的負担を軽減するための寄附促進や新たな奨学金の創設。
・地域や高校、大学等における留学情報の収集・提供等の強化。
・就職・採用活動開始時期の変更などによる、留学しやすい環境整備の促進。

5 キャリア教育

保護者や教師以外の複数の大人と関わりながら、それまでの自分の人生観や職業観がまだ未熟で一面的なものだと気づき価値観が揺さぶられること。

6 生涯学習

(1) 日本の労働時間の長さ、高額な学費、学位・

資格の取得が給与や待遇に反映されにくい労働環境など。

(2) 学ぶことが社会参加や生活の向上につながるような社会的な仕組み作り。

7 競技スポーツと健康スポーツ

スポーツは健康の維持・増進と体力の向上に役立ち、人との交流を深め、クオリティ・オブ・ライフを高めると認識されるようになったから。

教育＋α（57 ページ）

1 ①教育基本法 ②公共の精神 ③伝統や文化 ④愛国心条項 **2** ①学校選択制 ②夜間塾 ③校長 **3** 自由な競争原理を教育の世界に取り込むことで学校に刺激を与えて活性化し、教育内容と子どもの学力を向上させるというねらい。 **4** 小・中学校の学区と密接に結びついていた地域コミュニティの崩壊が起きたり、不人気校に子どもが集まらなくなることで学校間格差が生じたりする問題。 **5** 教師を萎縮させ、学校現場の活力を削ぐ方向につながりかねないという問題。

7 医療・健康

STEP1（58 ～ 60 ページ）

1 ①細菌 ②感染症 ③抗生物質 ④ワクチン **2** ①医療 ②公衆衛生 ③指定感染症 ④隔離 **3** ①救急医療 ②医師不足 ③医療費抑制政策 ④増大 ⑤医療過誤 **4** ①臓器 ②ドナー ③生体移植 ④死体移植 ⑤レシピエント **5** ①臓器移植法 ②脳死 ③本人 ④家族 ⑤15 ⑥脳死 **6** ①遺伝子 ②発病の予測 **7** ①設計図 ②ヒトゲノム ③がん **8** ①確定 ②発症可能性 ③胎児 ④出生前 ⑤受精卵 **9** ①自然妊娠 ②生殖医療 ③人工 ④認められている ⑤代理母出産 ⑥禁じられている **10** ①細胞 ②修復 ③再生医療 ④幹細胞 ⑤ES 細胞 ⑥iPS 細胞 **11** ①生活習慣 ②脳卒中 ③5 ④糖尿病 ⑤合併 **12** ①予防 ②メタボリック症候群 **13** ①ストレス ②アレルギー原因 ③鬱病 **14** ①119万4千 ②2 ③花粉症 ④アナフィラキシー **15** ①終末期医療 ②緩和ケア ③クオリティ・オブ・ライフ ④ホスピス ⑤尊厳死

STEP2（61 ～ 62 ページ）

1 (1) オ・シ (2) コ (3) ア (4) ク (5) サ (6) カ
2 (1) エ (2) オ (3) キ (4) ク (5) ウ
3 (1) ア (2) オ (3) イ
4 (1) 人工授精 (2) 体外受精
5 (1) ×（「本人の同意があれば」ではなく「本人が拒否の意思表示をしていない限り」） (2) ○ (3) ○ (4) ○ (5) ×（「ホスピス」ではなく「緩和ケア」）

STEP3（63 ～ 65 ページ）

1 感染症
接触・経口感染、飛沫感染、空気感染といった感染経路の遮断と、ワクチンの予防接種。

2 医療崩壊
・大学医学部への入学定員の拡大や、へき地・地方の病院や救急医療などで医療を担う人材の育成。
・診療報酬を改定して、産婦人科、小児科、救急医療などの勤務医の負担軽減対策や診療報酬の引き上げの実施。
・医療現場の負担軽減のための、在宅医療の推進や、ICT の活用の提言。

3 臓器移植
(1) 心臓が動いている脳死状態を死と認めるか否かは、個人の死生観や倫理観、宗教観によって異なり、医学的・法的には解決され

たとしても、広く社会的合意を得るのは容易ではないから。

(2) 脳死者の意思が不明な場合に臓器提供の可否を判断しなければならない遺族の精神的負担や、それをサポートする移植コーディネーター育成の問題。また、脳死判定を行う医師の負担増など。

4 遺伝子診断

- 遺伝子診断によって発病が予測され、その情報が流出すれば、保険契約や就職などで差別されるおそれがある。
- 胎児の病気などが事前にわかってしまうことで「命の選別」につながる可能性がある。

5 生殖医療

- 親子関係が認められず、出生届が受理されないことがある。
- 代理母が子どもの引き渡しを拒否することがある。
- 代理母ビジネスが誕生する。

6 再生医療

- 受精卵を用いずに作られるため、倫理的な問題が少ない。
- 患者自身の皮膚から作れば、拒絶反応のリスクが少ない。

7 生活習慣病

食生活の偏りや乱れ、喫煙や飲酒、運動不足や睡眠不足、ストレスの蓄積など発症の引き金となる生活習慣を改善するとともに、定期的な健康診断で自身の健康状態をチェックすること。

8 現代の病

- 食品のパッケージにアレルギーの原因となる食品の名称を表示することを義務化した。
- 病因の解明や治療法などについての民間研究を支援している。
- アレルギー疾患対策基本法を施行した。

9 終末期医療

国民の意識向上や医療機関の対応の改善などの課題が山積している。

医療・健康＋α （66 ページ）

1 ①バイオテクノロジー　②生命の誕生　③尊厳死　④終末期医療　⑤臓器移植　⑥クローン技術　⑦自己決定権　⑧実験動物　⑨遺伝子汚染　**2** ①社会道徳　②唯一
3
・医療や生物工学に関わる専門家だけでなく、さまざまな分野から幅広く声を集めて検討する。・事実を正しく理解したうえで、自らの価値観や社会状況と照らし合わせて判断する。
4 生命の尊厳とは何か、人がよりよく生きるとはどういうことか、という根源的な価値の問いかけ。

8 福祉

STEP1 （67 ～ 69 ページ）

1 ①65　②超高齢社会　**2** ①高齢化社会　②高齢社会　③40　④生産年齢人口　⑤1.3　**3** ①介護保険制度　②増加　③老老介護　**4** ①高年齢者雇用安定法　②65
5 ①社会保険　②社会福祉　③公的扶助　④生活保護　⑤予防　**6** ①社会保障給付費　②132兆円　③年金　④1　**7** ①保険料　②一部分　**8** ①国民皆保険　②職域　③健康保険　④共済組合　⑤船員保険　⑥国民健康保険　⑦75　⑧後期高齢者医療　**9** ①国民年金　②厚生年金　③少子高齢化　**10** ①弱者　②買い物難民　③インターネット
11 ①40　②1　**12** ①市区町村　②要介護認定　**13** ①在宅介護　②デイサービス　③施設　**14** ①家事　②看護　③ヤングケアラー　**15** ①7　②9.9歳　③2　**16** ①18　②少子化　③希薄化　④次世代育成支援
17 ①児童虐待　②児童相談所

1 (1)ク (2)ウ (3)コ (4)ケ (5)ア
2 (1)ウ (2)ク (3)カ (4)オ (5)イ
3 (1)キ (2)ク (3)エ (4)ア (5)オ
4 (1)×（「高齢社会」と「高齢化社会」が逆） (2)○ (3)×（「社会人」ではなく「全国民」。「加入を猶予される」ではなく「加入しなければならない」） (4)×（「20歳」ではなく「40歳」） (5)○

1 超高齢社会

(1) 買い物や通院に不可欠な移動手段の整備、高齢者を狙った犯罪の防止、社会的孤立への対策など。

(2) ・労働力人口が減少する中、豊富な知識や経験を生かし、高齢者が経済社会の重要な支え手となることが期待される。
・就労の機会の確保は、高齢者の健康維持、生きがいや社会での居場所・役割の創出につながる。

2 社会保障制度

(1) ・強制加入である点。
・公的機関が保険者となる点。
・所得に応じて保険料の減免等がある点。

(2) 現役世代の拠出する保険料や税を財源としているため、保険料を上げるか公費負担を増やすか、給付水準を引き下げるかしなければ財政を維持できなくなる。

3 医療保険制度

[取り組み]生活習慣病対策や在院日数短縮など。
[問題] 入院が長期に及ぶ患者が、退院や転院を迫られることがある。

4 公的年金制度

・全国民に加入が義務づけられ、全国民に給付される「国民皆年金」である。

・保険料を払うことによって給付を受ける「社会保険方式」を採用している。
・現役世代が払う保険料で高齢者の生活を支える「賦課方式」を基本としている。

5 高齢者の生活

介護が必要になったとき虐待の被害に遭うことがある。また、交通事故に遭ったり、買い物難民になったり、特殊詐欺や消費者トラブルに遭ったりする危険性。

6 介護をめぐる問題

賃金水準が低い、時間的・肉体的負担が大きいなどの理由。

7 ヤングケアラー

(1) 自分が担っているさまざまなケアを自分の家族だけの問題として他者に相談したり頼ったりせずに自分一人の責任で抱えようとする傾向。

(2) ヤングケアラーとその家族を社会全体で自然に寄り添い支えられるような体制づくり。

8 児童福祉

育児の孤立化を防ぐための全戸訪問や、育児不安を軽減するための相談体制の整備、通報義務の徹底など早期発見・早期対応のための体制強化、子どもの保護・支援のための一時保護や社会的養護体制の拡充など。

福祉＋α (75 ページ)

1 ①高齢者 ②排除 ③共生社会 ④ノーマライゼイション ⑤デンマーク **2** ①障害者基本法 ②社会参加 ③自立支援 ④1割 ⑤障害者総合支援法 ⑥障害者差別解消法
3 障害者をその障害とともに地域社会で受容することが基本であり、障害者個人のニーズに合わせた援助・教育・訓練などを、他の市民と平等な条件で提供すること。 **4** 効率や経済性、能力主義に偏らず、政府や地方公共団体、企業が人間の尊厳に十分配慮した政策や雇用方針を採用すること。

9 社会

STEP1 (76 ～ 78 ページ)

1 ①出生率 ②1.26 ③減り続けている
2 ①晩婚化 ②育児 ③経済的 **3** ①生
産年齢人口 ②低下 **4** ①LGBT（Q） ②
差別 ③自由 ④ダイバーシティ（多様性）
5 ①30 ②M ③離職 ④管理職 **6**
①終身雇用 ②年功序列型 ③グローバル ④
リストラ ⑤人件費 ⑥海外移転 **7** ①3.5
②高い ③非正規 ④3 **8** ①階層 ②困
難 ③格差社会 ④経済 **9** ①過疎化 ②
少子高齢化 ③税収 ④雇用 ⑤子育て世代
10 ①効率 ②マイナンバー ③住民票 ④
税 ⑤12 ⑥70 **11** ①自然災害 ②災害対
策基本法 ③阪神・淡路 ④東日本 ⑤南海ト
ラフ **12** ①自発的 ②ボランティア ③ボ
ランティアセンター ④主婦 ⑤ボランティア
休暇 **13** ①選挙権年齢 ②成人年齢 ③20
歳以上のまま **14** ①安全な食品 ②食生活
③食育 **15** ①低く ②高かった ③低かっ
た **16** ①話し言葉 ②8 **17** ①ポップカ
ルチャー ②コンテンツ ③クールジャパン機
構

STEP2 (79 ～ 80 ページ)

1 (1)コ (2)ウ (3)エ (4)カ・イ
2 (1)キ (2)ア (3)ケ (4)ク (5)オ
3 (1)カ (2)ア (3)エ
4 (1)イ (2)ウ (3)ア
5 (1)○ (2)○ (3)×（「賃金」ではな
く「良好な人間関係やプライベートの充実」）

STEP3 (81 ～ 85 ページ)

1 少子化
(1) ・15 ～ 64 歳の生産年齢人口が減少するこ

とで労働力人口も減少し、日本の経済成
長率が低下する。
・総人口に占める高齢者の割合が増加する
ため、年金などの社会保障、介護保険や
医療保険などの制度の維持が困難になる。
・子どもの減少により若者を対象にした商
品・サービスの市場が縮小し、国内市場
全体に悪影響を及ぼす。
(2) [少子化社会対策基本法] 母親が働きやす
い労働環境の整備、地域の子育て支援の充
実、小児医療体制の充実、不妊治療の支援。
[育児・介護休業法] 短時間勤務制度の義
務化、子どもの看護休暇の拡充、父親の子
育て参加支援。
[子ども・子育て関連３法] 質の高い幼児
期の学校教育・保育の総合的な提供、保育
の量的拡大・確保、地域の子ども・子育て
支援の充実。

2 ダイバーシティ
(1) 画一性を求める意識が強く、多様性には非
寛容な傾向。
(2) 誰かが差別や偏見に苦しみ、本来の自分を
押し殺さなくてはいけない状況。

3 ワーク・ライフ・バランス
国民一人一人がやりがいや充実感を感じながら
働き、仕事上の責任を果たすとともに、家庭や
地域生活などにおいても、子育て期、中高年期
といった人生の各段階に応じて多様な生き方が
選択・実現できる社会。

4 雇用をめぐる環境
(1) 若者が就職を希望する大企業の求人倍率は
低いのに対して、中小企業の求人倍率は高
く、人手不足の状態にあること。
(2) インターンシップの促進や、学生とハロー
ワークの連携強化。

5 格差社会
(1) 低賃金の非正規労働者がなかなかその立場
から抜け出せなかったり、貧困層の家庭に

生まれた子どもが十分な教育を受けられないために、貧困層から脱け出す機会を得ることができなかったりする状況。

(2) ・失業保険や生活保護などセーフティネットとしての社会保障を充実させること。
　　・奨学金による教育支援や、再チャレンジ可能な雇用環境の整備など、さまざまな分野で貧困を脱するための多くの機会が保障されること。

6 地域活性化

65歳以上の高齢者が人口の半数を超え、医療を含む最低限の社会インフラの維持が困難な状況にある集落。

7 マイナンバー

個人の所得や資産を正確に把握し、それに応じた適切な社会保障給付が可能になる。また、各種の行政手続きに必要な添付書類が省略できるほか、災害時の本人確認や医療情報の継続的管理に役立つ。

8 防災

(1) 災害による被害を想定し、被害を最小限に抑えるための取り組み。
(2) 防潮堤やダムなどハード面の対策だけでなく、災害発生時の情報提供の仕組みや避難方法の確立などソフト面の対策も合わせた取り組み。

9 ボランティア活動

・経費や報酬が支払われる有償ボランティア。
・受験や就職で有利になることを見越したボランティア。
・学校の教育課程に組み込まれた義務化されたボランティア。

10 成人年齢

社会参加や政治参加に積極的になること。

11 食育

栄養バランスが崩れることによる、体調への悪影響や、肥満・生活習慣病の増加。

12 現代の若者

[内面] 子どもの頃から不況が続いてきたため、将来に期待せず内向きである。一方で、物が豊富にあり、飢えることがないので、何かに貪欲になることが少なく、現状維持や安定を求める傾向が強い。

[対人関係] 誰とでも気軽にコミュニケーションができる一方で、一歩踏み込んだ深い友人関係を築きにくくなっている。また、周囲と異なることを恐れて、他人の感情や場の雰囲気への同調性や社交性に重きを置く傾向が強い。

13 日本語

言葉は変化するものであり、最初は誤用であっても、時間の経過とともに許容され定着することも多いから。

14 日本文化の広がり

制作者の育成、労働環境の改善、著作権の管理、制作やPRにかかる費用の調達、文化摩擦への配慮などの問題に、多様な産業が連携して取り組むこと。

社会+α （86ページ）

1 ①自己　②他者　③利己主義　**2** ①自尊心の高揚　②倫理　③功利　**3** ①排他的　②ウチ　③本音　④二面性　⑤恥　⑥タテ　**4** 人間にはどうしても利己的傾向が存在するから。　**5** 自民族の文化だけを正統で優れたものとする考え方で、他の民族の蔑視や差別につながる危険性がある。

※ **2** は解答例を掲載しています。

資料から考える

国際 （87 ページ）

1 ① 2,402 万　② 523 万　③食品製造業
④事業　⑤家庭　⑥家庭
2 消費者は必要最低限の量だけ購入し、また規格外品でも買うようにするべきだ。

政治・経済 （88 ページ）

1 ①平成元　②平成 7　③ 60 歳　④ 20 歳
⑤ 30
2 全ての世代の意見を平等に政治へ反映させるために、選挙への関心をより高める仕組みを作る必要がある。

環境 （89 ページ）

1 ① 317　②中国　③インド　④日本　⑤同じ
2 二酸化炭素の排出量を削減するためには、技術や知識を全世界で共有し、協力して取り組む必要がある。

科学・技術 （90 ページ）

1 ① 2013　② 2021　③地熱　④減少　⑤増加
2 持続可能な社会をつくるために、できるかぎり再生可能エネルギーの割合を増やしていくべきだ。

情報・通信 （91 ページ）

1 ①増加　② 50　③ 60　④ 20　⑤長くなる
2 インターネット上の情報の正確性を保証することは難しいため、全世代に改めて情報リテラシーを学ぶ機会を設ける必要がある。

教育 （92 ページ）

1 ①減少　②増加　③小　④増加
2 日本語指導が必要な児童生徒が増加しても対応できるように、教員や教育支援をする職員の数を増やすべきだ。

医療・健康 （93 ページ）

1 ① 40-49　②男性　③ 20-29　④女性　⑤低い　⑥高い　⑦高い
2 若いうちから運動習慣をつけ、健康的な体重を維持するよう努力するべきだ。

福祉 （94 ページ）

1 ①東京　②地方　③ 2　④減少　⑤増加
2 食料品アクセス困難人口の増加と地方圏の人口減少に備え、ドローンでの宅配など新しい技術を積極的に取り入れる必要がある。

社会 （95 ページ）

1 ①改善　②減少　③減少　④婚姻
2 少子化対策のため、出産を望む夫婦には経済的支援を行い、経済的理由で出産しない夫婦が減るようにするべきだ。

桐原書店